Structuring in Sevens

UNDERSTANDING ORGANIZATIONS ...FINALLY!

7つの類型と力学、そしてその先へ

ミンツバーグの組織論

ヘンリー・ミンツバーグ＝著
池村千秋＝訳

ダイヤモンド社

Understanding Organizations...Finally!
by
Henry Mintzberg

はじめに

１９７９年、私は*The Structuring of Organizations: A Synthesis of the Research*と題した著書を発表した。小さな文字がぎっしり詰まった５１２ページに及ぶ書籍だ。この本は、自分の著書のなかでいちばんのお気に入りと言っていい。記述にまとまりがあり、文章の流れも円滑に仕上がっていると思っている。そして、これは私の最も成功した著書でもある。とくに、１９８３年に発表した簡約版（こちらは文字のサイズを大きくして、ページ数も３１２ページに抑えた）である*Structure in Fives*は、多くの読者を獲得した。

今回は、この本を改訂してお届けする。さまざまな研究を総合しただけでなく、組織と関わって生きてきた私の人生を総合した内容になった。１９７９年の著書では、多くの研究を総合することが必要だった。このテーマに関しては多くの文献が発表されていたが、整理されて一覧できる形になっているとはとうてい言えなかったのだ。そこで過去の2つの著書では数々の研究をまとめて紹介したが、まだ残された課題があった。実務でも教育でも、組織についてもっと視野を広げて理解する必要があったのだ。組織は、私たちの生活のほぼすべての側面できわめて重要な役割を担う存在だからだ。

今回の著書では、*Structure in Fives*を土台に、過去半世紀の間の経験——私自身の経験とほかの人たちの経験の両方が含まれる——を総合することにより、ついに組織という存在の全体像を理解できるように試みた（本書の原題は*Understanding Organizations...Finally!*である）。

実世界と隔絶して隠遁生活を送っている人は、ここで読むのをやめてしまってもいいかもしれない。また、細かい学術的議論を好む人にもこの本は向かないかもしれない。本書では、あまり膨大な量の参考文献を挙げていない。それに、遠慮なく、昔の文献も多く含めている。私が思うに、よい洞察や識見は、よいワインと同じように、古くなっても価値は下がらない。その点では、よいストーリーも同じだ。本書では、新しいストーリーだけでなく、古いストーリーもたくさん紹介する。

私は経営理論家のイメージが強いかもしれないが、もっと突き詰めれば、組織理論家という側面が強い。私は職業人生のほぼすべてを通じて、組織という奇妙な生き物を理解することに時間を費やしてきたのだ。よいチェスプレーヤーは、チェスの対局の盤面をひと目見れば、瞬時に状況を把握できると言われている。それと同じように、私は長年さまざまな組織を観察し、助言を送り、みずからその一員になってきたおかげで、はじめて接する組織に足を踏み入れるとすぐに、そこがどのような組織かを直感的に察知できたように思える。その組織の文化や状況を理解し、さらにはその場のにおいを嗅ぎ取れるような気がする。これまで半世紀の間に私が蓄えてきた経験とストーリーは、それくらい多いのだ。あるSF作品の登場人物は、草が刈られているそばを通ると、いつも草の悲鳴が聞こえて、しまいに正気を失ってしまう。私が正気を失うことはないけれど、組織に近づくと、その組織の叫び声が聞こえる。喜びの悲鳴が聞こえる場合もあれば、絶望の悲鳴が聞こえる場合もある。

本を書くのは個人だが、（最近のほとんどの活動がそうであるように）組織の助けなしに本を書くことはできない。まず、いつも支えてくれるマギル大学と同大学のヨランド・チャン現経営学部長に感謝したい。いつも熱心な出版元のベレット・ケーラー社、とりわけこの本の制作過程で愉快なパートナーでいてくれたニール・マイレット、過去の著作で伴走してくれたスティーブ・ピアサンティにもお礼を言いたい。

以下の面々も、惜しみない支援をしてくれた。ダルシー・ナイマーは、物心両面で多大な貢献をした。サンタ・

ブランカ＝ロドリゲスは、四半世紀の期間を通じてアシスタントとして日々、腕を上げていった。ジェレマイア・リーは、早い段階でこの本を軌道に乗せた。ジェフ・クーリックは、草稿に目を通して非常に高い水準の指摘をした。アレックス・アンダーソンは、私に欠けている几帳面さを持ち合わせていた。チャールズ・マーフルは、第2～6章の記述を混乱から救った。ラーズ・グロスは、詳細なフィードバックを寄せて、いくつかの点で混乱を解消する助けになった。サク・マンテレは、第20章の記述で貴重な役割を果たした。本書の制作を手掛けたデービッド・ピーティーとアシュレー・イングラム、丁寧な編集をおこなったエイミー・スミス・ベル、非公式な編集作業をおこなったスーザン・ミンツバーグ、素晴らしい図表をつくったデーブ・ダドレー、そしてそれ以外の形で協力してくれたハネイフ・モハマンディ、カール・ムーア、P・D・ジョゼにも深く感謝したい。

ミンツバーグの組織論　目次

第Ⅰ部　組織を再検討する

第Ⅲ部 4つの基本的な組織形態

第Ⅳ部 組織を形づくる7つの基本的な力

第V部 さらに3つの組織形態

第Ⅵ部 組織類型の枠を超えて作用する力

第Ⅶ部 7つの類型を超えて

第20章 外へ向かう組織 289

第21章 組織デザインのプロセスを開放する 306

第1章
私たちを取り巻く組織の世界

あなたは今日、いくつの組織と関わっただろう？　その数を10団体と見積もるのは、さすがに多すぎるだろうか。まず、朝から順番に見ていこう。あなたは、朝起きて最初にメールをチェックする。これができるのは、スマートフォンメーカーとインターネット接続業者のおかげだ。次は、朝食の時間。あなたが朝ごはんを食べられるのは、農家、食品工場、食料品店、そして食材を運ぶ航空会社や陸運会社があるからだ。食事のあとは、民間企業なり、政府機関なり、非政府組織（NGO）なりの勤務先に出勤したり、学校に登校したりする。通勤や通学の際には、地域のバス会社を利用する場合も多いだろう。自家用車を運転する場合は、自治体が維持管理し、警察がパトロールする道路を走ることになる。昼になれば、カフェテリアで昼食を取る。そのあと、銀行に行ったり、スポーツジムで汗を流したりする日もあるだろう。一日の予定を終えて帰宅すると、グーグル検索でウィキペディアにアクセスして調べごとをし、そのあとテレビネットワークが放映するテレビ番組を見る。そして、いまはこの本を読んでいる。著者の私は組織ではないが、刊行したのは出版社という組織だ。ここまでで軽く15団体を超えている。たぶん私が見落としているものがまだあるだろう。

私たちは、病院で産声を上げてから、葬儀場で弔われるまで、組織の世界で生きている。その間、組織で教育を受け、組織で職に就き、組織によって娯楽を提供されて、組織に不満をいだく。しかし、私たちは組織のことを本当に理解できているだろうか。

私たちが自分自身について、自分の性格や不安について知りたいときは、書店に足を運べば「自己啓発」の棚にたくさんの本が並んでいる。経済が心配なときは、専門のブログを読めば、最新の情報が手に入る。では、**ミクロな自己とマクロな経済の間の領域で、「組織」と呼ばれている社会的存在が実際にどのように機能しているかを知りたい場合は、どうすればいいのか**（本書では、重要なことは**太字**で記してある）。

ようこそ、本書の世界へ。

◆そもそも組織とはなんなのか

7歳児があなたにこう尋ねたとする。「ねえ、『組織』ってなに？　『グーグル』ってなに？　リンゴ《アップル》は組織なの？」。この問いに、あなたはどう答えるだろう？　組織とは、建物のことなのか。あるいは、「被雇用者」と呼ばれる人々が受け取る給与支払い小切手に記されているロゴマークのことなのか。スーパーマーケットに行けば、リンゴという果物の全容を見ることができる。でも、アップルという組織の全容はどこで見ることができるのか。

本書では、すべての7歳児と大人たちを不可思議な組織の世界に案内したい。

2つの定義

話を進める前に、ちょっと堅苦しいことを。

組織とは、共通の使命（ミッション）を追求するために組み立てられた集団的行動と定義できる。これを7歳児（ともっと年長の人たち）のために少し噛み砕いて表現すると、大勢の人たちが正式な取り決めの下、なにかを達成しようとするのが組織だと言える。そして、**組織の構造とは、組織のメンバーが使命の達成に向けた行動を一緒に取るために設計された、人と人の関係のパターンと定義できる。**

まず、大きな全体像から見ていこう。この世界には、膨大な種類の組織が存在する。**図表1－1**は、さまざまな組織をセクターごとにまとめて示したものだ。政府セクターには政府機関、民間セクターには企業、そして多元セクターには団体が存在する。この「多元セクター」（plural sector）に属する団体のほとんどは、コミュニティに基盤を置いており、協同組合のようにメンバーによって所有されているものもあれば、慈善団体やNGOや私立大学のように誰によっても所有されていないものもある。(注1) ここにリストアップした組織の多くについては、あなたもある程度知っているだろうが、そうしたものもすべてひっくるめて図に示した。

◆――マネジメントの「唯一で最悪の方法」

1911年、フレデリック・テイラーが『科学的管理法』（邦訳・ダイヤモンド社）という著書を発表し、あらゆる組織で業務をマネジメントするための「唯一で最善の方法」を提唱した。(注2) テイラーが提唱した方法論――ス

図表1-1

私たちの組織の世界

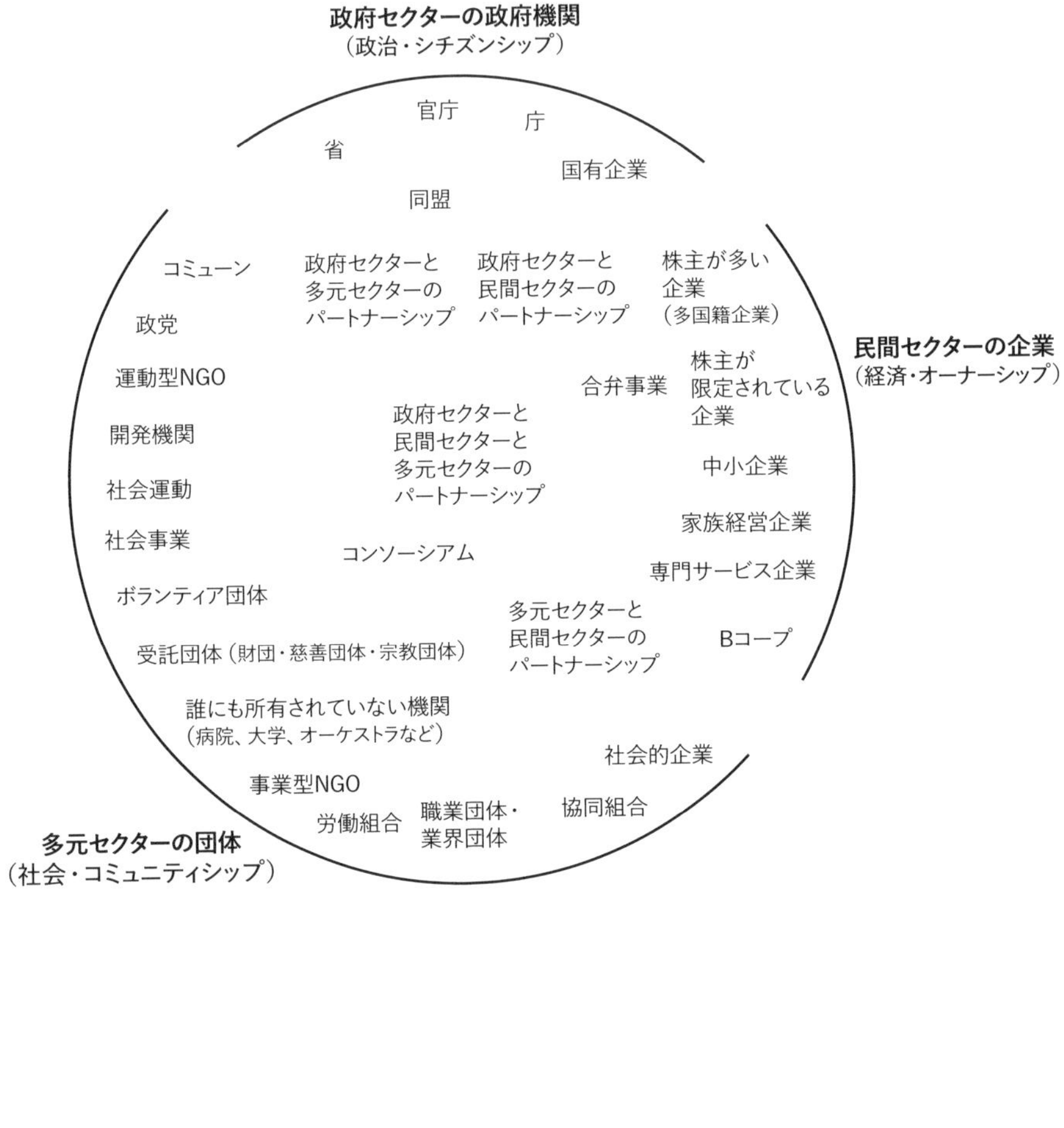
政府セクターの政府機関
（政治・シチズンシップ）
官庁
庁
省
国有企業
同盟
コミューン
政府セクターと
多元セクターの
パートナーシップ
政府セクターと
民間セクターの
パートナーシップ
株主が多い
企業
（多国籍企業）
民間セクターの企業
（経済・オーナーシップ）
政党
株主が
限定されている
企業
運動型NGO
合弁事業
開発機関
政府セクターと
民間セクターと
多元セクターの
パートナーシップ
中小企業
社会運動
家族経営企業
社会事業
コンソーシアム
専門サービス企業
ボランティア団体
多元セクターと
民間セクターの
パートナーシップ
Bコープ
受託団体（財団・慈善団体・宗教団体）
誰にも所有されていない機関
（病院、大学、オーケストラなど）
社会的企業
事業型NGO
協同組合
労働組合
職業団体・
業界団体
多元セクターの団体
（社会・コミュニティシップ）

トップウォッチをもって働き手を監視して、仕事ぶりを事細かに分析するなど、働き手を「脳ミソをもたない手」のように扱うべきだとされる――は、いまではほとんど過去のものと思われている。しかし、マネジメントの「唯一で最善の方法」がつねにどこかに存在するという考え方は、いまも根を張り続けている。自動車修理店でも自動車メーカーでも、フードバンク（支援を必要としている人に食料を無償で提供する団体）でも工場型農場でも、同じ方法でマネジメントできるという考え方があるのだ（「戦略プランニング」という発想も、この考え方の一種と言える）。しかし、**組織を組み立てるための「唯一で最善の方法」があると決めつけるのは、組織をマネジメントするうえで最悪の方法と言わざるをえない。**組織には、途方もなく多くの種類があるからだ。たとえば、オーケストラと工場がまるで違うタイプの組織であることは自明のことに思える。ところが、そうは思わない人もいるようだ。

効率的なオーケストラ

ひとりの若いビジネススクールの学生が、教室で学んだことを実践に移す機会をついに手にした。自分がよく知らない組織について調べて、効率を高めるための提案をまとめよ、という課題を与えられたのだ。その学生が選んだ対象はオーケストラだった。学生は生まれてはじめてコンサートに足を運び、以下の提案をまとめた。

❶4人のオーボエ奏者たちはかなり長い時間、なにもしていない。したがって、オーボエ奏者の数を減らすべきである。また、プログラム全体を通して均等にオーボエの出番があるようにすることが望ましい。業務量を平準化するためだ。

❷20人のバイオリン奏者は、全員がまったく同じ楽譜を演奏している。これは無駄な重複に思える。バイオリン奏者の数も大幅に削減すべきである。
❸道具の老朽化への対処も、今後の検討課題である。コンサートのプログラムによれば、第一バイオリン奏者が用いているバイオリンは数百年前のものだという。一般的な減価償却の考え方に従えば、このバイオリンの価値はもはやゼロである。とっくの昔に、もっと新しいバイオリンに買い替えておくべきだった。
❹32分音符を演奏するために、多大な労力が払われすぎている。これは無意味なこだわりに思える。すべて16分音符にしてしまえばいい。そうすれば、実習生やスキルの低い演奏家をもっと起用できる。
❺最後に、同じパッセージが何度も繰り返されすぎているように思える。楽譜を大幅に刈り込むべきである。弦楽器で演奏したのと同じものを、ホルンでもう一度演奏しても大して意味はない。こうした重複をすべてなくせば、2時間のコンサートを20分に短縮できる。そうすれば、休憩時間も必要なくなる。(注3)

おもしろい笑い話だと思っただろうか。しかし、レポートが書かれた対象がオーケストラではなく工場だったら、誰も笑えないだろう。とりわけ、その工場で働いている人にとってはまったくしゃれにならない。言うまでもなく、これは架空のストーリーだが、場面を変えれば、似たような話はいたるところにある。ハーバード・ビジネス・スクールのある教授は嬉々として、医療機関のあり方として「フォーカスト・ファクトリー」(専門特化工場)なるものを提唱した。(注4)でも、あなたはファクトリー(工場)のような病院で子どもを出産したいだろうか。また、政治家のなかには、政府を民間企業のように運営すべきだと考える人がしばしばいる。それなら、民間企業も政府と同じように経営すべきだと言えるのか。欧州のフットボール(サッカー)は、北米のフットボール(ア

メリカンフットボール）と同じ道具を使っておこなうべきだと言えるのか。（注5）

◆──あまりに多様な組織の世界

あなたが思いつく最も大きな組織はなんだろう？　私の頭に浮かんだのは、最も大きいだけにとどまらず、最もあつかましい組織だ。英国のイングランドで国民保健サービス（NHS）を管轄する「NHSイングランド」は、中国人民解放軍、小売大手のウォルマート、そしてインド国有鉄道に次ぐ規模の組織であることを誇っている。驚くべき評価基準だ！　あなたは子どもを出産するとき、こんな発想の医師に任せたいだろうか。

では、最も小さな組織は？　私はかなり昔に、とても小さな値札・ラベルメーカーと関わったことがある。その会社には、2人のマネジャーがいた。製造担当のマネジャーと営業担当のマネジャーである。この会社では、受注から製造までに時間がかかりすぎることが問題になっていたが、その原因がわからずにいた。そこで、私は科学的管理法のテイラーさながらに、社内で受注票を追跡調査した。すると、受注票はしばらく片方のマネジャーのデスクの上に放置されていて、ようやくサインが済むと、今度はもうひとりのマネジャーのデスクの上に置かれて、しばらくしてサインが完了すると、また最初のマネジャーのデスクに戻されるというプロセスをたどっていた。マネジャーがたった2人しかいなくても、組織に官僚体質がはびこる場合があるのだ。

最も奇妙な組織と言われて、あなたはどんな組織を思い浮かべるだろう？　「ペーパーウェイト収集家協会」とか「協会幹部協会」なんていう組織も実在する。私が見つけた組織のひとつに、「全米航空葬祭ディレクター協会」というのがある。掲げているミッションは「航空サービスと葬祭サービスの共通の利益を促進すること、そして、大惨事の際に力を合わせ、空の安全を改善すること」だ。(注6) もっとも、事故のときに旅客機の乗客を救うべきか、弔うべきかで判断を迷いそうだが。

それでは、最もありきたりの組織は？ もしかすると、レストランかもしれない。あなたの家の近くにも一軒くらいあるだろう。でも、よく考えると、ひとくちにレストランと言ってもいろいろな種類がある。安食堂もあれば、ファストフード店もあるし、高級レストランもあれば、イベント向けのケータリング専門店もある。これらのあらゆるレストランの厨房で役割が務まる「唯一で最善の料理人」などいないのと同じように、あらゆるレストランで組織を組み立てるための「唯一で最善の方法」などありえない。

◆問題は「用語」がないこと

2人のカナダ人生物学者が自分たちの研究内容について話している場面を想像してほしい。ひとりはクマの研究者で、もうひとりはビーバーの研究者だ。ところが、それぞれの動物の種を言い表す「クマ」や「ビーバー」といった言葉が存在せず、「哺乳類」という大ざっぱな言葉しかないとしよう。さまざまな種類の組織を表現する個別の言葉がなくて、漠然と「組織」と言うほかない場合と同じように。2人の研究者は、「哺乳類」が冬にどこで過ごすべきかを議論する。

「穴の中だよ。当たり前じゃないか」と、クマの研究者が言う。

すると、「ありえない！」と、ビーバーの研究者が言う。「穴の中にいたら、肉食獣がやって来て食べられてしまう。木を切り倒して湖のそばにダムをつくり、安全に水中に入れるようにしなくては駄目だ」

「バカなことを言っているのは、きみのほうだよ！」と、クマの研究者が反論する。「哺乳類を食べる肉食獣なんているわけがない！」

こうして、2人の会話は噛み合わない。これは、異なる動物の種を表現する適切な用語がないためだ。同じように、**さまざまな種類の組織を表現する適切な用語がない**ために、組織について論じる際の私たちの会話もしばしば噛み合わない。オーケストラと工場を一緒くたにするような議論がなされる原因も、ここにある。知識の欠如は、私たちを脅かす獰猛な肉食獣と言ってもいい。さまざまな組織の違いがわかっていないと、組織をズタズタにしてしまう恐れがある。本書では、その落とし穴を避けるために必要な言葉を提供したい。

◆――5つの類型から7つの類型へ（そしてさらにその先へ）

「はじめに」で述べたように、私は1979年に*Structure in Fives*という著書を発表した。これは、1983年の著書*The Structuring of Organizations*の簡約版だ。(注7) 最近、私はこの著作を改訂する必要があると思うようになった。私が組織と関わってきた半世紀の経験を総合して改訂をおこない、前著で挙げていた5種類の組織形態を7種類に増やし、組織の組み立て方の核を成す7つの要素とあわせて紹介したいと考えたのである。

魔法の数字「7」

『世界シンボル大事典』（邦訳・大修館書店）によると、「5」は、「中心、調和、均衡の数字」だという。(注8)

確かにそのとおりかもしれないが、それを言うなら、「7」は、「完璧性」と「人間の全体性」を象徴する数字であり、完結を示唆する。

心理学者のジョージ・ミラーが執筆した有名な論文「魔法の数字『7』±2」によれば、私たちがしばしばものごとを7つに分類する（世界の7不思議や一週間の7つの曜日など）のは、人間が短期記憶と中期記憶で保持できる情報の「塊」の数が7つ前後だからだという。(注9) なるほど、世界の「3不思議」ではあまりおもしろくないし、そうかと言って「12不思議」では多すぎてうんざりしてしまう。というわけで、本書でも組織形態の類型を7種類挙げることにしよう。たくさんの種類を挙げすぎて読者に負担をかけたくないし、書き手としても自分の負担をあまり増やしたくない（もっとも、第17章以降は少し話が変わってくるのだが）。

この本を書き始めたばかりの頃、私はボストンにいる友人でコンサルタントのジェレマイア・リーと話した。リーは私の著作の多くを読んでいて、そのときは本書の方向性を大きく変える問いを投げ掛けてきた。私の著作は、それぞれのテーマ（戦略だったり、マネジャーの仕事だったり、社会のバランスだったり）についてまとめたものが多いが、新しい本では、それらの記述をさらに統合することを試みてはどうか、と言われたのだ。(注10) この提案を受けて、私はいくつかの方針を定めた。❶新著のタイトルを前著から変更すること（*Understanding Organizations...Finally!*）。❷組織の組み立て方という中心テーマを軸に、マネジメント、意思決定、戦略形成に関する知見を織り込むこと。そして、❸生き生きとした記述を心がけ、組織について理解する必要がある人たちすべてに届くようにすることである（ここまでのところ、この試みはどれくらいうまくいっているだろうか）。

お察しのとおり、本書は7つのパートで構成されている。まず、「組織を再検討する」と題した第I部では、組織についてこれまでよりも掘り下げて検討する（たとえば、組織が意思決定と戦略立案とマネジメントをおこなうに当たり、「アート」と「クラフト」と「サイエンス」をどのように活用しているのかを考える）。そして、第Ⅱ部では、組織設計の基本的な構成要素を紹介し、第Ⅲ部では、４つの基本的な組織形態を示す（パーソナル型、プログラム型、プロフェッショナル型、プロジェクト型）。これらの記述が本書の核を成す。

ただし、組織形態を論じるだけでは十分でない。組織のあり方は、さまざまな力がクモの巣のように絡み合うことで形づくられる。そこで、第Ⅳ部では、４つの主要な力（統合、効率、熟達、協働）について取り上げる。この４つの力は、第Ⅲ部で紹介した４つの組織形態のそれぞれで大きな役割を果たしている。一方、それとは別に、あらゆる形態の組織で見られる力がさらに３つある（上からの分離、文化の注入、対立の浸食）。この３つの力に着目すると、第Ⅴ部で述べるように、さらに３種類の組織形態が見えてくる（事業部型、コミュニティシップ型、政治アリーナ型）。これで、７つの組織形態と７つの力が出揃ったことになる。

第Ⅵ部では、これらの力と組織形態の関係を検討する。具体的には、それらの力がどのように作用して、それぞれの組織形態を安定させて行き過ぎを防ぎ、さまざまなハイブリッド型の組織をつくり出し、組織のライフサイクルを通じて異なる組織形態への転換を後押しするかを論じる。

締めくくりの第Ⅶ部では、７つよりもっと多くの可能性に目を向ける。まず、組織がどのように境界線を開放して、外へ向かうのかを論じ、次に、組織デザインのプロセスをどのように開放して、言うなれば「デザイン・ドゥーイング」まで含めることができるかを見ていく。

隠遁生活を送っている人は、組織について理解する必要などないかもしれない。しかし、大多数の人は、その必要がある。少なくとも、建設的に組織を活用したいと思うのであれば、それは必須だ。組織という動物の正体は、どのようなものなのか。それは、どのように機能しているのか。どのようなときに、うまく機能しないのか。もっとうまく機能させるためには、どうすればいいのか。これらの問いの答えを知っておくことはきわめて重要だ。あなたはこの本を読み終えた瞬間、組織界のクマやビーバーやその他の動物たちと向き合うことになるのだから。その際に助けになる知識は、この本のなかにある。

第I部

組織を再検討する

どこかの組織を訪ねて、その組織のあり方をひと目で見て取れるものを見せてほしいと言ってみるといい。すると、あなたはいわゆる「組織図」を見せられる可能性が高い。しかし、上司の上にさらに上司を何段階も積み重ねた図が組織のすべてなのだろうか。これでは、友人の家を訪ねて、家族のアルバムを見せてほしいと言ったとき、家系図を見せられるようなものではないか。

私たちは、そろそろ組織を再検討すべき時期に来ている。第2章では、組織におけるプレーヤーと、その所在する場所について論じる。第3章では、「アート」「クラフト」「サイエンス」の三角形のモデルを用いて、組織における意思決定と戦略形成とマネジャーの仕事のさまざまなパターンを説明したい。

第2章 プレーヤーと構成要素

　ある大手ソフトウェア企業が何年か前に、これとよく似たイラストを広告で用いたことがある。その広告いわく、ここに描かれているものは一頭の牛とは呼べない。これは、言ってみれば牛の「組織図」だ。つまり、牛を構成する部位の寄せ集めでしかないのである。牛が元気に生きているならば、それぞれの部位はみずからが牛のひとつの部位であることを意識しない。ひとつひとつの部位が役割を果たし、その結果としておのずと一頭の牛として全体の調和が取れる。この広告はこう問い掛けた。**あなたは、自分の会社を「部位の寄せ集め」にしたいのか。それとも、生きた牛のようにしたいのか。**(注11)

　これは非常に重要な問いだ。じっくり考えてみてほしい。牛は、部位の寄せ集めではなく、すべてが一体を成した存在として生きることにな

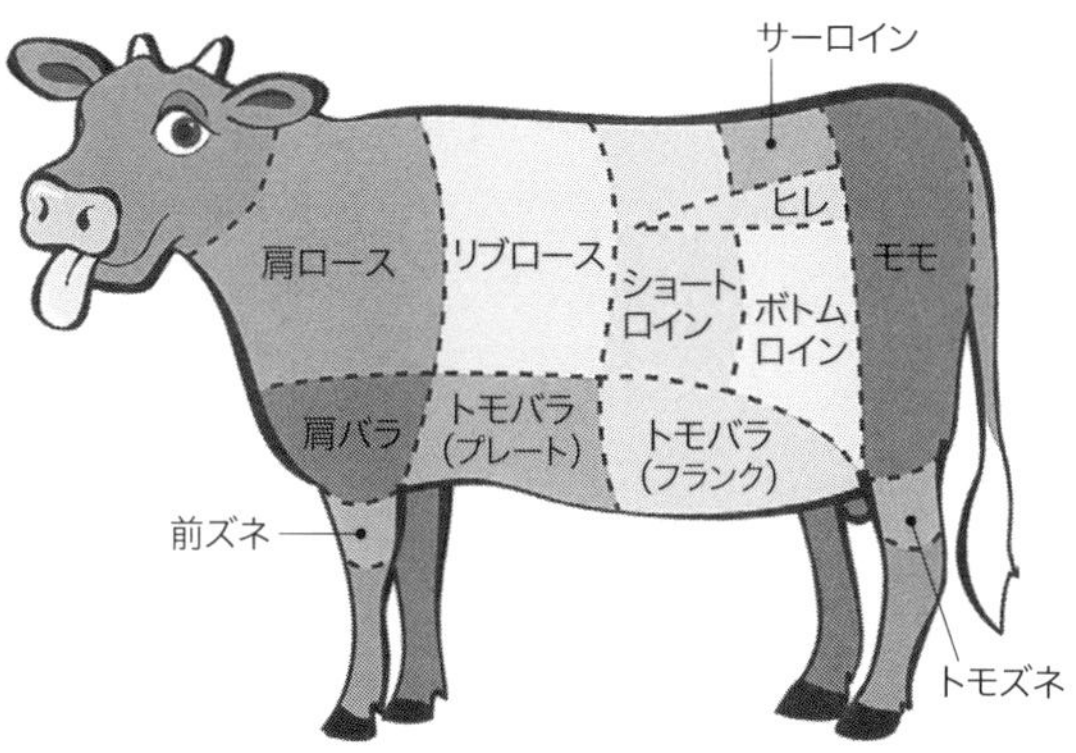

んの苦労もしていない。その点は、私たち人間も同じだ。少なくとも生理学的には、そう言って差し支えない。では、ほかの人たちと一緒に行動することには、どうしてこんなに苦労するのか。それは、私たちが組織図にこだわりすぎるからなのだろうか。

◆──「箱」の外で考える

「箱（＝固定観念）の外で考えよう」としきりに言われる。しかし、現実には、私たちは「箱」の中でものごとを考えている場合が非常に多い。とくに、いくつもの「箱」が並んだ組織図（図表2－1）の世界にとらわれているケースが往々にしてある（この種の組織図は18世紀にはじめて登場すると、とどまることのない勢いで世界を席巻し、今日にいたる）。

こうした組織図を組織そのものと考えるべきなのか。牛の骨格標本は牛そのものと言えるのか。組織図に描かれる四角い箱がマネジャーで、箱と箱を結ぶ直線が組織内の会話なのか。それとも、これらの箱は、私たちの思考を閉じ込めるだけなのか。

言うまでもなく、組織図にも利点はある。さまざまな町と、町と町の間を結ぶ道路を描いた地図と同じように、組織図は、その組織のさまざ

図表2-1
ある組織の組織図

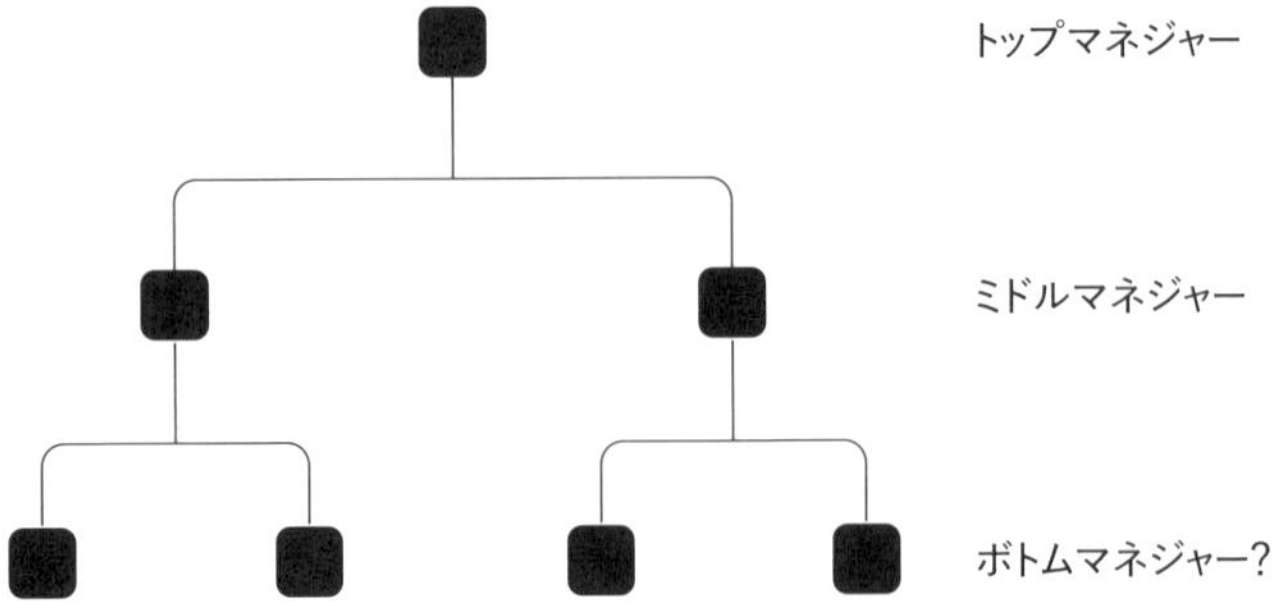

まな部分と人物がどのように部署を構成していて、それらの部署が正式な権限（誰がどのような肩書をもっていて、誰が誰の部下なのかという関係）を通じて、どのように結びついているかを明らかにできる。しかし、地図をながめていても、その土地の経済や社会の状況が見えてこないのと同じように、組織図を見ても、その組織でどのようにものごとが起きているのかはわからない。ましてや、どうしてそのようなことが起きているのかを知ることはできない。ときには、それぞれの部署がどのような業務を担っているかもはっきりしない場合がある。こうした組織図が浮き彫りにしているのは、私たちが権威に固執し、地位と肩書に魅了されているという現実だ。私たちは、誰がトップで、その下が誰で、その下が……といったことにばかり関心を払っている。

トップマネジャーは、なにのトップにいるのか

私たちは、「トップマネジャー」という言葉をあまりよく考えずに使っている。トップマネジャーと呼ばれる人たちは、いったいなにの「トップ」（上）にいるのか。なるほど、組織図のいちばん上にいることは確かだ。それに、給料の額がいちばん上なのも間違いない。また、本社ビルのいちばん上のフロアにオフィスを構えている場合もあるかもしれない。

しかし、そうしたトップマネジャーたちは、組織で起きていることをすべて把握できているのか。できていないと言わざるをえない。ほかの人たちすべてを自分より下と考えているようでは、それはほぼ不可能だ。

トップマネジャーの下には、「ミドルマネジャー」がいる。この人たちは、確かに組織図の「ミドル」（中央）にいる。けれども、その組織で起きていることの真ん中にいると言えるだろうか。ミドルマネジャーのなかには、情報を組織階層の上から下へ、下から上へと受け渡すだけの人もいれば、現場での行動とオ

フィスでの抽象的思考を結びつける役割を果たそうとしている人もいる。この後者のタイプのマネジャーは、「コネクティング（結合）マネジャー」と呼ぶべきかもしれない。

　では、「ボトムマネジャー」は？　あなたはボトムマネジャーという言葉を聞いたことがあるだろうか。組織にトップマネジャーとミドルマネジャーがいるとすれば、組織図のボトム（底辺）に、ボトムマネジャーもいるはずだ。実際、この言葉そのものは用いられていなくても、当のボトムマネジャーたちは、自分が組織図の、ことによると組織そのもののどこに位置しているかを明確に認識している。

　あなたがこのような組織の歪みを正したいのであれば、「ボトムマネジャー」という言葉を使う覚悟がない限り、「トップマネジャー」という言葉の使用を禁止してはどうか。

繰り返される組織改編

図表2－2を見てほしい。これは、図表2－1の組織で組織改編がおこなわれたあとの組織図だ。2つの組織図の違いがわかるだろうか。異動したマネジャーたち自身は、もちろんわかるだろう。新しい肩書を手にし、新しい「上司」と新しい「部下《サブオーディネート》」――「隷属する人《サブオーディネート》」とは、ずいぶんおぞましい言葉だが――をもつようになったのだから。しかし、肩書や上司・部下の関係が組織のすべてではないはずだ。ものごとをどのように見るかが認識に及ぼす影響の大きさを考えると、このような組織図中心の組織観は改めるべきだろう。

　組織改編がこれほど頻繁におこなわれるのは、それがとてもお手軽に実行できるからだ。紙とペンがあれば、すぐにできる。鉛筆と、よく消える消しゴムを用意できれば、もっといい。さらに欲を言えば、コンピュータのスクリーンと、バカでかい「消去」ボタンがあれば最高だ。こうした道具を使って、経理はここ、マーケティングはここ、という具合に組織図を描き上げていく。トラヴィスは運輸大臣、ダフネは国防大臣、などというケー

図表2-2
組織改編後の組織図

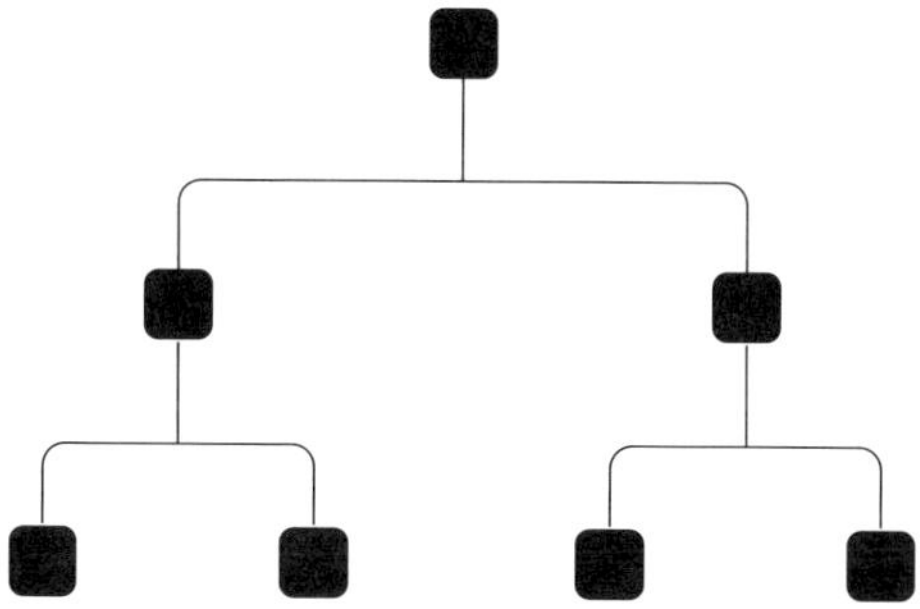

スもあるだろう。その結果、生み出されるのは……そう、完全な混乱状態だ。こんな言葉を残している人がいる。

「我々は懸命に訓練に励んできた。しかし、ようやくチームが形づくられ始めると、いつも決まって組織改編がおこなわれるように思えた。あとになってわかったのだが、私たちは新しい状況に直面すると、組織改編をおこなう傾向があるのだ。そうした試みは、あたかも自分たちが前進しているかのような幻想をつくり出すうえでは、目覚ましい効果があるのかもしれない。しかし、実際には、混乱と非効率、そして士気の低下を生み出している」（これは、古代ローマ帝国の政治家ガイウス・ペトロニウスの言葉とされることが多いが、実際には１９４８年頃に記された言葉らしい）

こんなことをするよりは、オフィスを物理的に再構成したほうがいい。デスクの場所を大幅に入れ替えるのだ。新しい座席配置を決める人は、苦労が増えるかもしれないが、それ以外のすべての人にとっては負担が減る可能性がある。このようなオフィスの再構成をきっかけに、突然、エンジニアリング部門で働くイーニドが、マーケティング部門のマックスの隣で仕事をすることになる。すると、２人は互いに対する不満をこぼし続けるのではなく、直接会話するようになる。せめて給湯室での立ち話は生まれるだろう。その場に上司の姿は見当たらない。これこそが真の組織改編ではないだろうか！

◆──主なプレーヤー

牛は、さまざまな現実のパーツで構成されている。肺や肝臓や脳や腸などである。これらの部位は、それぞれ現実の役割を果たしている。その点がサーロインステーキとの違いだ。サーロインステーキは、牛のためになんの役にも立っていない。牛の命を終わらせることを別にすれば、の話だが。同じように、組織も現実のパーツによって構成されていて、それぞれのパーツを担うプレーヤーたちが現実の役割を果たしている。主なプレーヤーを紹介しよう。

- **オペレーター：製品の製造、サービスの提供、製造やサービスの直接的な支援など、組織の基本的な現場業務を担う。**アイスホッケーチームであれば、ゴールを決めたり、相手チームのシュートを止めたり、試合で使う道具を整備したり。レストランであれば、サーロインステーキをテーブルに運んだり、来店客の自動車を駐車場に移動させたり。メーカーであれば、原材料や部品を調達したり、工場で機械を動かしたり、製品をセールスしたり、といったことをおこなう。
- **サポートスタッフ：現場業務を間接的に支援する。**情報システムを整備したり、法務サービスを提供したり、オフィスの受付で来客を出迎えたりする。たとえば、大学にどれくらいの種類のサポート業務が存在するか数えてみよう。図書館の運営、学生の進路指導、給料の支払い、学生寮の運営、同窓生への対応、人事、教職員用ラウンジの運営などなど。あまりに多くのサポート業務が存在していて、教員の居場所が残っているのか心配になるくらいだ（「スタッフ」という言葉は、これとはほかの意味で用いられる場合もある。「法律事務所のスタッフ」というように、従業員全体を指すケースもあるし、病院の医師など、ある種のオペレーターを指して用いられるケースもある。ときには、軍の参謀長《チーフ・オブ・スタッフ》のように上級マネジャーを指すケースもある）。

- **アナリスト：分析をおこなうことにより、その組織における活動をなんらかの形でコントロールし、調整する。活動の計画を立て、スケジュールを決め、数値計測をおこない、予算を割り振り、ときには実務に携わる人たちを訓練するのだ。ただし、自分で実務をおこなうことはない。**こうしたアナリストたちは、組織の「テクノストラクチャー」と総称されることもある。本書で述べるように、アナリストやサポートスタッフがほぼ存在しない組織がある一方で、その片方や両方で溢れ返っている組織もある。
- **マネジャー：組織の特定の部署、もしくは組織全体に対して正式な権限をもっていて、その部署や組織に属する人たちの活動すべてを監督する。**「部署」とは、病院の救命救急センターや、レストランのペストリー部門、アイスホッケーチームのフォワード陣など、正式な組織構造の中で特定の役割を担う部門のことだ。よほど小さな組織を別にすれば、たいてい、こうした部署を記した組織図が作成されている。

組織図の上では、いくつもの部署が積み重なって「権限の階層」が形づくられる。軍隊では、兵士たちのグループが分隊を構成し、分隊が集まって小隊になり、小隊が集まって中隊になり……という具合に、大隊、旅団、師団、そして陸軍や海軍、空軍が構成される。分隊を束ねる軍曹から、陸軍や海軍、空軍の全体を束ねる大将にいたるまで、それぞれにマネジャーが存在する。もちろん、これは軍隊に限った話ではない。スポーツチームの監督、教会の司教や主教、映画の監督など、肩書はまちまちだが、社会のいたるところにマネジャーがいる。

企業全体を束ねるマネジャーは、たいてい最高経営責任者（CEO）と呼ばれる。そして、その直属の部下に、最高執行責任者（COO）、最高財務責任者（CFO）、最高人材育成責任者（CLO）など、アルファベットの「C」で始まる略称をもつ最高幹部たち（「Cスイート」と総称される）がいる。最近は、ビジネス界を猿まねして、企業以外の組織にもCEOの肩書をもつ人たちがあらわれるようになった（少なくともローマ・カトリック教会のトップは、まだCEOではなく、「教皇」と呼ばれているが）。マネジャーは、部署や組織を監督することに加えて、部署や組織を外部の世界と結びつける役割も担う。セールス部門のマネジャーは顧客と面会し、ローマ教皇はバチカンのサンピエトロ広場で信徒たちに向かって演説することも仕事だ。

- **文化：その組織に浸透している信念体系。すべてのプレーヤーに共有される枠組みを提供する。理想的なケースでは、組織の骨格に命を吹き込む。**ひとりひとりの人間に性格があるように、ひとつひとつの組織に文化がある。その組織がどのような文化をもっているかにより、ものごとのやり方が変わってくる。間接的なアプローチが好まれる場合もあれば、強制的なアプローチが好まれる場合もある（文化は、組織文化だけではない。医療従事者など職種ごとの文化や、セールスやマーケティングなど組織内の部署ごとの文化、ドイツの文化やイタリアの文化など国ごとの文化もある）。

組織心理学者のエドガー・シャインは長年、組織文化を3つの階層にわけて説明している。[注12] 最も表面に位置するのは「人工的産物」。これは、その組織を視覚的に象徴するもののことだ。アップルのノートパソコンに描かれているリンゴのマークやカトリック教会の十字架、米国の自由の女神像などが該当する。これより少し深いレベルに位置するのは「標榜される価値観」だ。その組織の意図を公的に表明したものである。モーセの十戒や、組織のミッション・ステートメントの類いがそうだ。そして、最も深いレベルに――ときには無意識レベルに――埋め込まれているのが「基本的な前提認識」である。これは、プレーヤーたちの振る舞いに反映される。最も高い水準の品質を維持すべし、ものごとを極力速く遂行すべし、といった考え方のことだ。

当然、健全な組織であれば、標榜される価値観は、基本的な前提認識に基づいている。しかし、現実にはそのような場合ばかりではない。たとえば、「グリーンウォッシング」という言葉で表現されるように、環境保護の面で責任ある態度を取ると、口先だけ表明している企業もある。

- **外部のインフルエンサー：外部から組織の行動に影響を及ぼそうとする。** 大企業へのロビー活動をおこなう労働組合や地域コミュニティ、利益団体などがこれに該当する。企業も、政府へのロビー活動をおこなう場合はインフルエンサーと位置づけられる。環境保護団体のグリーンピースは、国連気候変動枠組条約の締約国会議に対してロビー活動を展開し、ブラジルのリオデジャネイロのサッカーファンたちは、地元チームのCRフラメンゴを熱烈に応援する。ビジネス界では、企業の株式保有者を「シェアホルダー」（株主）と呼ぶのと対比させる形で、インフルエンサーたちを「ステークホルダー」（利害関係者）と呼ぶことが多くなっている。[注13] このようなインフルエンサーたちは、全体として「外的連合」を構成する。その連合は、「受動的」なものにとどまる場合もあれば、特定の集団によって積極的に「支配」されている場合もあるし、いくつかのグループに「分裂」している場合もある。[注14]

◆プレーヤーたちの関係――以前に描いた図

書籍では、最初から最後まで、情報が直線的に示される。ひとつひとつの単語、ひとつひとつのセンテンスが順番に記されるのだ。日記を書くのであれば、それでも構わない。しかし、それ以外の書籍では、直線的に表現できないもの――本書の場合で言えば、組織の性質――を直線的に表現することには制約がついて回る。図やイラストは、複雑に込み入った現実を視覚的に表現することにより、この制約を克服する役に立つ場合がある。そこで、本書ではふんだんに図やイラストを用いる。

本書の原型になった著作では、組織のプレーヤーたちの関係を示すためにひとつの図を用いた(図表2-3)。底辺に位置するのはオペレーターたちで、その上にラインマネジャーたちが幾層にも重なっている。その頂点に陣取るトップのことは、「戦略の頂」という言葉で表現した。そして、サポートスタッフとアナリストが脇を固める。のちに図を修正して、組織を取り囲む日輪のように文化を配し、周囲にインフルエンサーたちを位置づけた。この図は、旧著のロゴマークのような存在になった。人々はその図を見て口々に、肺みた

図表2-3
組織のプレーヤーとパーツ(以前に描いた図)

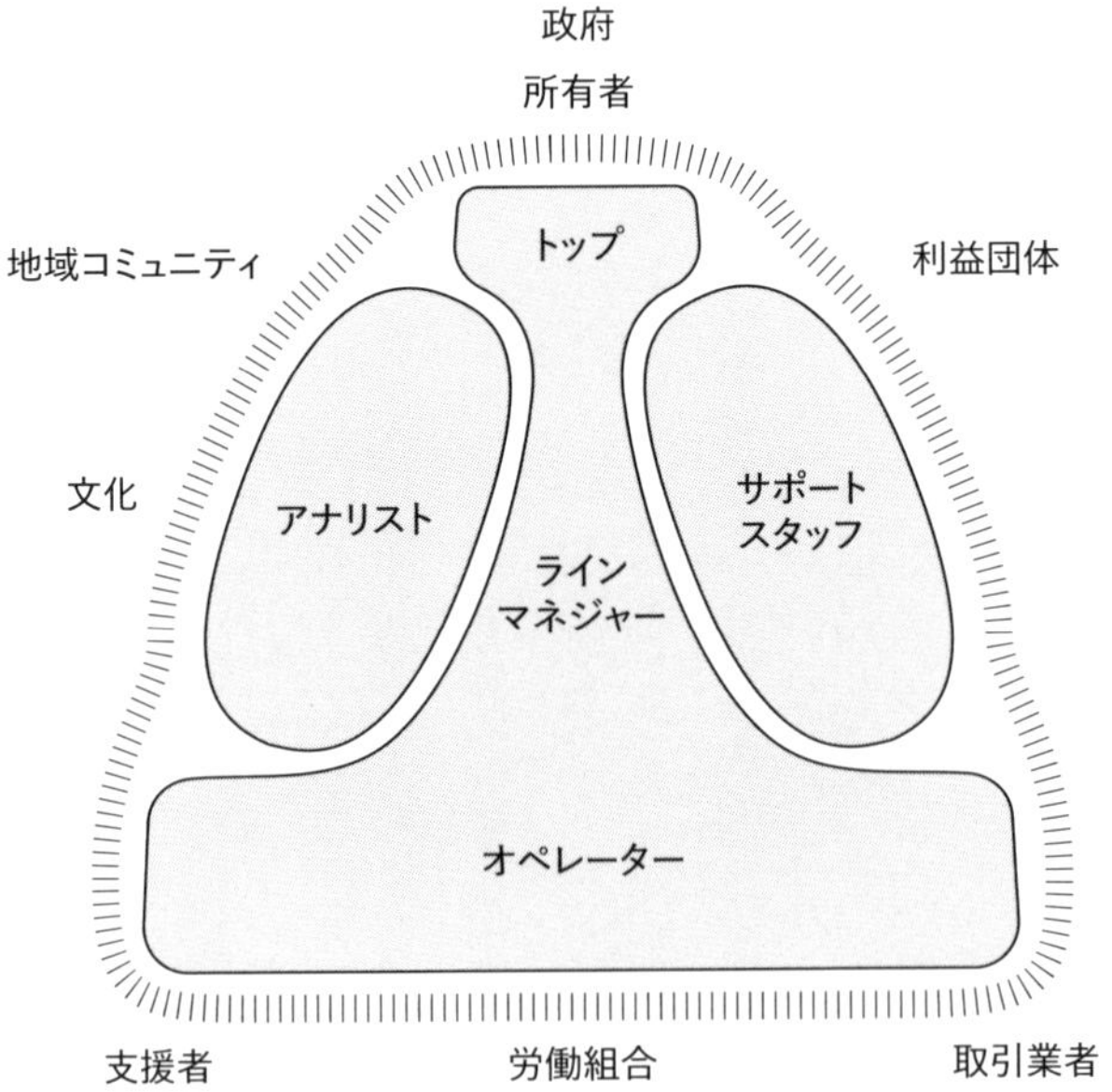

いだとか、ハエの頭みたいだとか、インゲン豆みたいだとか、女性の卵巣みたいだとか、逆さまにしたキノコみたいだとか、ときにはもっとひどいことも言ったものだ。

しかし、今回この新しい本を書くに当たって改めて考えると、この図を描いた際に自分が古い階層型の組織観を前提に考えていたことに気づいた。といっても、この図を完全に捨ててしまうわけではなく、階層の要素を取り除いて修正することにした。本書では、さまざまな組織のあり方を描写するために、いくつもの図を用いる。そのなかには、元の図に似たものもあれば、もっと平坦だったり、円形に近かったりするものもある。

◆──「チェーン」「ハブ」「ウェブ」「セット」

以下では、組織の構成要素同士の関係について、いくつかの類型──「チェーン」「ハブ」「ウェブ」「セット」──を紹介しよう。組織における活動がどのように進むのか（あるいは進まないのか）を明らかにすることが目的だ。

これらの類型は、結婚式を思い浮かべるとイメージが湧きやすいかもしれない。結婚式というイベントそのものは、「ハブ」（車軸）とみなせる。さまざまな土地から招待客たちが一カ所に集まってくるからだ。ブッフェ形式の料理のテーブルに並ぶ人たちは、「チェーン」を形づくっている。ある料理から次の料理へと、一列で進んでいくからだ。そのあと、テーブルにわかれて着席した状態は、「セット」と言っていいだろう。部屋の中に、いくつものテーブルが並んでいるためだ。しかし、ダンスの時間になると、「ウェブ」（クモの巣）に変貌する。招待客たちが入り乱れておしゃべりをしたり、移動したりするからだ。

「チェーン」型

近年、組織のあり方の描写で最もよく見られるのが「チェーン」型だ。**「チェーン」では、業務が直線的に進む。**たとえば、自動車の製造工程では、「組み立てライン」を先に進むにつれて、部品がつけ加えられていく。野球のダブルプレーでは、ショートからセカンド、そしてファーストへとボールが渡る。

マイケル・ポーターは、組織の組み立て方として「バリューチェーン」という考え方を広く普及させた。[注15] 組織のロジスティクスのあり方を描写するために、「サプライチェーン」という言葉もよく用いられる。しかし、書籍の記述の流れは直線的かもしれないが、実際に組織で起きていることの多くは直線的ではない。ビジネススクールで、戦略論の教授はなんらかのチェーンを通じてマーケティング論の教授とつながっているのか。病院で、小児科の医師と老年科の医師はチェーンで結ばれているのか（両者を結ぶチェーンがあるとすれば、それはかなり長いチェーンになるだろう）。それに、いわゆる「小売チェーン」も、本当にチェーンとして機能していると言えるだろうか。チェーンを切断して、「ハブ」や「ウェブ」や「セット」に切り分けたほうがいいのかもしれない。

「ハブ」型

「ハブ」とは、調整がおこなわれる中心、さまざまな活動の焦点のことだ。「ハブ空港」という言葉は、旅客の乗り継ぎが活発におこなわれる空港を指す。しかし、あらゆる空港はハブの性格をもつ。さまざまな場所から旅客と旅客機が集まってきて、またそれぞれの場所へ旅立っていくからだ。病院にも同様のことが言える。病院には、患者と医療スタッフがあちこちから集まる。

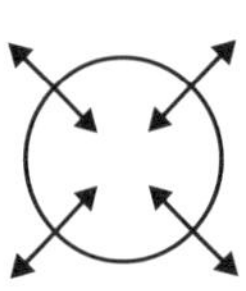

もっとも、病院の入院患者もある意味ではハブと言えるかもしれない。院内で入院患者があちこち動くのではなく、たいてい看護師や医師が入れ代わり立ち代わり病室に訪ねてくるし、食事や酸素も病室まで運ばれてくる。大きな航空機の組み立て工程も同じだ。ひとつひとつの部品が置いてある場所まで航空機を運ぶのではなく、それぞれの部品を航空機のある場所まで持ってくるほうが手っ取り早い。[注16] また、マネジャーもハブの性格をもつ場合がある。この点は、練習中のフットボールの監督を思い浮かべれば理解できるだろう。

「ウェブ」型

建築設計会社のデザインスタジオでは、結婚式のパーティでダンスを踊る招待客たちのように、大勢の人たちがありとあらゆる組み合わせでやり取りしている。チェーンのように決まった順番で動くわけでもなければ、ハブのように特定の中心があるわけでもない。**「ウェブ」（ネットワークと呼ぶこともできる）においては、特定の順序や中心なしに、人や情報、モノが自由自在に動く。**人や情報、モノは、柔軟に、きわめて多様な方向に動く。（野球のダブルプレーと違って）どの順番で動けばいいかがはっきりしておらず、（病院の入院患者への対応と違って）どこが活動の中心かもはっきりしない状況で、人々が緊密に協力し合う必要がある場合には、ウェブ型の組織を築けばいい。インターネットのワールド・ワイド・ウェブ（ＷＷＷ）という名の「ウェブ」は、その典型と言えるかもしれない。

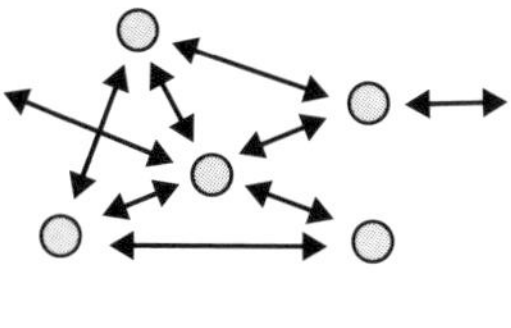

「セット」型

では、人々が緊密に協力し合う必要がない場合はどうなのか。病院の小児科と老年科、ビジネススクールの戦略論とマーケティング論、さらには、コングロマリット（複合企業）を構成するそれぞれの事業部《ディビジョン》――分断《ディビジョン》とはよく言ったものだ――、そして小売チェーンを構成する個々の店舗の関係は、チェーンでもハブでもウェブでもない。それは「セット」とでも呼ぶべきものだ。**「セット」では、構成するパーツが緩やかに組み合わされているけれど、互いにつながり合うことはほとんどない。**しかし、それらのパーツはさまざまな資源を共有する関係にある（たとえば、大学は、駐車場という資源を共有する教授たちの集合体だとしばしば言われる）。

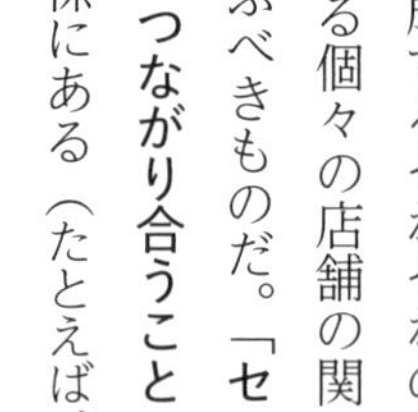

この種の組織では、一見すると人々が一緒に働いているように見えても、実際にはバラバラに活動している。心臓を切開する外科手術（私が担当していた博士課程の学生のひとりが5時間にわたる手術を受けたことがある）では、執刀医と麻酔科医がひとことも言葉を交わさないケースもある。これは、双方ともに相手がどのような行動を取るかをよく知っているためだ。演奏中のオーケストラでも、演奏家たちは互いにまったく目をやらず、指揮者のこともほとんど見ない場合がある。

博士論文で医療従事者をテーマにしたリズ・ラモットの研究によると、白内障の手術はさまざまなステップで構成されるチェーンのように進む。それに対し、リウマチの治療はハブの性格が強い。しばしば、主治医がほかの分野の専門医の意見を聞くからだ。一方、老年科の治療は、ウェブ型と言えるという。高齢者は、複数の疾患に悩まされている場合が多いためだ。実際、カナダのモントリオールの病院で老年科部長を務めていた医師に言わせれば、患者の症状を最も的確に判断できるのは理学療法士だという。[注17] そして、病院では、こうした専門家たちすべてがセットの形で併存している。

私は以前、ある組織がどのように機能しているかという全体像を知りたいとき、その組織のメンバー数人に、「オーガニグラフ」を描いてもらっていた。これは、その組織で業務がどのようにおこなわれているかを、主だったプレーヤーそれぞれの役割を示しつつ描いた図である。このオーガニグラフを作成する際にも、チェーン、ハブ、ウェブ、セットという考え方が非常に役立った。(注18)

マネジャーの居場所はどこ？

チェーン、ハブ、ウェブ、セットの図を改めて見てほしい。それぞれの形態で、マネジャーはどこにいると思うだろうか。

チェーンの場合、この問いの答えは明白に思える。マネジャーは、チェーンの上に位置しているのだ。**チェーン型の組織では、水平方向に延びる事業活動のチェーンの上に、垂直方向に延びる「指揮命令系統のチェーン」が存在する。**事業活動のチェーンのそれぞれの構成要素ごとにマネジャーがいて、さらにはそのすべてを束ねるマネジャーもいるのだ。この種の図で表現できる組織はつねにある（第8章参照）。しかし、そのような組織は一部に限られる（第7章、第9章、第10章参照）。

一方、**ハブ型の組織では、マネジャーがハブの上に身を置いていては、孤立した部外者になってしまう。マネジャーは、ハブの真ん中に、つまり活動がおこなわれている場にいなくてはならない。**大量生産のメーカー（チェーン型の組織）のCEOが会社の最上階にオフィスを設けるのに対し、病院（ハブ型の組織）の事務長が病院のメインフロアにオフィスを設ける場合が多いのは、これが理由だ。サリー・ヘルゲセンが著書*The Female Advantage*で記しているところによれば、女性のマネジャーは、「自分が組織の活動の真ん中にいると考える傾向がある。組織の上ではなく、真ん中に自分がいると考えたがるのだ。下に向かって働き掛けるのではなく、周囲のすべての方向に働き掛けるという発想をするのである」。(注19)

ハブは、トップマネジャー、ミドルマネジャー、ボトムマネジャーという階層の代わりに、図表2-4のように、セントラル（中央）マネジャー、コネクティング（結合）マネジャー、オペレーティング（実務）マネジャーという同心円で表現できる。同心円の中心には最高責任者であるセントラルマネジャーが陣取り、いちばん外側の円には外部環境と接するオペレーティングマネジャーがいて、その中間には、両者を結ぶコネクティングマネジャーが存在する。

それに対し、ウェブの場合、マネジャーが中央に位置すると、そこに特定の「中心」が生まれて、その組織はハブに変容してしまう。そうなると、あらゆるメンバーが互いにコミュニケーションを取り合うのではなく、誰もがマネジャーのほうを向いて行動し始める。そうかと言って、ウェブの上にマネジャーが位置するわけにもいかない。マネジャーが孤立した部外者になってしまうからだ。

では、ウェブ型の組織において、マネジャーはどこに位置すべきなのか。いたるところに位置すべきなのだ。あらゆる活動の場に身を置く必要があ

図表2-4

マネジメントの同心円

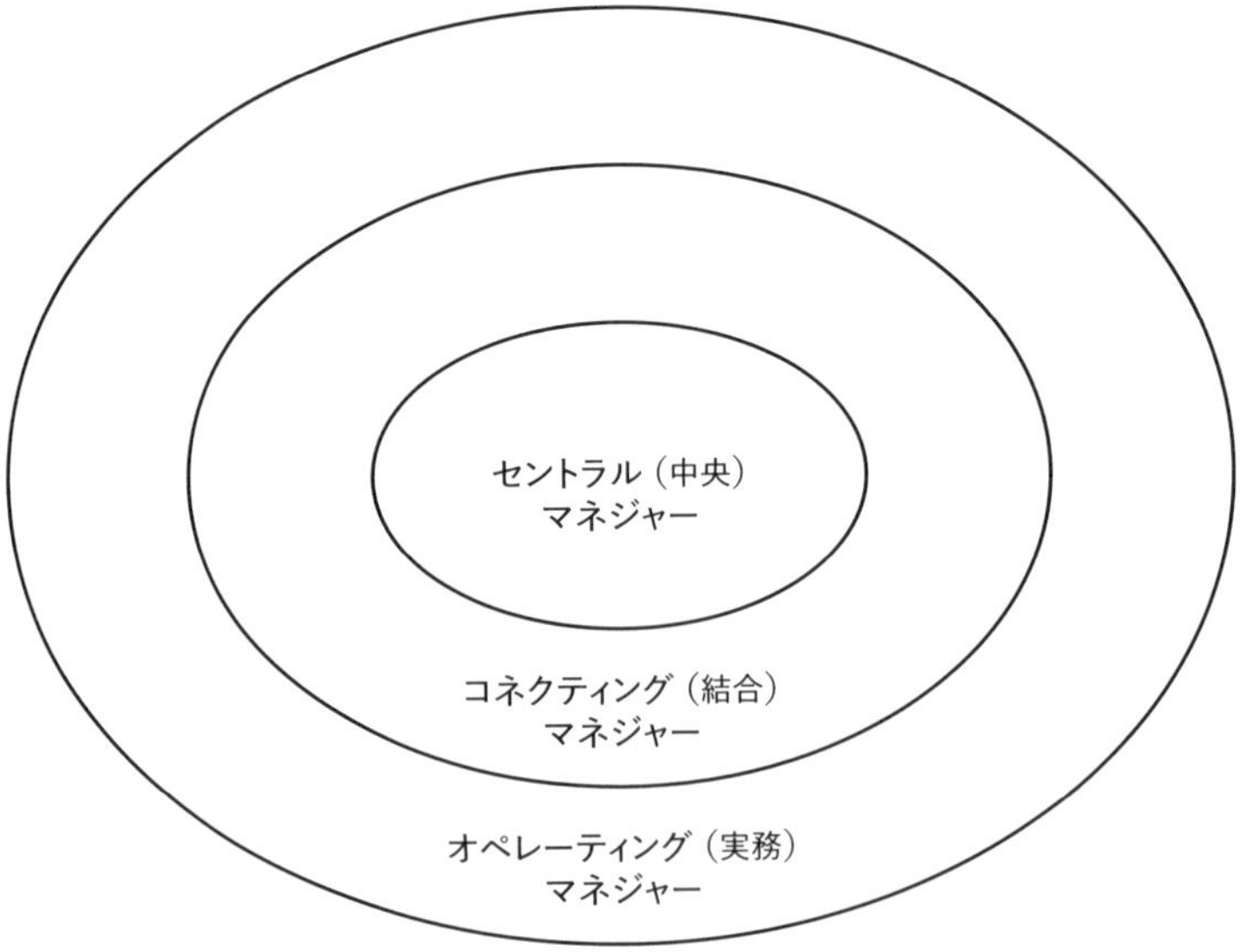

る。マネジャー用のオフィスを飛び出して、あらゆる会議に顔を出し、オフィスの廊下での雑談にも加わり、現場で起きていることを直接経験すべきなのである。ものごとの細部にまで口を出すマイクロマネジメントを実践しろというのではない。なにが起きているかを把握しておいて、いざ問題が生じた場合に対応できるようにすべきなのだ。

スティーブ・ジョブズはかつて、アップルのデザインラボで毎朝時間を過ごしたという。(注20) 巨大テクノロジー企業のCEOがきちんとしたCEOらしくオフィスで財務書類を読むのではなく、そんな場所でなにをしていたのか。自社の優秀な人材を生かすことによって、歴史上のどの会社よりも多くの株主価値を生み出していたのである。その成果は、財務データの数字とにらめっこしてばかりいるCEOたちが舵取り役を務める会社をことごとく上回るものだった。

ウェブ型の組織においては、マネジメントはあらゆる場所でおこなわれるだけでなく、あらゆる人がおこなうことができる。あらゆるタイプのプレーヤーがマネジメントの役割を担うことができるのだ（こうした「分散型」のマネジメントについて、詳しくは後述する）。チェーンの場合はその上に位置している人だけが、ハブの場合はその中央に身を置いている人だけがそうした役割を担うのが普通だ。

セット型の組織では、人々がおおむね独立して行動するため、マネジャーは組織の外に身を置くことができる。というより、むしろそのほうが好ましい。人々の活動に目を光らせるよりも、おおむね外にとどまったほうがうまくいく。たとえば、手術室の外科医は、手術が始まれば、マネジャーの指示を仰いだり、なんらかの形でコントロールしてもらおうとしたりはしない。このタイプの組織では、人々がどのように行動すべきかをわきまえていて、予算などの資源が分配されれば、あとは自分の判断で行動し始めるのだ。

ハブやウェブやセットをチェーンに縛りつけることはやめにしよう。4つの類型はすべて性格が異なるが、いずれも組織のあり方としてはまっとうなものなのだ。以上、本章では組織の構成要素とプレーヤーを概観した。次章では、組織における主だったプロセスのいくつかを見ていこう。

第3章

組織づくりの「アート」「クラフト」「サイエンス」

意思決定、戦略形成、マネジメントなど、組織で重要なことの多くは、「アート」と「クラフト」（技）と「サイエンス」の3要素の関係という視点で説明できる。アートは、洞察力とビジョンと直感に基づくもので、アイデアが土台。クラフトは、実務的で現実的で関与重視の性格が強く、経験が土台。サイエンスは、事実と分析を重んじ、エビデンスが土台になっている。本章では、この3つの要素が意思決定、戦略形成、マネジメントでどのような役割を果たしているのかを論じるが、その前に、3要素に照らしてあなた自身がどのような人間なのかを考えてみよう。

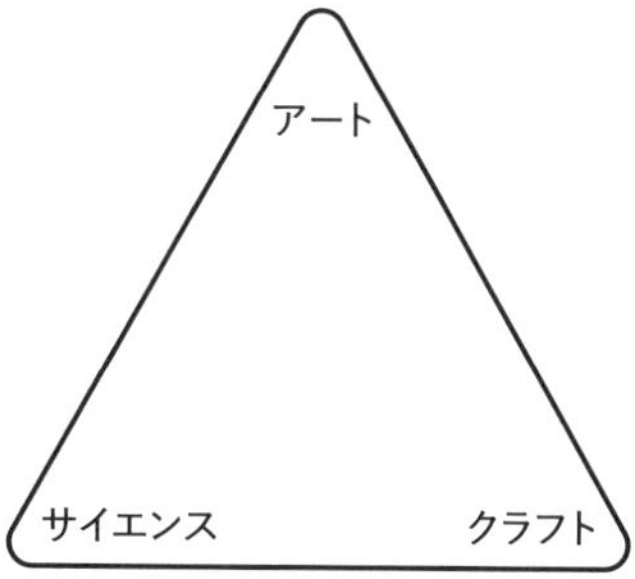

あなたは三角形のどこに位置する？

図表3－1は、さまざまな言葉をリストアップして並べたものである。組織コンサルタントのビバリー・パットウェルと私は、人々が自分自身とまわりの人たちのアート志向、クラフト志向、サイエンス志向の

度合いを把握する手立てとして、これを作成した。

表のそれぞれの横列に記された3つの言葉のなかから、自分を――マネジャーとしての自分でもいいし、人間としての自分でもいい――最もよく表現していると思うものをひとつ選ぶ（紙の本であれば鉛筆で丸をつければいいし、電子書籍であればハイライトすればいい）。1列につきひとつだけ選んでほしい。最初に頭に浮かんだものを選ぼう。10個の言葉を選び終わったら、それぞれの縦の段ごとに、選んだ言葉の数を集計する。

表の左の段はアート（A）、中央の段はクラフト（C）、右の段はサイエンス（S）に対応している。**図表3－2**の三角形を見て、アートの段の点数に応じてA0～A10のなかから線を1本選ぼう。続いて、クラフトの段の点数に応じてC0～C10のなかから線を1本選ぶ。この2本の線が交わる場所（図左上の例で言えば、A7とC2が交わる点）を通るSの線は、サイエンスの段の点数に対応しているはずだ。点数の合計が10と決まって

図表3-1

あなたのスタイルは？

それぞれの横の列ごとに言葉をひとつ選び、縦の段ごとに集計する

A	C	S
アイデア	経験	データ
直感	実践	分析
ハート	手先	頭脳
戦略	プロセス	結果
鼓舞する	関与する	情報伝達する
情熱がある	手を貸す	信頼性がある
斬新	現実的	ブレない
想像	学習	組織構築
見る	やる	考える
可能性は無限!	仕事をやり遂げよう!	これで完璧だ!
合計 ◯	◯	◯

出所：©Mintzberg and Patwell

いる以上、おのずとそうなる（この例の場合、サイエンスの線はS＝1となる）。この3本の線が交わる場所は、あなたが自分のアート志向、クラフト志向、サイエンス志向の度合いをどのように認識しているかをあらわしている（特定の要素に強く傾斜している場合もあれば、2つもしくは3つの要素の間でバランスが取れている場合もあるだろう）。

ただし、これはあくまでもあなたの自己認識だ。ほかの人たちの見方は違うかもしれない。自分自身で検討するとしても、現在とは異なる職に就いていたり、夢見ていたような人生を送れていたりすれば、結果は違っていたかもしれない。また、チームや家族の全員が自分自身とほかのメンバーについてこの作業をおこない、その結果を比べてみると、いろいろなことが見えてくるかもしれない。あとで述べるように、大半の組織にはあらゆるタイプの人がいるが、ある種の組織では、あるひとつの傾向をもった人たちが圧倒的に多い場合もある。たとえば、広告代理店ではアート志向の

図表3-2
あなたの場所はどこ

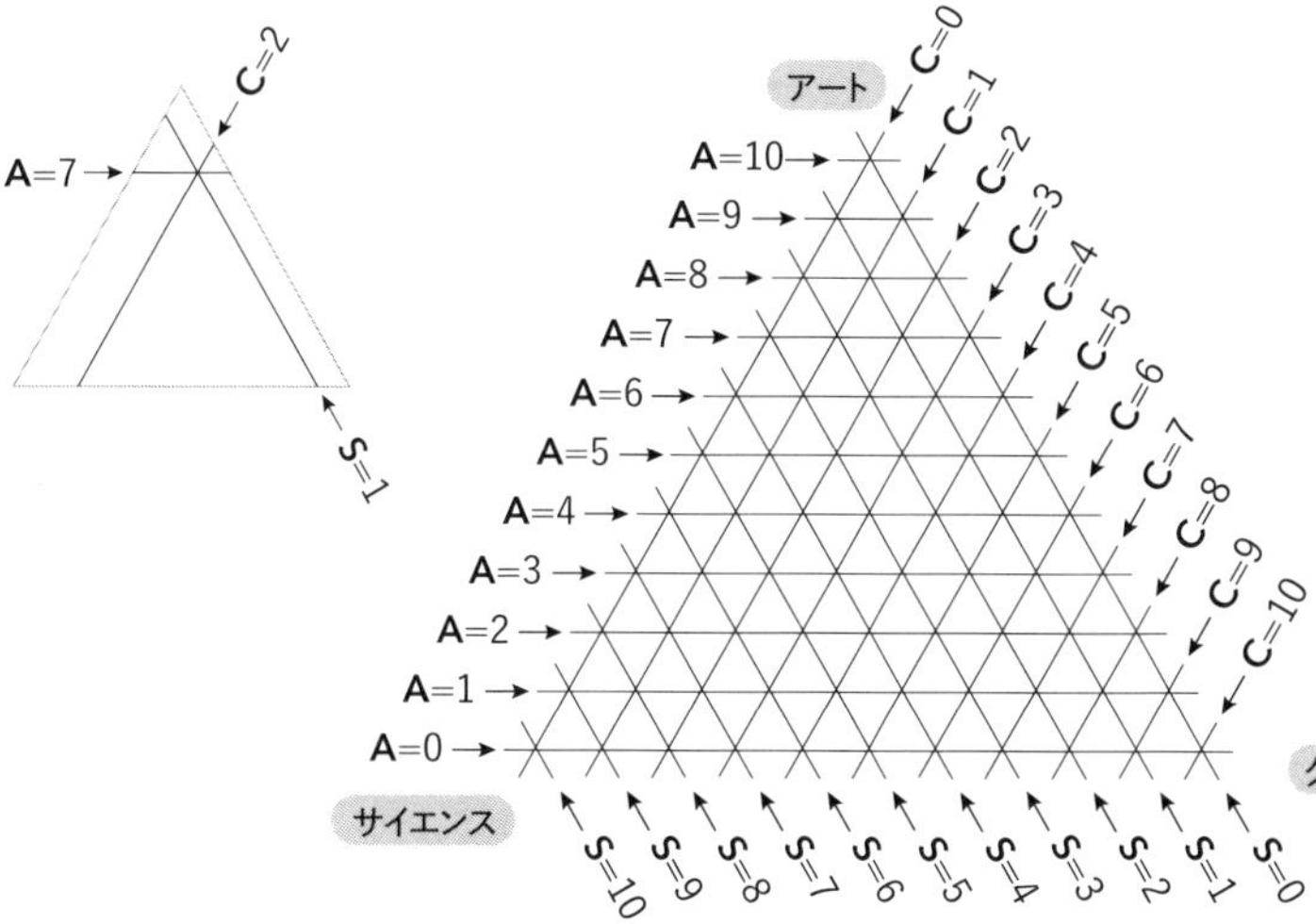

出所：©Mintzberg and Patwell

強い人、企業のエンジニアリング部門ではクラフト志向の強い人、会計事務所ではサイエンス志向の強い人が多いかもしれない。

◆意思決定——アートとクラフトとサイエンス

意思決定は、「考えること」を意味する場合ばかりではない。それは、「見ること」や「行動すること」である場合もある。**サイエンス志向の強い人は、まず考えることから出発し、アート志向の強い人は、まず見ることから出発し、クラフト志向の強い人は、まず行動することから出発する場合が多い。**

誰もが知ってのとおり、意思決定は、以下のプロセスで進むというのが定説のようになっている。まず、問題の設定と診断をおこない、その問題に対処するためのいくつかの方策を発見もしくは創出し、それぞれの方策に評価をくだし、最善のものを選び取る……というプロセスである。意思決定をこうした単純なプロセスと考えている人は、人生で最も重要と言っても過言ではない意思決定について考えてみてほしい。その意思決定とは、結婚相手選びである。果たして、あなたは(既婚者であれば)次のようなプロセスで結婚相手を決めただろうか。(未婚であれば)そのようなプロセスで結婚相手を決めたいだろうか。それはこんなプロセスだ。まず、聡明さや美貌、真面目さなど、相手に求める資質を洗い出し、次に、候補者をリストアップし、要求する資質に照らして候補者のひとりひとりに評価をくだし、そのうえで、評価を総合して結婚相手を決定し、あとは、選ばれた幸運な人物に決定を言い渡す——。これは、「まず考えることから出発する」アプローチと言える。理にかなっているように見えるかもしれないが、結婚相手選びにせよ、それ以外のことにせよ、このやり方がうまくいく場合ばかりではない。この方法で結婚相手を決めようとすれば、いつまでも結婚できないだろう。「えっ？　私を結婚相手に選んだ？　あなたが長々と考えている間に、こっちはもう結婚して、子どもも生まれたんだけど」と言われるのがオチだ。

結婚相手選びでもっと一般的なのは、「まず見ることから出発する」アプローチだろう。そう、ひと目惚れだ。町を歩いていて角を曲がると、そこで目に入った人が特別な相手だとひらめく。このアプローチは、ほとんどの人が考えている以上に、組織でもよく見られる。採用プロセスでも、第一印象で決まっている場合が少なくない。「まず行動することから出発する」アプローチも、一般に考えられているよりよく見られる。結婚相手選びの場合、それが具体的にどのような順序をたどるかは、読者のみなさんの想像にお任せしよう（アート寄りの人なら、十分に想像力を発揮できるだろう）。ここで私が指摘したいのは、私たちは考えてから行動する以上に、行動してから考える場合が多いということだ。私たちはしばしば、どのように前に進むべきかわからないとき、とりあえずなにかやってみたり、誰かに会ってみたりして、小さな一歩を踏み出し、うまくいけば、もっと大きな一歩を踏み出す。もしその小さな一歩がうまくいかなければ、ほかの方法を試す。それもうまくいかなければ、また別のことを試みる。こうして、うまくいくやり方が見つかるまで試し続ける。そして、見つかった方法をより大々的に実行するのだ。

ほとんどの組織では、以上の3つのアプローチすべてが実践されている。ただし、このうちのいずれかがとくに好まれていたり、ときには過剰に好まれていたりする場合もある。以前、こんな言葉を聞いたことがある。保険数理士は、会計士になっていても不思議でなかったけれど、会計士ですら刺激が多すぎると感じる人の就く職だ、というものだ。一方、刺激がたっぷりある環境を好む人にとっては、広告代理店が打ってつけかもしれない。では、「まず行動することから出発する」アプローチが過剰になるケースは？　意思決定論の研究者であるテリー・

コノリーはこう述べている。「核戦争と子育てに関する意思決定では、『小さく始めて、様子を見る』戦略はとうていふさわしくない！」[注21]

◆戦略形成――クラフトとアート、そして少しのサイエンス

私たちは、「戦略」という言葉を定義どおりの意味で用いていないことが多い。[注22]現役のマネジャーたちに、「戦略」の定義を尋ねると、たいてい「目標」「方向性」「ビジョン」、そしてなにより「プラン」（計画）といった言葉で説明する。いずれも、戦略を、未来に向けて「意図するもの」と位置づける言葉と言える（図表3－3a）。これは、戦略の辞書的な定義にも沿っている。

ところが、同じマネジャーたちに、近年にみずからの組織で戦略がどのように追求されてきたかと尋ねると、平然と、少し前に自分たちが語ったばかりの定義に真っ向から反することを言い始める。あとから振り返って「実現されたもの」とし

図表3-3a

プランとしての戦略（戦略＝意図するもの）

図表3-3b

パターンとしての戦略（戦略＝実現されたもの）

て戦略を語るのだ（図表3-3b）。

私たちは、理屈の上では、戦略を未来に向けた計画と考えているとしても、実際には、過去に起きたことのパターン、その組織が実行してきたことのなかに見いだせる規則性（たとえば「高品質の製品で高所得者向けの市場を狙う」など）として見ているのである。

最後に、マネジャーたちに、実現された戦略は意図されたものだったかと尋ねると、この問いにイエスもしくはノーと答える人は驚くほど少ない。**図表3-4**に示したように、ほとんどの人は、イエスの面とノーの面の両方があると考えているのだ。**意図されていた戦略が実現した場合、それは「計画的戦略」と呼べるだろう。一方、意図されていなかった戦略が実現した場合は、「創発的戦略」と呼べる。創発的戦略においては、行動を積み重ねることを通じて戦略を見いだしていくことになる。**

純粋に計画的な戦略や純粋に創発的な戦略はほ

図表3-4
戦略のさまざまな形態

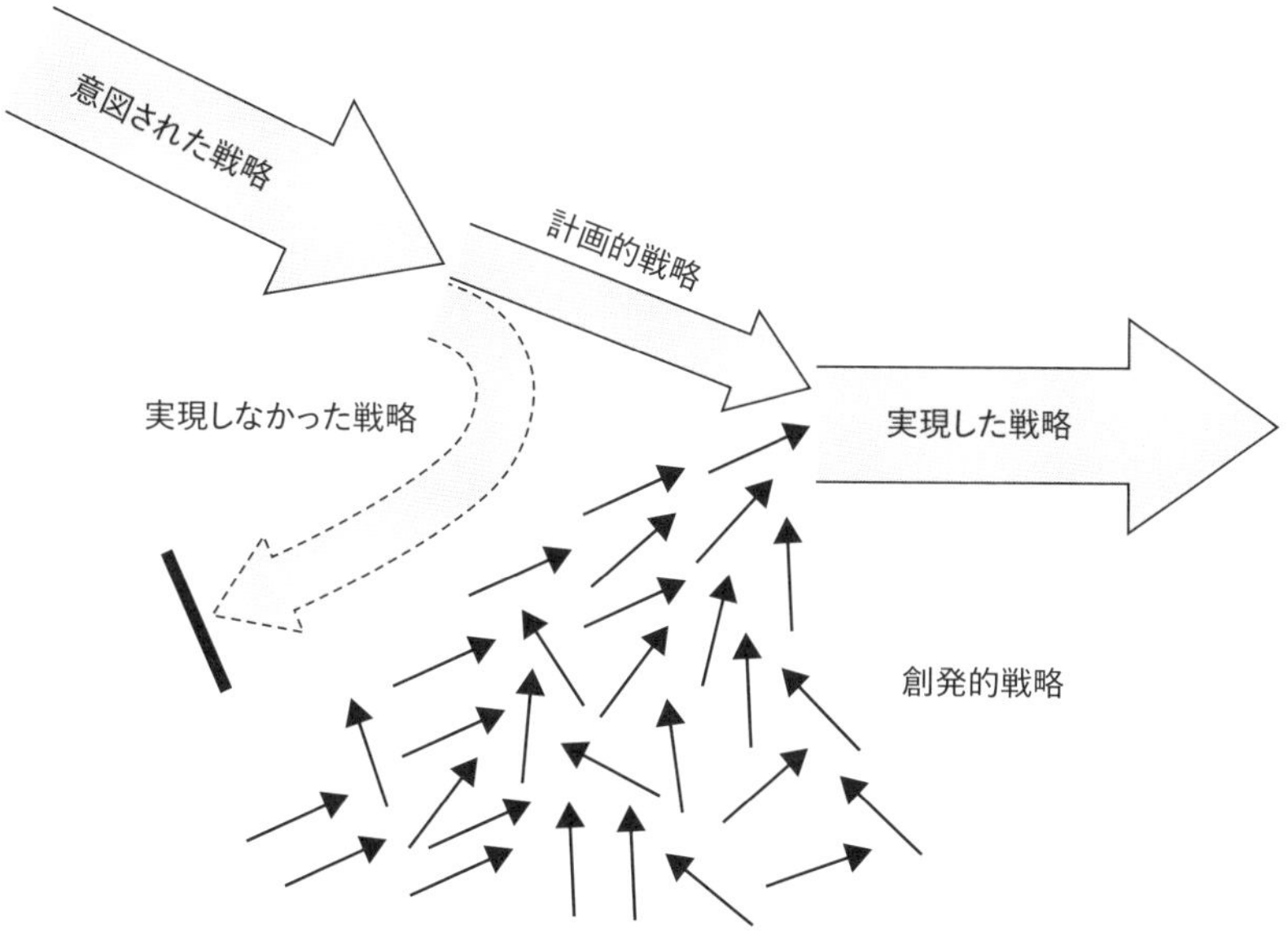

とんど存在しないように見える。大半のケースでは、両方の要素が混ざり合っている。それが当然なのかもしれない。**組織は計画を立てるだけでなく、学習もする。つまり、考えることを通じて戦略を編み出すだけでなく、実際に行動することを通じて戦略を見いだす場合もあるのだ。戦略は、ものごとを総合することにより生まれるが、分析（＝アナリシス）は総合（＝シンセシス）をもたらさない。**分析が有益であることは間違いないが、それはあくまでも戦略を形成するための情報をもたらすという点で有益なのであって、分析することを戦略形成のプロセスそのものと考えるべきではない。

　ここまでの議論に加えて、内容面で戦略をどのように定義するかという視点を導入すると、戦略に関する理解がさらに広がる。マネジャーたちに、マクドナルドがメニューに「エッグマックマフィン」（ベーコン、チーズ、卵という米国の典型的な朝食メニューをマフィンで挟んだもの）を加えたことは、戦略の変更と言えるかと尋ねると、いつも意見が大きく二分される。「新しい市場に向けて新しい商品を送り出すのだから、当然、戦略を変更したことになる」と言う人たちがいる一方で、「いや、そんなことはない。商品の基本的な性格は変わっていない。材料が少し変わっただけだ」と言う人たちもいる。どちらの見方も間違っていない。戦略の内容に関する見方が違うだけだ。

　戦略は、市場におけるポジションであると見ることもできる（図表3-5a）。マイケル・ポーターであれば、そのように主張するだろう。**戦略は、組織のパースペクティブ**（視点）、**言い換えればビジョンであると見ることもできる**（図表3-5b）。ピーター・ドラッカーは、それを「会社という概念」という言葉で言い表した。(注23) エッグマックマフィンは、パースペクティブを変えることなく、市場での新しいポジションを目指した商品と言えるだろう。一方、マクドナルドがダック・ア・ロランジュ（鴨のローストのオレンジソース添え）をメニューに加えるとすれば、パースペクティブとポジションの両方が変わり、ビッグマックのバンズに使うパン種だけ変更するとすれば、パースペクティブもポジションも変わらない。

　最も興味深いのは、ビッグマックをテーブルで給仕して提供することにする場合だ。これは、パースペクティブを変えることにより、市場でのポジションを維持しようとする試みと言える。どうして、そんなことをしようと思う企業があるのか。それは、ブログや動画配信サービスに読者の多くを奪われている新聞業界を見ればよくわかる。新聞業界は、これまでと同じ顧客層をつなぎとめるために、ビジネスのやり方を大きく変えざるをえなくなっているのだ。

図表3-5a

ポジションとしての戦略

図表3-5b

パースペクティブとしての戦略

　ここまで論じてきた戦略の4つの定義――プランとパターン、ポジションとパースペクティブ――を重ね合わせると、戦略をつくり出すプロセスが4種類見えてくる。これらのプロセスは、第Ⅲ部で論じる4種類の基本的な組織形態とぴったり適合する。その4種類のプロセスとは、以下のとおりだ。ひとつは、サイエンス志向の「計画モデル」。これは、考えること、とりわけ分析に土台を置く。もうひとつは、アート志向の「構想モデル」。見ることに土台を置く。そして、クラフト志向のモデルが2つ。「冒険モデル」と「学習モデル」だ。いずれも行動することに土台を置く。具体的に見ていこう。

計画モデル

戦略は、幹部たちによって練り上げられる計画的なポジション。プランニング担当のスタッフがその過程を支援し、出来上がった戦略は、それ以外のすべての人たちによって実行される。

構想モデル

戦略は、計画的に形づくられるパースペクティブ。ビジョンの持ち主（豊富な経験と独創的なアイデアをもった人物）の頭の中で戦略がつくられる。そのビジョンの下に、詳細な戦略上のポジションが出現する可能性がある。

冒険モデル

膨大な数の戦略上のポジションがいわば百家争鳴的に生まれる。組織内のさまざまな個人やグループが新しい取り組みを提唱する。そうやって生まれる戦略上のポジションは、提唱者にとっては計画的なものかもしれないが、それ以外の人たちにとっては創発的に、つまり想定していない形で出現する。

学習モデル

まず行動することから始める。試行錯誤を通じた学習により、戦略上のポジションとパースペクティブが出現する。その過程では、十分な知識をもっていて活発に活動する人たちが

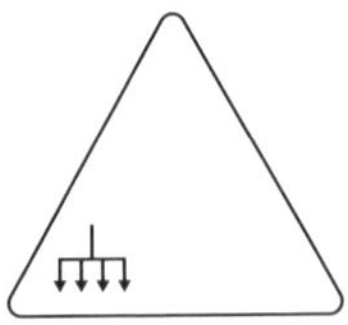

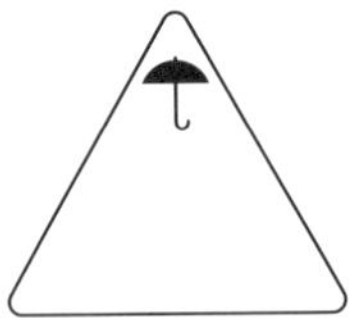

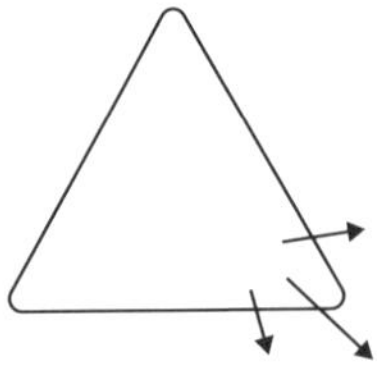

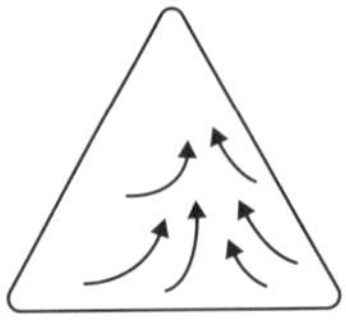

組織のいたるところにあらわれて、互いの成功を支援し合う。

◆――マネジメント――クラフトに、アート、そして少量のサイエンス

マネジャーとはなにをする人たちなのかと尋ねると、たいてい、計画、組織づくり、調整、指示、コントロールといった言葉が返ってくる。この5つの要素――すべての核を成すのはコントロールだ――を重んじるマネジメント観は、1916年にまでさかのぼる。(注24) 誰でもいいので実際のマネジャーを観察して、このような見方が現実とどの程度合致しているのか考えてみてほしい。

マネジメントは、実践の行為である。それは、専門技術でもなければ、サイエンスでもない。(注25) マネジメントは、おおむね経験を通じて学習されるものだ。そのため、マネジメントは、クラフトの性格が最も強い。ただし、優れたマネジャーは、かなりの量のアートも活用している場合がある。また、ある程度は分析という形のサイエンスも必要だが、それが必要とされる度合いは医学や工学などの専門技術に遠く及ばない。サイエンスの偏重、とりわけ数値計測への過剰な依存は、「現代型マネジメント」における厄災の源になっている。

マネジャーたちは、実際になにをしているのか。マネジメントとはコントロールすることであるという初期の考え方が唱えられて以降、ほかにもさまざまな考え方が示されてきた。トム・ピーターズは、ものごとを実行することこそ、よいマネジメントだと主張した。「『考えるな、行動せよ』が私のモットーだ」と述べている。ウォール街のマネジャーたちも、ディーリングを実行することを役割にしている。対照的に、マイケル・ポーターに言わせれば、マネジメントとは考えることにほかならない。ポーターはとくに、「戦略を立案するための分析テ

クニック」を重んじる。[注26] ポーター流の有効なマネジメント（＝正しいことをおこなうこと）と、ピーターズ流の有効なマネジメント（＝ものごとを正しくおこなうこと）の違いは明白だ。一方、ウォレン・ベニスとアブラハム・ザレズニックは、単にマネジメントをおこなうだけでなく、リーダーシップを振るうことが重要だと主張して、マネジャーたちの支持を集めた。[注27] それに対し、ハーバート・サイモンは、意思決定の要素を重んじて、アカデミズムの世界で尊敬を得た。[注28]

　これらの見方はすべて間違っている。このすべてが正しいからだ。**マネジメントは、コントロールと意思決定であり、実行と取引であり、思考とリーダーシップであり、それ以外のもろもろのすべての活動のことでもある。しかも、そうしたすべての要素の単なる総和ではなく、すべてが混ざり合ったものだ。** 図表３-６に示したマネジメントのモデルは、マネジャーの仕事の全体像を示したものである。このモデルは、情報、人間、行動

図表3-6

マネジメントのモデル

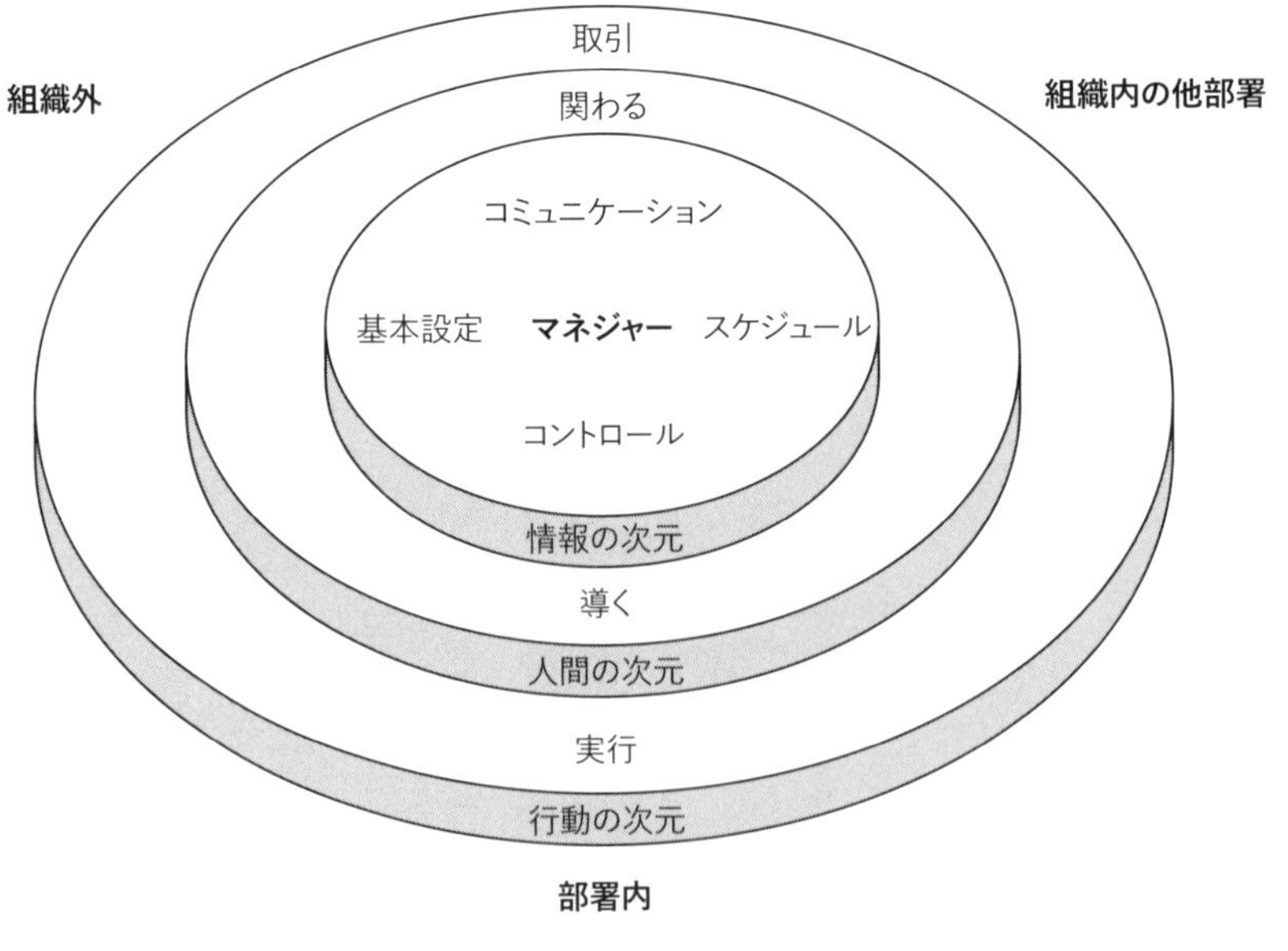

の3つの次元で構成されていて、中央にはマネジャー自身がいる。そして、マネジメントを担う部署と組織内のほかの部署、さらには組織外の世界が、マネジャーのまわりにある。それぞれの次元では、マネジャーの役割として2つの要素を挙げている。

情報の次元のマネジメント

マネジャーは情報の次元において、コミュニケーションを取ること、そしてコントロールすることにより、情報を活用する形で人々に行動を取らせる。

- **周囲の世界全体とコミュニケーションを取る**：マネジャーの仕事ぶりを観察すると、すぐに気づくことがある。マネジャーは、部署内外で情報を収集・発信するために実に多くの時間を費やしているのだ。
- **部署内をコントロールする**：マネジャーが情報を直接活用しておこなう活動のひとつは、部署内の人たちの行動の方向を定めることだ。マネジメントの機能はこれがすべてではないが、正式な権限を行使して組織をコントロールすることがマネジメントという仕事の要素であることは間違いない。

人間の次元のマネジメント

人間の次元では、情報の次元に比べて、マネジャーが実際の行動に一歩近づく。人々を導くこと、そして人々と関わることを通じて、人々に行動を促すのだ。

- **内部の人々を導く**：リーダーシップに関しては、おそらくマネジメントのほかのすべての要素を合わせたよりも多くの論文や書籍が書かれている。しかし、ここでは、リーダーシップをあくまでもマネジメントのひとつの要素と位置づける。ほかの役割と切り離して、ほかの役割よりも重要なものであるかのように扱うことはしない。リーダーシップとは、❶メンバーを後押しし、メンバーの能力をはぐくむことにより、メンバーがより有効に役割を果たせるようにすること、❷チームを構築・維持すること、❸部署のすべての人々を結びつけるための文化とコミュニティを確立・強化することである。

- **外部の人々と関わる**：さまざまな研究により繰り返し明らかになっているように、マネジャーは内部の人々を導くのと同じくらい、外部の人々とも関わりをもっている。(注29) この役割において、マネジャーは、❶部署外の人的ネットワークを築き、❷対外的に部署を代表する「看板」の役割を担い、❸部署のニーズを主張したり、根回しをしたりするなど、対外的に影響力を振るい、❹外部からの影響を慎重に部署内に伝える。

行動の次元のマネジメント

マネジャーは、ものごとを「ほぼ実行」する場合もある。あるマネジャーに関して「メアリー・アンは行動の人だ」などと言う場合、たいていは、製品の製造や機械のメンテナンスなどの実務をおこなっているわけではない。行動の次元では、そこから一段階距離を置いて、ほかの人たちがものごとをおこなうのを助ける。具体的には、変革の旗振り役になったり、プロジェクトに加わったり、トラブルに対処したり、取引をまとめたりする。

- **内部でものごとを実行する**：マネジャーは、持ち上がったトラブルに受動的に対処することに加えて、主体的にチャンスをマネジメントすることもおこなう。後者の例としては、みずからも プロジェクトに加わり、しかも単に情報を得るだけでなく、結果に影響を及ぼすことを目指すケースなどが挙げられる。

- **対外的に取引をおこなう**：行動の次元における対内的な役割が「実行」だとすれば、対外的な役割が「取引」だ。マネジャーは、納入業者や資金拠出者や取引先などの組織外の人たちだけでなく、組織内の他部署のマネジャーたちとも取引をおこなう。また、外部のネットワークを生かして、たとえば、合弁事業のパートナーと交渉したり、労働者を代弁する労働組合と交渉したりもする。

ここまで読めば、マネジャーのひとつの役割だけを過度に強調することの危うさが理解できるだろう。マネジメントがバランスを失いかねないのだ。図表3－6のようなバランスの取れた円ではなく、歪んだ車輪のように、制御が利かなくなる恐れがある。マネジメントという仕事は、円満にバランスが取れたものでなくてはならない。思考は重たいので、考えてばかりいると、マネジャーは押しつぶされかねない。一方、行動は軽いので、行動してばかりいると、マネジャーは腰が据わらなくなりかねない。また、マネジャーがリーダーシップを偏重すると、マネジメントの中身が疎かになる危険がある。マネジャーが外部と結びつくことを重んじすぎると、マネジメントが単なるPR活動になってしまうかもしれない。コミュニケーションを取ることしかしないマネジャーは、なにごとも成し遂げられず、ほとんどのことを自分で実行せざるをえないマネジャーは、すべてを自分ひとりでおこなう羽目になる。

では、どうすれば、円満にバランスが取れたマネジメントをおこなえるのか。そのためには、マネジメントの仕事について回るジレンマの数々と向き合うことが不可欠だ。

マネジャーが避けることのできないジレンマ

マネジメントという行為の複雑性を理解するために、以下の8つのジレンマについて考えてほしい。こ

れらの問題は和らげることはできても、完全に解消することはできない。(注30)

❶**計画の落とし穴**：これは、すべてのジレンマのなかで最も基本的なものと言えるだろう。このジレンマに悩まされないマネジャーはいない。**多忙をきわめる日々にあって、どのようにして未来を見据え、計画を立て、戦略を練り、ものを考えればいいのか。**要するに、ものごとを完了させることを求める重圧がのしかかるなかで、どうすればものごとを掘り下げられるのか。

❷**現場との関わりの難題**：**マネジメントという行為の性格上、マネジャーがマネジメントの対象から乖離することは避けられない。そのような状況で、どうすれば現場の情報を途切れることなく入手し続けられるのか。**大学教員の世界で言えば、昨日までは自分が論文を書く立場だったのに、マネジャーの職に就いた途端に、論文を執筆する教授たちをマネジメントしなくてはならなくなるのだ。

❸**分析の迷宮**：組織は、いくつもの細かい部分に切り分けられている。具体的には、部門や部署、商品やサービス、プログラムや予算などを基準に分解される。マネジャーには、こうしたすべてを監督し、さまざまな雑然とした要素をひとつにまとめ上げることが期待される。**マネジャーは、分析によって細かく分解された世界を、どのようにしてひとつにまとめればいいのか。**

❹**数値測定のミステリー**：文化や、マネジメントという行為そのものなど、マネジメントの対象となる重要なものごとのなかには、数値測定が容易でないものも多い。では、**数値測定に頼れないときに、どのようにマネジメントをおこなえばいいのか。**

❺**権限委譲の板ばさみ**：現場と結びついているマネジャーには、膨大な量の情報が寄せられる。その多くは、個人的な意見や伝聞、ゴシップなど、非公式なものだ。では、**情報の多くが私的なもので、文書化**

されておらず、マネジャーの地位のおかげで入手できるものである場合、どのように権限委譲をおこなえばいいのか。

❻**行動の曖昧さ**：マネジャーが状況をより深く理解しようとして意思決定を遅らせれば、ほかのすべての人たちの行動にストップがかかってしまう。しかし、そうかといって、マネジャーが無思慮に行動に踏み切れば、同じくらい悲惨な結果を招きかねない。分析に終始して身動きが取れなくなることを避けつつ、直感的に行動して破滅することも避ける必要がある。では、**微妙な差異が大きな意味をもつ複雑な環境で、マネジャーはどのように決断力を発揮すればいいのか。**(注31)

❼**変化の不思議**：つねに変化を経験し続ければ、まったく変化しない場合と同じくらい深刻な機能不全に陥る可能性がある。**マネジャーは、継続性を保つ必要があるときに、どうやって変化をマネジメントすればいいのか。**

❽**自信の罠**：マネジャーには自信が必要だ。行動することに怖気づいている人物にマネジメントされたい人はいないだろう。しかし、あらゆる局面で怖いもの知らずに行動に突き進む人物にマネジメントされたい人もいない。**マネジャーは、どうすれば、傲慢への一線を越えることなく、適度の自信を保ち続けられるのか。**

マネジャーはいったいどうすれば、これらの数々のジレンマのすべてに同時に対処できるのか。そのために必要なのは、ジレンマに向き合うことだ。それを通じて、悪影響を緩和することを目指すのである。ここで挙げたジレンマを、マネジメントに集中することを妨げる要因と考えるべきではない。これらは、マネジメントそのものなのだ。**マネジメントとは、何本ものさまざまなロープの上を同時に歩く、多次元**

の綱渡りだ。その綱渡りをおこなう際は、正しくバランスを取らなくてはならない。それも、絶えず変化する動的なバランスを取ることが求められる。

ここまで2つの章では、組織のパーツとプレーヤーを再確認し、意思決定、戦略形成、マネジメントの仕事におけるアート、クラフト、サイエンスについて考えた。次は、組織デザインの基本的な構成要素に目を向けよう。

第II部

組織デザインの基本的な構成要素

第2章の冒頭で紹介した牛を思い出してほしい。この動物がどのような部位で構成されているかは、すぐに判別できる。けれども、お腹を空かせていてステーキのことで頭がいっぱいだったり、獣医師として牛の部位の不調を治療しようとしていたりするのでない限り、牛のパーツよりは牛の全体のほうが興味深い。しかし、私たちは、牛を設計することはないけれど、組織は設計する。それに、組織が不調に陥れば「治療」しなくてはならない。そこで、組織の基本的な構成要素について理解しておく必要がある。

そう、組織全体を組み立て直そうと思えば、その前に組織のデザインを分解することから始めなくてはならないのだ。以下の3つの章では、組織における調整のメカニズム、組織デザインの構成要素、そして、これらの要素に影響を及ぼす文脈上の要素について見ていく。組織全体に関する議論に早く進むために、この3章はできるだけ短く、必要最小限の記述にとどめた。辛抱してお付き合いいただきたい（第4章はぜひ通読してほしいが、第5章と第6章は**太字**の箇所に目を通すだけでも構わない。大丈夫、私は誰にも告げ口しないから）。

第4章 調整のメカニズム

映画をつくったり、アイスホッケーの試合で点数を入れたりするためには、異なる業務に携わる人たちが一緒に仕事をしなくてはならない。「調整」が不可欠なのだ。調整は、「分業」に次ぐ組織づくりの本質である。

分業についてはわかりやすい。分業のあり方は、組織が掲げるミッションと、用いているテクノロジーによって決まる。映画をつくるためには、脚本家と俳優とカメラクルーと監督と……といった人たちが必要だ。アイスホッケーの試合をするためには、フォワードとディフェンス、ゴールキーパー、そして選手たちを指導するコーチがいなくてはならない。映画づくりやアイスホッケーの試合に参加する人たちはみな、自分がなにをすべきかを心得ている。しかし、これらの人たちの仕事を一体化させる、つまり適切に調整できるかどうかは、また別の問題だ。一頭の牛の体内ではそのような調整が自然におこなわれているが、人間が牛の群れの行動を調整すること、ましてや映画の制作スタッフたちの行動を調整することは、一筋縄ではいかない。

牛の群れの行動を調整するのであれば、犬に吠えさせることも有効かもしれない。しかし、映画の撮影現場で監督が怒鳴り散らすことには慎重であるべきだ（ときには、それが必要な場合もあるかもしれないが）。そのような調整の方法は、「直接的な監督」と呼べるだろう。本章では、これを含めて6種類の調整のメカニズムを紹介する。ほかのメカニズムのひとつは「相互の調整」だ。映画の俳優たちが撮影現場で互いに話し合って、演技の仕方を相談するようなケースである。あと4種類は、すべて「標準化」を通じた調整だ。まず、「業務の標準化」。映画で通行人役のエキストラがどのように横切るかを具体的に決めるようなケースである。もうひとつは「成果の標準化」。予算3億ドル以内で映画をつくると決めるようなケースである。そして「スキルの標準化」。ジュリアード音楽院で学んだ俳優を採用すると決めるようなケースである。残るひとつは「規範の標準化」。ビーバーとクマを称えるための映画をつくろうと決めるようなケースである。

相互の調整——会話やその他の方法で直接コミュニケーションを取る

相互の調整においては、「ウェブ」（クモの巣）のように、さまざまなメンバーがさまざまな組み合わせでコミュニケーションを取り合う。このアプローチは、2人乗りのカヌーで急流を下るように業務がシンプルなケースでも、大勢のチームで新しいテクノロジーを開発するように業務が込み入っているケースでも有効だ。カヌーの2人は、お互いの動きに反応して次の自分の行動を決めなくてはならない。後席の人がコースを定めると、前席の人は素早くパドルを操作して、岩と正面衝突することを避ける。すると、今度は後席の人がカヌーの体勢を整えて、まっすぐ前に進むようにする。それを怠ると、カヌーの側面が岩にぶつかってしまう。アイスホッケーの試合でも同様のことがおこなわれている。プレーヤーたちは互いの動きに合わせて行動し、氷上のパックを追いかける。オフィスでも、マネジャーは、急流の岩のような想定外の事態に素早く対処しなくてはならない。このようなことは、ミツバチの群れが巣の移動を決める際にもおこなわれている。

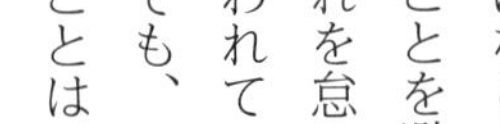

まず、下見係のハチたちが……巣から四方八方に飛び立ち、移住先を探す。そして、めぼしい場所が見つかると……巣に戻り、その場所の方向と距離を仲間たちに伝える……ときには、何匹もの下見係が別々の候補地を提案する場合もある。そのようなケースでは、移住先を決めるコンテストがおこなわれる。最終的に、最もたくさんの働き蜂が熱烈に支持を表明した場所が移住先になる。こうして場所が決まると、群れ全体でその場所へ向けて飛んでいく。（注32）

調整とコントロールは別個の概念だ。相互の調整は、コントロールの要素を伴わないが、これ以外の調整の方法は、コントロールを通じて調整をおこなうものと言える。

直接的な監督——指示を発する

ボート競技の「エイト」では、8人の漕手がオールを漕ぐ。この場合、相互の調整ではうまくいかない。舵手（コックス）が掛け声を発して、漕手たちがそれに合わせてオールを漕ぐ必要がある。上司が怒鳴りつけているわけではないが、直接的な監督をおこなっていると言えるだろう。**直接的な監督では、マネジャーが「ハブ」（車軸）の中心に陣取り、すべての状況を自分の頭の中で把握したうえで、それぞれのメンバーがどのような行動を取るべきかを言い渡すことにより、メンバーの行動を調整する。**フットボールでは、クオーターバックもしくはコーチが攻撃陣全体に作戦を指示して、選手たちの行動を調整する。

相互の調整と直接的な監督の両方に共通するのは、非公式の柔軟な調整のメカニズムだということだ。複数の人たちが実践するか、ひとりの人間が取り仕切るかの違いはあるが、

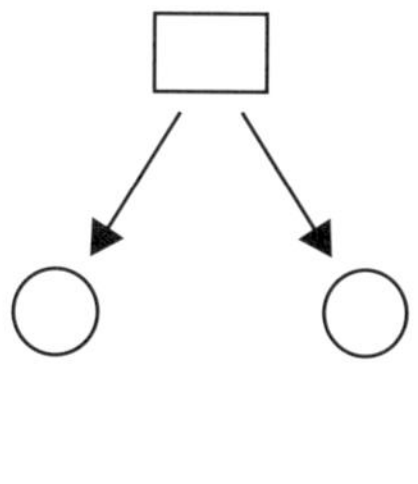

すべてがリアルタイムでおこなわれる。それに対し、標準化による調整の4つのアプローチは、調整のための仕組みが正式な組織構造に織り込まれている場合が多い。たいてい、その組織のテクノストラクチャーに属するアナリストによって前もってプログラムされており、設計による調整と呼んでもいいだろう。(注33)

業務の標準化――ルールを確立する

フットボールの試合でクオーターバックが作戦を指示すると、前もって決めてある約束事に従って全員がただちに動き出す。たとえば、クオーターバックが「#6」という指示を発すると、フルバックが中央突破を図る、といった具合だ。自動車の組み立て工場も、同じようなアプローチで動く。作業員が「チェーン」の所定の持ち場で、あらかじめ決められた手順により部品を取りつけていく。

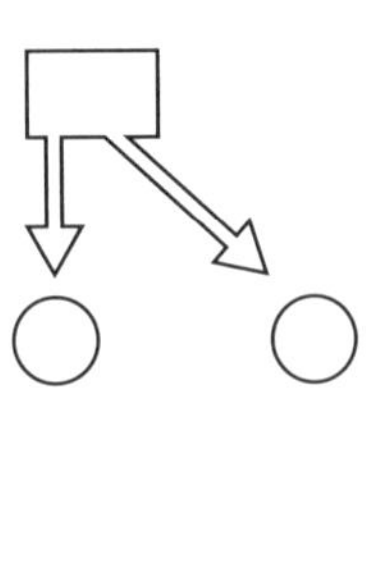

業務の標準化は、業務内容を細かく決めるという形でおこなわれる場合がある。1世紀前にフレデリック・テイラーが働き手のマネジメントに関して提唱したように、どのように業務をおこなうかを具体的に定めるのである。家具製造・販売大手のイケア(IKEA)が家具の組み立て方を事細かに指示するのもこのパターンと言える。組織でこのアプローチの対象になるのは、あまり高度なスキルを求められない「オペレーター」たちである場合が多い。しかし、職場での服装規定のように、すべてのメンバーに適用されるルールもある。

ルールが徹底されていて、現場の実務のほとんどが標準化されている組織は、「官僚組織」と呼ばれる。官僚組織という言葉は、元々このような意味で用いられていたが、後述するように、次第に侮蔑的なニュアンスで用いられるようになった。でも、ルールが徹底されていない旅客機に乗りたい人などいるだろうか。パイロットたちが操縦席で相談して、今日はどんなふうに着陸したい気分かと話し合うとしたら、あなたはどう思うだろう。

成果の標準化――パフォーマンスをコントロールする

業務そのものを標準化できない場合は、成果の標準化とでも呼ぶべきアプローチが実践されることがある。 たとえば、私はタクシーで「スピードを上げて」「ここでブレーキを踏んで」と指図することはまずない。代わりに、結果をコントロールしようとする。「××通りの7番地まで」などと目的地を伝えるのだ。同じように、工場では、どのようにドリルで穴を開けるべきかを働き手に指示することはせず、ほかの働き手がつくる丸い棒にぴったり合うように、直径7センチの穴を開けるよう指示する。あるいは、ある部署のマネジャーにコストを10％削減するよう指示する場合もある。このような標準化は多くの場合、「プランナー」「コントローラー」「品質管理エンジニア」といった肩書をもったアナリストたちによっておこなわれる。

スキルの標準化――事前に研修をおこなう

研修は、高い技術が要求される半面、繰り返しの要素が大きい業務の調整をおこなう手段として用いられる。手術室に集まった外科医と看護師のチームは、ひとことも言葉を交わさず、具体的な指示も受けずに、心臓を切開して手術をおこなえる。手術チームの行動がうまく調整されるのは、メンバーのスキルと知識が徹底的に標準化されていて、誰もがほかのメンバーの行動を正確に予測できるためだ（ただし、想定外の問題が持ち上がった場合は、相互の調整が必要になる）。これは、アドリブで言葉をやり取りしているように見えて、実はしっかりセリフを暗記してきている舞台俳優たちの関係と似ている。

この場合、人々は「セット」の形態で活動していると言える。野球のダブルプレーを完

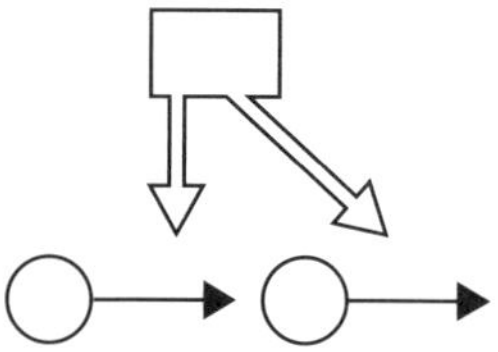

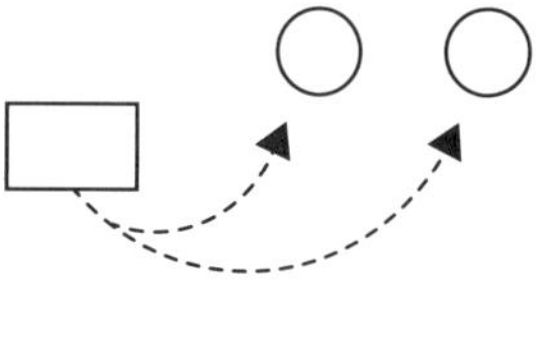

成させる内野手たちのように、一緒に、しかし別々に動くのだ。事前のトレーニングにより、すべてがあらかじめ決められている。**手厚い研修をおこなって、人々のスキルと知識を標準化することにより、ほぼ自動的に調整がおこなわれるようになっているのだ。**

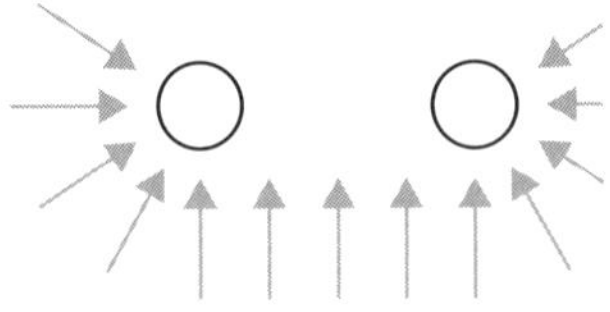

規範の標準化――信念を共有する

「神を愛し、あなたの望むように行動しなさい」とイエズス会では教えている。[注34] 修道会が好ましいと考えるような形で信者が神を愛していれば、その信者は修道会の望むとおりに行動するはずだと、よくわかっているのだ。信者たちは、修道会のメンバーが共有する大義のために熱心に活動するだろう。**規範（あるいは価値観）を標準化すれば、人々は共通の信念のために献身的に行動し、その結果として、互いの行動を調整できる。**[注35]

業務の標準化と成果の標準化が押しつけられるもので、スキルの標準化が学習されるものだとすれば、規範の標準化は、しばしば「社会化」および「教化」（教え導く）のプロセスを通じて吸収されるものと言えるだろう。そうした性格上、その影響は人々の活動だけでなく、もっと深く、いわば魂のレベルにまで届く。ある種の組織がうまく機能している理由は、この種の共通の規範にある。弱小サッカーチームがイングランドのプレミアリーグで優勝するようなケースがそうだ。

これらの標準化の類型について理解を深めるうえでは、標準化の対極にあるもの、つまりカスタマイゼーションと比較するとわかりやすい。カスタマイゼーションの場合は、調整のために、相互の調整と直接的な監督に依存する度合いが高いのだ。標準化とカスタマイゼーションのあり方について、「純粋な標準化」と「純粋なカスタマイゼーション」の間のさまざまなバリエーションを見てみよう。

標準化を超越したカスタマイゼーション

標準化の対極にあるのは、カスタマイゼーションだ。すべてが同じなのが標準化だとすれば、すべてが異なるのがカスタマイゼーションである。(注36) この両者は、家の壁に飾ってある子どもの図工の作品と、電源を切ってあるテレビの黒いスクリーンくらい対照的だ。以下のように、標準化とカスタマイゼーションの度合いには、両極端の間にさまざまなバリエーションがある。

純粋な標準化 ↔ セグメント分けされた標準化 ↔ カスタマイズされた標準化 ↔ 個別化されたカスタマイゼーション ↔ 純粋なカスタマイゼーション

・片方の極端に位置するのは「純粋な標準化」だ。たとえば、書籍のプリント版。個々の読み手に合わせた変更の余地はない。

・「セグメント分けされた標準化」の場合は、いくつかの標準化された選択肢のなかから選択できるようになっている。書籍は、プリント版以外に、電子版やオーディオ版、場合によっては点字版などの形態で提供される。昨今はほとんどのものが標準化されているが、たいていはセグメント分けされた標準化の形を取っている。たとえば、料理用の食塩は、天然塩もあれば精製塩もあるし、白い食塩もあればピンクの食塩もあるし、ユダヤ教徒向けには、宗教指導者により認証を受けた食塩もある。

・純粋な標準化とは正反対の極端なパターンが「純粋なカスタマイゼーション」だ。たとえば、建築家に依頼してすべて依頼主の注文に合わせて建てた家や、優れた長編映画には、同じものがふたつとない。

・「個別化されたカスタマイゼーション」では、標準化されたものを個別のニーズに合わせて調節する。お店で既製品のスーツを買って、下がり肩になっている右肩にパッドを入れてもらうケースや、心臓外科医が患者の動脈に合ったステントを選ぶケースなどがこれに該当する。

・真ん中に位置するのは「カスタマイズされた標準化」。さまざまな標準化されたものから、好きなものを集めて組み合わせられるようになっている。大学に入学した学生は、開講されている授業のなかから、受講したいものを選んで履修して卒業を目指す。ブッフェ形式のレストランで食事をする場合は、並べられている料理のなかから食べたいものを選んで皿に盛る。

◆――すべてのメカニズムを併用する

多くの組織ではいずれかの調整のメカニズムが好まれる傾向があるが、複数のメカニズムを併用せずにやっていける組織はほとんどない。たいていは、すべてのメカニズムを用いる必要がある。自動車の組み立て工場では、業務の標準化が中心になるだろうが、ときには現場責任者が作業員に指示を発しなくてはならない場合もある。フットボールの試合では、クオーターバックが戦術を指示するが、選手たちはある程度の水準のトレーニングを受けていて、かなり標準化された形でプレーする。ところが、ボールをもっている選手がファンブルしてボールを落とすと、相手チームの選手がボールを奪って走り始め、そのチームの味方選手たちがその場の判断でブロッキングをおこない、ボールをもった選手を助ける。このプロセスは相互の調整にほかならない。また、選手たちがきわめて精力的にプレーしていることから判断すると、規範の標準化もおこなわれていると見ていいだろう。

本章で挙げた6種類の調整のメカニズムが本質的なものであることは、これらのメカニズムが大昔から存在し、著名な経営学者たちによって論じられてきたことからも明らかだ。

誰も「マネジメント」などという概念を意識したことがなかった時代にも、ホモ・サピエンスの集団は、相互の調整をおこなっていた。また、それに加えて、最も強力なメンバーによる直接的な監督もある程度実践されていた。その後、いわゆる文明化が進むと、首長や国王といった人たちが登場し、調整のメカニズムとして直接的な監督が極立って大きな役割を果たすようになった。20世紀になると、マネジメントに関する初期の研究はこの流れを引き継いで、正式な権限に基づくコントロール、すなわち直接的な監督を重んじた。(注37)

この潮流が続く一方で、さまざまな面での標準化も見られるようになった。フレデリック・テイラーは1911年の著作で「科学的管理法」を提唱し、工場や鉱山の現場での業務の標準化を主張した。ピーター・ドラッカーは1954年の著作で「目標による管理」を提唱し、オフィスにおける成果の標準化を主張した。また、リチャード・パスカルとアンソニー・エイソスは1980年代に発表した著書『ジャパニーズ・マネジメント』(邦訳・

講談社）で、第二次世界大戦後の日本企業が目覚ましい成功を収めた要因として、社員が高いエンゲージメントをもてる文化、つまり規範の標準化を指摘した。(注38) 一方、20世紀を通じてプロフェッショナリズムが台頭し、多くの組織でスキルの標準化が進行したが、調整のメカニズムとしてはマネジメント関連の文献であまり注目されてこなかった。それに対し、昨今のマネジメントの文献で大きな注目を集めているのは、チームやタスクフォース、ネットワークなど、相互の調整を実現するためのさまざまな形態だ。

今日の最先端のテクノロジーが登場するとともに、調整のメカニズムは、太古の祖先たちの時代に戻ったと言えるのかもしれない。

第5章

組織デザインのさまざまな要素

本章では、組織デザインのさまざまな要素に光を当てる。それらの要素を調節することにより、組織デザインのあり方を変えることができる。以下では、組織の土台のレベルから議論を始めることとし、まずさまざまな役職（組織という生き物の細胞と言っていいだろう）の設計から見ていこう。

具体的には、それぞれの役職の❶職務範囲、❷正式化の度合い、❸求められる研修と教化（教え導くこと）について検討する。

そのあと、その土台の上にある上部構造（組織という生き物の骨格と言っていいだろう）の設計に目を移す。さまざまな役職の人たちを❶どのように組み合わせて部署を構成し、❷そうした部署をどの程度の規模にし、❸それぞれの部署にどれくらい意思決定の権限を与えるかといったことがテーマになる。

そして最後に、すべての役職と部署を一体化させるための要素、言うなれば骨格への肉づけに話を進める。❶計画とコントロールのシステム、そして、❷水平方向のつながりがテーマだ。

◆──役職の設計❶　職務範囲

職務範囲が狭い役職もあれば、広い役職もある。スペシャリストの役職がある一方で、ゼネラリストの役職もあるのだ。たとえば、野球の投手は非常に専門性の高い役職だ。米国のメジャーリーグ（ＭＬＢ）では、本来なら打席に立つことすらない。一方、クリケットでは、多くのプレーヤーがボールを投げ、すべてのプレーヤーがボールを打つ。専門職による徹底した分業体制の例としては、アダム・スミスが１７７６年の著書『国富論』で紹介したものが最もよく知られている。それはピン工場の例だ。

１人目が針金を伸ばし、２人目がそれをまっすぐにする。３人目がそれを切断して、４人目が一方の先端を尖らせる。そして、５人目が反対側の先端を削る。そこにピンの頭を取りつけられるようにするのが目的だ。その頭の部分をつくるためにも、２つか３つの別々の作業が必要とされる。また、ピンに頭を取りつける作業もひとつの業務だし、ピンを磨いてきれいにするのもひとつの業務だ。さらには、完成したピンを紙に包むことを仕事にしている人もいる。（注39）

どうして、このように分業が徹底されているのか。それは、そのほうが効率的だからだ。スミスによれば、あるピン工場では、10人の働き手がそれぞれ専門の業務を担当していて、１日におよそ４８００本のピンを製造していた。それに対し、１人がすべての工程を担当しなくてはならないとすれば、１日に製造できるピンの本数は

1人当たり20本にも満たない可能性があるという。

とはいえ、狭い範囲の職務だけをおこなうことに満足できない人も多い。そのため、20世紀には、「職務の拡大」が進んだ。たとえば、コールセンターでオペレーターの職務を再構成して、限られた種類の問い合わせに対してマニュアルどおりに返答させるだけでなく、さまざまな種類の問い合わせに対処させる、といった具合だ（詳しくは第8章で論じる）。

役職の設計❷ 正式化の度合い

組織は、職務を正式化して、職務実行における自由裁量をなくすことにより、予測可能性を向上させ、コントロールを強化しようとする。具体的には、職務の内容そのものを定めたり、職務の流れを具体的に決めたり、組織全体で業務をコントロールするためのルールをつくったりする。

この本の著者としての私の職務は、正式化の度合いが最低限にとどまっている。私は、なにをどのように書くかについて、かなりの自由をもっている。言うまでもなく、英語の文法のルールには従わなくてはならないが。

一方、この本をつくる印刷会社の職務は、正式化の度合いがきわめて高い。まず、ひとりひとりの働き手の職務内容が明確に定められている。それに、本のサイズ、用紙、製本の方法などのもろもろを細かく定めた仕様書が存在する。加えて、印刷所で働く人たちはたいてい、大学教員よりはるかに多くのルールを課されている。始業時間や昼食時間も細かく決まっているのが普通だ。

アダム・スミスのピン工場のような職はもはや存在しないと考える人もいるかもしれないが、今日の世界でも、ファストフード店でハンバーガーのパティを焼く仕事など、きわめて正式化の度合いが高い職種がある。一方、大学教員や医師の仕事が正式化されていないと思っている人がいるとすれば、それも誤解だ。学者や医師の同業者団体がさまざまなルールを定めて公表している。

役職の設計❸ 研修と教化

この要素は、ある職を担わせるためにどのようなスキルや知識を要求するか、そしてどのような規範に従わせるかに関わるものだ。ファストフード店でハンバーガーのパティを焼く仕事であれば、比較的すぐに始められるかもしれないが、素人が病院にやって来ていきなり外科医として手術をすることは不可能だ。**高度なスキルを要求されない職がある一方で、高度なスキルが欠かせず、徹底した専門教育を受け、さらに大量の実地訓練を経た人でなければ就けない職もある。**あるスーパーマーケットでは、さまざまな役職に対して、それぞれ以下のような研修を受けるものとしている——倉庫係（実地訓練）、レジ係（研修センターでの1週間の研修）、精肉加工スタッフ（研修センターと実地訓練を合わせて6週間の研修）、精肉部門責任者（一般的に2年程度の実務経験と、研修センターでのときおりの1週間程度の研修）。

専門職を雇っている組織は、そうした専門職たちに対するコントロールのかなりの部分を、その人たちにトレーニングを実施した（言い換えれば、スキルの標準化を担った）外部の組織や、その人たちのスキルを向上させ、スキルの維持に努める同業者団体に委ねている。たとえば、医療の世界では標準的な診療手順が定められているし、会計士の世界ではさまざまな会計原則が確立されている。そこには、真の意味での「コミュニティ・オブ・

プラクティス」（実践共同体）が存在する。

一方、**高度なスキルが求められる職と、スキルがあまり必要とされない職以外に、いわば「技」が必要とされる職もある。正式なトレーニングを受けるというより、実地で師匠の下でみっちり学ぶタイプの職だ。**料理の世界には、専門の調理師学校もあるけれど、多くの料理人は、現場で経験豊富な料理人の下で技術を磨いていく。プロスポーツ選手もたいてい、コーチの下で練習する。

また、独自の文化をもっている組織は、メンバーがその文化を吸収し、規範を内面化しているかどうかにとりわけ強い関心をいだく傾向がある。そのような組織では、独自にカスタマイズしたプログラムを用意することが多い。そうしたプログラムを通じて、メンバーを「教化」、もっと穏健な表現を用いるのであれば「社会化」することを目指すのだ。たとえば、軍隊の新兵訓練キャンプや、新入社員にさまざまな部署を経験させて全社の状況を理解させる人事制度などは、そのわかりやすい例と言える。こうした教化の要素は、専門職養成のためのトレーニングにもたいてい織り込まれている。医学部の学生は、解剖学などに加えて、まっとうな医師としてどのように振る舞うべきかも教えられる。

◆上部構造の設計❶ グループ化による部署づくり

次に、組織の骨格、つまり、組織のさまざまなパーツをつなぎ合わせる要素に目を向ける。さまざまな役職の人たちをどのようにグループ化して正式な部署を構成するか。そして、どのようにして、それらの部署をグループ化し、さらに大きな部署をつくることを繰り返してピラミッド型の「権限の階層」を築くか。また、これらの部署の規模をどれくらいにするか。こうしたことを検討する。

組織について論じられる際は、このグループ化の要素に注目が集まりやすく、グループ化が組織構造のすべてであるかのように考えられがちだ。組織図への執着は、そうした発想のあらわれと言えるだろう。しかし、私たちの肉体に骨格以外の要素がたくさんあるのと同じように、組織にもグループ化以外の要素がたくさんあることを見落としてはならない。ただし、骨格なしに私たちが存在できないように、組織がグループ化なしには存在できないことも事実だ。

どうしてグループをつくるのか

私たちが組織を設計するに当たり、グループをつくる理由は3つある。

- **相互の調整を促進する**：人は、物理的に、そして制度上でグループ化されることにより、互いに意思疎通をおこない、協力し合うよう促される。たとえば、法律事務所では、家庭問題を専門とする弁護士を集めて部署をつくり、経験の共有を促す。
- **直接的な監督を可能にする**：おおむね独立して仕事をする外科医のような専門職の世界でも、「長」の役割を務める人物は必要だ。たとえば、新しいメンバーの採用プロセスを主導したり、同僚同士のもめごとを解決したりする人物がいなくてはならない。たいてい、部署をまとめることに最も適任の人物はマネジャーである。
- **共通の成果を獲得する**：たとえば、銀行の支店では、保険担当、株式担当、信託業務担当の行員を同じ部署に配置し、顧客に複数の金融商品やサービスを販売することを促進しようとする場合がある。

言うまでもなく、部署内でこれらの活動を後押しすれば、部署の垣根を越えた活動の足が引っ張られる場合がある。たとえば、法律事務所の家庭問題を扱う部門の弁護士たちは、同じ事務所の企業法務部門の弁護士たちに助言を求めようとするだろうか。しばしば組織には、「サイロ」と「スラブ」の問題がついて回る。

組織の「サイロ」と「スラブ」

農場に立っている「サイロ」をご存じだろうか。窓がない円筒形の穀物倉庫のことだ。この中に穀物を保管すれば、穀物が農場のあちこちにこぼれ出すことが避けられる。実は、組織にもサイロが存在する。そう、部署のことだ。企業の組織図を見て、部署を超えたコミュニケーションを促進する仕組みになっていると思うだろうか。それとも、そうしたコミュニケーションを妨げる仕組みになっていると思うだろうか。確かに、業務ごとの専門性を高めるために、サイロが必要な面はあるかもしれない。しかし、部署と部署の間に、互いに行き来できないような分厚い壁をつくる必要はない。**よく言われる「継ぎ目のない組織」ではなく、「よい継ぎ目のある組織」を目指すべきなのだ。**その組織に適した形で部署間のつながりを生み出すことが望ましい。

「サイロ」が組織内にそびえる垂直の障壁で、縦方向の直接的な監督を容易にすることと引き換えに、横方向の情報の流れや相互の調整を妨げるとすれば、「スラブ」（横板）は、組織内に横たわる水平の障壁で、異なる組織階層間の縦方向の情報の流れを妨げる。たとえば、営業部員、営業部門のマネジャー、営業担当の副社長、CEOの間での情報のやり取りが阻害されるのだ。

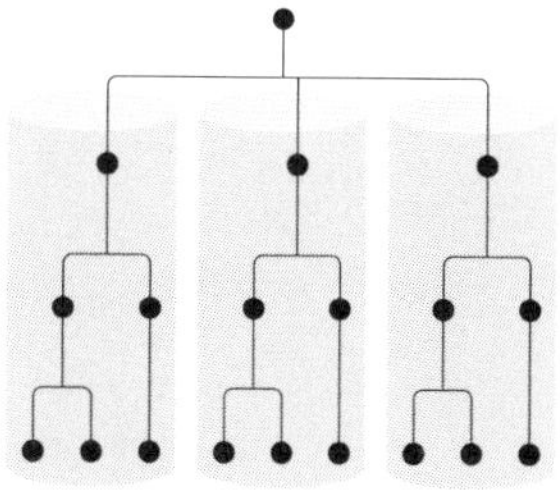

スラブの弊害は、異なる組織階層の人たちが物理的にも建物の別々の階で働いている場合（営業部門の副社長が営業部門のほかの組織階層の人たちと同じ階ではなく、ほかの部門を担当する副社長たちと同じ階にいるなど）、いっそう増幅される。人は、建物の別の階を訪ねるより、同じ階の中で動くことが多いからだ。このようなケースでは、コンクリート製の堅牢なスラブが横たわっていると言えるだろう。この場合、建物の最上階にオフィスを構えているCEOは、地べたから最も遠い場所にいて、現場で起きていることを最も把握しにくい。

サイロとスラブが私たちの想像力の欠如によって生まれたものにすぎないとわかれば、そうした障壁を切り裂くことが容易になるかもしれない。たとえば、日本のパーソナルケア用品大手、花王は、社内の会議をオープンな場でおこない、誰でも飛び入り参加できるようにしたことで知られている。工場の現場労働者が幹部会議で発言したり、CEOが工場の会議に出席したりしてもいいのだ。

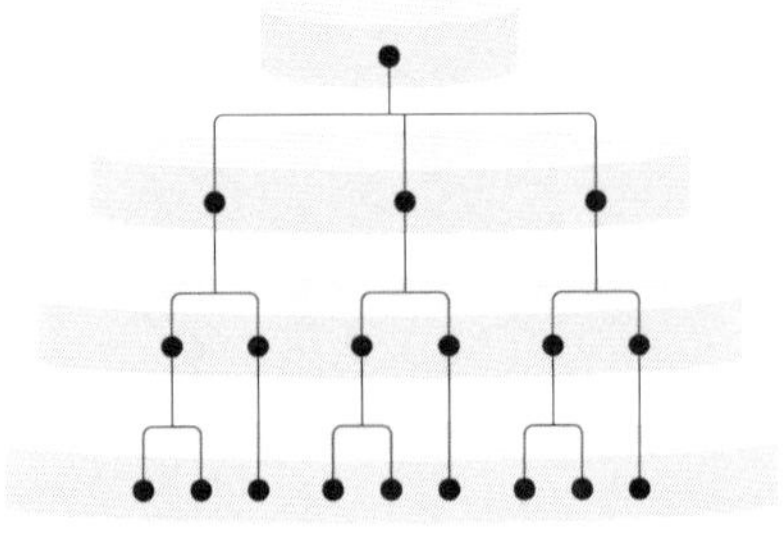

どのようにグループをつくるか

どのような基準により、さまざまな役職の人たちをグループ化して部署をつくり、さらにそうした部署をグループ化してより大きな部署をつくるのか。以下のように、**組織でグループをつくる際の基準には、いくつかのパターンがある。**

- **業務の内容**：たとえば、フットボールの攻撃陣は得点を挙げるために行動し、守備陣は相手の得点を阻止するために行動する。製造業の企業では、購買、製造、マーケティング、営業など、業務機能別に社員をグループ化して部署を構成することが多い。
- **業務の実行方法**：内科医は内服薬を処方し、外科医はメスを握る。バイオリニストはバイオリンを弾き、トランペット奏者はトランペットを吹く。
- **業務をおこなう理由**：部署ごとに、共通の成果を上げることを目指す。多角経営の企業では、たとえば、ノートパソコン事業をある部署に、プリンター事業を別のある部署に、そして両部門の顧客サービスをまた別のある部署に任せる。
- **業務をおこなう場所**：鉱山労働者は鉱山で働き、歯科医は歯科医院で患者の口の中をいじる。お酒はバーで提供されて、セールスは特定の担当エリアでおこなわれる。
- **業務の対象**：小児科医は子どもを診療し、老年科医はその祖父母世代を診療する。
- **業務をおこなう時間**：工場にはたいてい、日勤と夜勤の勤務シフトがある。

もちろん、以上に挙げたグループ分けのカテゴリーはときに重なり合う。たとえば、医師は、対象患者の種類だけでなく、診療の方法、診療の場所によってグループ分けされる場合もある。

これらのグループ分けの基準のいくつかは、2つの大きなカテゴリーに分類できる。それは、手段(内容と方法)と目的（理由と対象）である。手段によるグループ分けがおこなわれる場合は、専門特化が後押しされる。同じ分野のスペシャリスト同士の学び合いが促されるためだ。しかし、その半面、ほかの分野のスペシャリストとの調整はおこなわれにくい。一方、目的によるグループ分けの下では、逆のことが起きる。業務フロー全体での調整はおこなわれやすいが、専門特化は進みにくくなる。

ここまでの議論から引き出せる重要な教訓がある。**役職や部署をグループ化するための「魔法の方程式」の類いはないのだ。いくつもの方法があり、それぞれに長所と短所があると考えるべきだ。**したがって、コンサルタントがある会社の組織構造を検討すれば、つねになんらかの点ではよりよいやり方を提案できる（ただし、その新しいやり方も、別のなんらかの点では以前のものより劣っている可能性があるのだが）。そこで、多くの組織では、現状の組織構造のままでよいのか確信がもてなければ組織改編を断行すべし、というのが合言葉になっている。それよりは組織階層を減らすべしを合言葉に、組織内のスラブを1枚か2枚取り除き、コストを食うマネジャーの階層を減らすほうがまだいくらかマシだ。残念ながら――いや、幸いなことにと言うべきかもしれないが――**グループ化は、組織設計における万能の手段ではない。それは、組織設計に関係する数々の要素のひとつにすぎないのだ。**

もっとも、複数のグループ化の方法を併用することは不可能ではない。言ってみれば、キャンプファイヤーの薪を組むように、組織の階層ごとに異なるグループ化の方法を採用すればいいのだ。製造企業であれば、組織階層の最下層は業務機能ごとにグループ化をおこない、その上の階層は製品ラインごとに、そのさらに上の階層は地域ごとにグループ化す

図表5-1

異なるグループ化の方法を積み重ねる

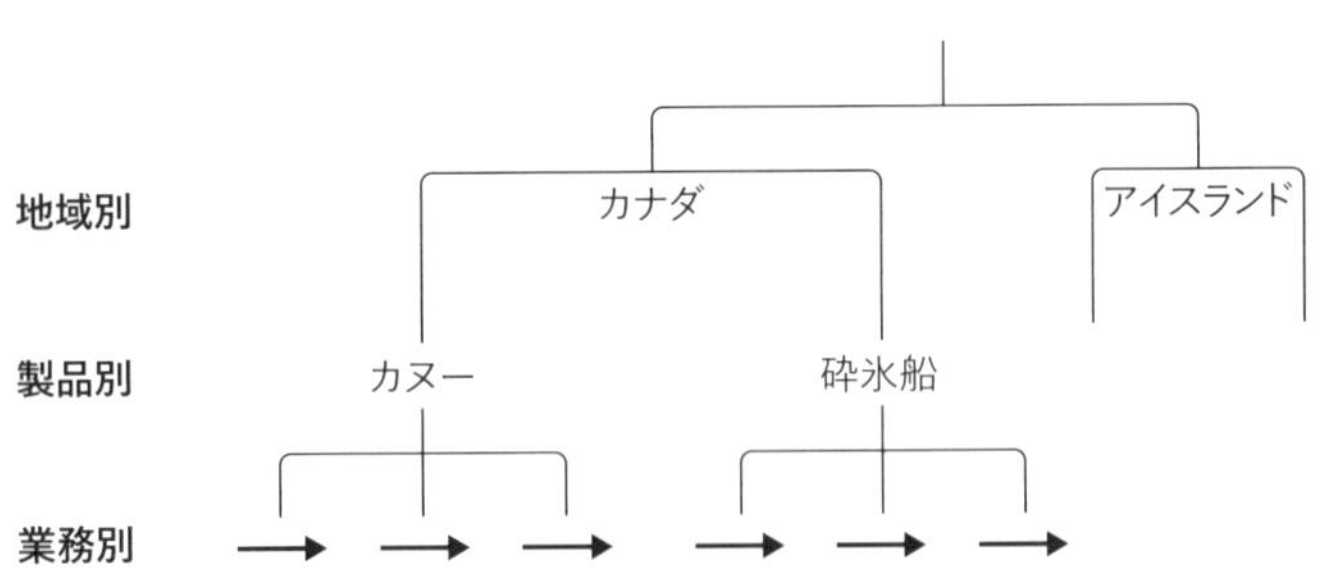

ることもできるだろう（図表5－1）。

◆――上部構造の設計❷ 部署のサイズを決める

中世の一部の神学者たちは、「針の上で天使は何人踊れるか」という問いを論じようとしたことで嘲笑されたと言われるが、この問いの現代版は、ひとりのマネジャーの下に、どれだけの働き手を配属できるか、というものかもしれない。この問いの答えは……5人、もしくは6人ということになっている。古典的な経営理論家のリンドール・アーウィックは、こう述べている。「いかなる監督者も、業務を直接監督できる対象は、互いに関連する業務をおこなう5人、多くてもせいぜい6人までである」(注40)

では、どうして、私が所属しているマギル大学経営学部では、互いに関連する業務（学士、修士、博士を送り出すこと）を担う100人の教員がひとりの学部長の下で働いているのか。どうして、工場では大勢の作業員がひとりの現場責任者の下で働き、オーケストラでは大勢の演奏家がひとりの指揮者の下で働くのか。一方、アイスホッケーのフォワードは3人なのが当たり前で、もしフォワードを4人にすれば、ディフェンスが手薄になって試合を落としかねない。これらのグループをすべて、5人か6人単位に再編すべきなのだろうか。もちろん、そんなことはない。アーウィックが「5人、多くてもせいぜい6人」と述べたとき頭にあったのは、おそらく企業のCEOと副社長の関係だったのだろう。では、それ以外の場面でも同じことが言えるのだろうか。そもそも、CEOに直属する副社長の人数も、本当につねに5～6人であるべきなのか。個別の状況を度外視した一般化は避けるべきだろう。

そもそも、このテーマを論じる際の用語に問題がある。**「スパン・オブ・コントロール」**（ひとりの管理者が指揮できる限界人数）**という言葉がよく用いられるが、この言葉は、マネジャーによるコントロール、つまり直接的な監督だけが調整のメカニズムであるかのような印象を与えかねない。しかし、実際にはそんなことはない。「部署のサイズ」という言葉を使ったほうがいいだろう。この表現であれば、直接的な監督以外の調整のメカニズムも前提にして議論できる。**大勢の大学教員や工場労働者や演奏家がひとりのマネジャーの下で働けるのは、直接的な監督ではなく、おおむねなんらかの標準化により行動が調整されているためだ。

それに対し、アイスホッケーのフォワードの人数が少ないのは、その活動が相互の調整に依存している面が大きいからだ。簡便で、頻繁で、非公式なコミュニケーションが多用されているのである。これらの要素の重要性が大きいケースほど、グループの規模は小さくなる。ひとつの部署に何十人もの人が配属されていれば、非公式なコミュニケーションで行動を調整することは難しい（しかし、アイスホッケーと似た要素のあるスポーツであるラクロスの起源となった北米先住民の競技には、ときに1000人もの人々が参加したという。どうして、それが可能だったのか考えてみる価値がありそうだ）。大学教員の場合、教育に関してはひとりの学部長が100人の教員を問題なくマネジメントできるが（担当科目のジャンルごとに「エリアコーディネーター」が監督するが、この役職はマネジャーとは性格が異なる）、共同研究をおこなう際は、6人のグループは大人数すぎる可能性がある。

また、もうひとつ頭に入れておくべきことがある。このタイプのグループにマネジャーが指名されるとしても（アイスホッケーにはオフェンス陣のマネジャーは存在しないが）、その人物が担う役割は、内部でリーダーシップを振るうことよりも、グループを外と結びつけること（たとえば、スポークスパーソン役を務めるなど）である場合もある。

◆──上部構造の設計❸ 分権化のあり方を決める

マネジメント研究の分野で「集権化」と「分権化」をめぐる議論が始まって1世紀ほどになるが、議論はいまだに混乱したままだ。しかし、少なくとも、**「分権化」(de-centralization＝脱集権化)という表現を用いる限り、「集権化」(centralization)が前提というニュアンスになることは避けられない。**

5つの事業部門を擁する自動車メーカーを思い浮かべてほしい。ひとつの部署がひとつの自動車ブランドを担当し、それぞれの部署のマネジャーが意思決定権のほとんどを握っている。別の章で詳しく論じるが、1920年代の米国の自動車大手ゼネラルモーターズ（GM）がこれに該当する。当時のCEOは、これを「分権化」という言葉で説明した。GM傘下のシボレー部門、ポンティアック部門、ビュイック部門、オールズモビル部門、キャデラック部門のマネジャーたちがそれぞれ大きな権限をもっていたのだ。(注41) しかし、膨大な数の社員が働く会社において、わずか5人の人物が絶大な権限をもつ状況を「分権化」と呼べるのだろうか。なるほど、本社のCEOがひとりですべての権限を独占している会社に比べれば、分権化されているのかもしれないが……。

意思決定の権限をすべてひとりの人物が握っている組織は、明らかに集権的と言える。一方、意思決定の権限が程度の差こそあれすべてのメンバーに分散している組織は、明らかに分権的と言える。前者の典型は独裁政権の政府、後者の典型はイスラエルの伝統的なキブツ（農業共同体）だ。キブツでは、ほぼすべてのものをメンバーが共有している（キブツについては後述する）。しかし、興味深いのは、この両極端の中間の形態だ。

意思決定の権限は、組織階層の下部へ「垂直方向に委譲」することもできるし、マネジャー以外の人（アナリストやサポートスタッフや現場のオペレーターなど）へ「水平方向に分散」させることもできる。また、それは、「部分的に」（たとえば、採用に関する意思決定に限定して）おこなうこともできるし、「包括的に」（部署に関わる意思決定の大半について）おこなうこともできる。

この点を頭に入れて、分権化のさまざまな形態について考えてみよう。前述したGMにおける分権化は、垂直方向の包括的なものと言えるが、分権化の対象は5つの部門のマネジャーに限定されていたように見える。それに対し、スタッフ部門のアナリストが全社の予算に関して発言権をもっている場合は、水平方向の部分的な分権化と言える。一方、病院の医師など、現場業務の中核を担う専門職が自分たちに関わる意思決定のかなりの部分をコントロールしている場合は、水平方向の包括的な分権化が実現していると言っていいだろう。

前章で取り上げたさまざまな調整のメカニズムについて、集権化と分権化という観点から説明すると、直接的な監督は最も集権的で、相互の調整は最も分権的と言える。さまざまな標準化の形態はこの両者の中間に位置し、業務の標準化、成果の標準化、スキルの標準化、規範の標準化という順に、分権化の度合いが高まっていく。

◆上部構造の骨格への肉づけ❶ 計画とコントロール

さまざまな役職を設け、部署の形にグループ化し、部署のサイズと意思決定権について定めたあとは、こうした骨格に肉づけし、いわば神経系を整備して、すべての要素が一体として機能するようにしなくてはならない。

計画とコントロールのシステムは、役職間と部署間で成果を標準化することにより、連携のための仕組みは、相互の調整を促すことにより、調整をおこなう。

あなたが2077年に、「COP（国連気候変動枠組条約締約国会議）77」を組織するとしよう。世界がようやく気候変動対策に本腰を入れることとなったのだ。やらなくてはならないことが山ほどある。そこで、課題をリストアップして、「アクションプラン」を作成する。講演をおこなう人物を選定し、イベントの段取りを決定し、コーヒーブレイクのケータリングを手配し、ロビイストたちを歓待する必要があるのだ。あなたは、いくつかの部署をつくり、かなりの権限を与えて分権化をおこない、それぞれの業務を担わせる。しかし、さまざまな「パフォーマンス・コントロール」の仕組みを通じて、それぞれの部署をコントロールする必要もある。そのために、スケジュールを定めたり、予算を割り振ったりする。

アクションプランは、いつ、どのようなことを実行するかという目標もしくは成果を定める。ただし、その実行方法までは示さない。一方、パフォーマンス・コントロールでは、目標がどの程度達成されているかを測定する。アクションプランの策定は、基本的にトップダウンでおこなわれる。少なくとも理屈の上では（現実がどうなっているかは後述する）、まず上級幹部が戦略を「立案」し、その戦略を具体的なプロジェクト、プログラム、予算、スケジュール、その他のプランに分解して、上級幹部以外のすべての人たちが戦略を「実行」できるようにするのだ。パフォーマンス・コントロールは、そうした活動の成果を事後に測定する形でおこなわれる。このプロセスでは、ボトムアップで情報が下から上へ流れる（ただし、コントロールのための仕組み自体は、たいてい組織の頂点近く、上級幹部直属のアナリストたちが設計する）。

目標が人間の行動にどれほど大きな影響を及ぼすかは、アイスホッケー選手の成績評価の仕組みを見ればよくわかる。ゴールを決めた選手には、ゴールポイントが記録されるが、それだけではない。その選手にパスした選手と、場合によってはパスした選手にパスした選手にも、アシストポイントが記録されて、ゴールと同等の評価がされる。これがチームワークの促進にどのような効果をもたらすかは、容易に想像できる。では、企業の株価が上昇した場合に、ＣＥＯの報酬だけ引き上げられる仕組みは、どうだろう。そのような報酬システムがＣＥＯのナルシシズムを助長することも想像に難くない。

上部構造の骨格への肉づけ❷ 水平方向のつながり

ここまで論じてきた設計上の要素だけで、組織の設計が完了するわけではない。**組織には、より非公式な性格の強い「水平方向のつながり」も欠かせない。「サイロ」と「スラブ」の枠を超えた相互の調整を促進することが目的だ。**近年はとりわけ、そのための仕組みが用意されることが多くなっている。

その最もシンプルな仕組みは、「リエゾン（連結）役」だ。２つの部署の間に位置して、両者をつなぐ人物である。たとえば、購買エンジニアは、購買部門とエンジニアリング部門をつなぎ、購入する部品のコストを抑える役割を担う。そのような人たちはたいてい、正式な権限はもっていない。２つの部署が協力し合う方法を見いだす役割だけを課されている。

この機能をさらに強化した仕組みが「統合マネジャー」である。この役割を担う人物は、たとえばいくつかの部署のリソースに関して正式な権限をもつ。消費者向け商品のブランドマネジャーは、特定の商品に責任をもち、予算をコントロールすることを通じて、商品の設計についてエンジニアリング部門と交渉し、製造部門とは生産について交渉する。

「会議」「常設委員会」「チーム」「タスクフォース」といった仕組みも、相互の調整を促進する役割を担う。知ってのとおり、会議とは、大勢の人を集めて、共通のテーマについて話し合い、情報交換し、ときには共同で意思決定をおこなうためのものだ。たとえば、「COP77」を開催しようとする場合、いかに多くの会議が必要とされるか想像してみてほしい。また、即興の会議がおこなわれることも多い。同僚同士がオフィス内でたまたま出くわして、意見を交わすようなケースだ。会議は、必要に応じて一度だけ招集されるものもあれば、定期的に招集されるものもある。後者はたいていメンバーも固定されていて、正式な常設委員会と呼ぶこともできるだろう。「COP77」で言えば、たとえば毎週火曜日の午前9時に常設委員会を開催して、さまざまなチームの代表者が集まってこのイベントの諸側面について話し合う、といった具合だ。

定期的に集まり、その組織に関することがら全般を話し合う取締役会や理事会の類いも、常設委員会の一種と言える。アイスホッケーチームのプレーヤーたちも、ある意味では常設委員会を開催しているとみなせる。試合中のハーフタイムにロッカールームに集まり、それまでの試合展開について意見を交わすからだ。

最近は、インターネットを利用してバーチャル会議がおこなわれることも多い。バーチャル会議と言うと非公式な印象があるかもしれないが、音楽のコンサートさながらに周到に計画することも可能だ。バーチャル会議の「指揮者」役の人物は、コンサートの指揮者がバトン（指揮棒）を振る代わりに、出席者の音声を聞こえなくするための「ミュートボタン」をもっている。ただし、ビデオ会議システムを用いてバーチャル会議をおこなう場合は、同僚同士がコピー機の前で偶然出くわす機会がない。ミュートボタンはあるかもしれないが、どのボタンを押しても、どのアイコンをクリックしても、偶然の出会いを生み出すことはできない。その点で、この素晴らしいテクノロジーは相互の調整に大きなダメージを及ぼす。

チームやタスクフォースは、新製品の開発やリストラの実行など、特定のプロジェクトをやり遂げるために一時的に招集されるグループだ。プロジェクトが終われば解散になり、メンバーは元の所属部署に戻っていく。たとえば、アカデミズムの世界では、新しい仮説を検証するために、地理学、地質学、地球物理学の教授が集まって研究チームを組織したりする。

ときには、組織外の人物をチームのメンバーに加える場合もある。大学の研究チームに、大学教員だけでなく、鉱山会社の専門家を招くケースもあるだろう。いくつもの組織の人たちを集めて、チームが構成される場合もある。映画制作では、フリーランスの人が大勢参加するのが一般的だ。「ジョイントベンチャー」（合弁事業）と呼ばれる形態では、パートナーシップの下で複数の組織の人たちが結集し、たとえば航空機の開発などを目指す（近年は、これらの方法やその他の方法により、旧来の組織の障壁を壊すケースが目立っている。その点については、第20章「外へ向かう組織」で論じる）。

マトリックス型の組織構造

前述したように、キャンプファイヤーで薪を互い違いに積み上げるように、組織でも階層ごとに異なるグループ化の方法が用いられる場合がある。ひとつのグループ化の方法だけでは、必要な調整をすべて実現できないからだ。そうした調整を可能にするためには、そのほかにも、水平方向のつながりを生み出すこと、そしてライン系統とスタッフ系統を併存させた組織構造をつくることも効果がある。しかし、とくに「サイロ」の垣根を越えた協働を強化しようとすると、これらの方法だけではときとして十分でない。そこで、「マトリックス型の組織構造」が採用される場合がある。ここでは、マネジメントの大原則のひとつである「命令一元化の原則」をあえて破る。命令一元化の原則とは、誰もがひとりの人物だけから指揮命令を受けるようにすべきだという考え方である。**マトリックス型の組織構造では、働き手が複数の人物から指揮命令を受ける。その結果として曖昧性が増すが、それと引き換えに協働を促進することに狙いがある。**

マトリックス型の組織構造は、組織の上部構造に恒久的に組み込まれる場合もあれば、特定のプロジェクトを実行するために一時的に確立される場合もある。恒久的なパターンとしては、たとえば前出の購買エンジニアが購買部門とエンジニアリング部門の橋渡しをするために、両部門のマネジャーの指揮命令を受けるケースを挙げることができる。また、地域ごとのセールスチームは、セールス部門の副社長と地域担当の副社長の両方の指揮命令の下に入るだろう。この場合は、組織内の力のバランスを維持するために、曖昧な状況を受け入れていると言える。一方、一時的なパターンとしては、新製品開発プロジェクトに、デザイナー、エンジニア、マーケティング担当者が加わるケースを挙げることができる。プロジェクトのメンバーは、プロジェクトのマネジャーと、それぞれの出身部署のマネジャーの両方の指揮命令を受ける。

マトリックス型の組織構造は、一般にイメージする以上にいたるところに存在する。そのような名前で呼ばれていないだけだ。**ほとんどの人は、「家族」という名のマトリックス型の組織構造の下で育ってきた。家庭内では、権限が曖昧なのは当たり前のことだ。そのような組織構造が組織で採用されるのは、別に不思議ではない。**「上司」が「部下」に正式な権限を振るうのではなく、対等な人間同士の非公式な交渉により対立を解消するほうが、よほど大人の発想に思えないだろうか。

水平方向のつながりを生み出す手立ての数々を整理すると、純粋に機能型の構造（手段に基づくグループ化）と、純粋に市場型の構造（目的に基づくグループ化）が両極端に位置し、その中間に、リエゾン役、統合マネジャー、会議、チーム、タスクフォース、常設委員会、そして最も中央にマトリックス型の組織構造が存在するとみなせる[注42]。こうした数々の仕組みが登場していることを考えると、近年「マネジャー」という肩書をもつ人が増えているのも納得がいく。

第6章

文脈を踏まえた組織設計

本書の原型となった著作では、設計上の要素に影響を及ぼす諸条件──「環境的」もしくは「状況的」要因と呼んでいた──を指摘した。(注43) そのなかには、組織の歴史の長さと規模、事業活動で用いている技術的システム、外的環境の複雑性とダイナミズムと敵対性、そして組織に浸透している権力関係などが含まれる。本章では、このそれぞれの要因が設計上の要素に及ぼす影響を見ていく。

◆──歴史の長さと規模

組織の歴史の長さと規模は、組織構造の設計に大きな影響を及ぼす。

- **組織の歴史が長いほど、その組織における行動は正式な性格を帯びる。** 歴史が長い組織では、過去に取られた行動を繰り返す傾向が強まっていく。その結果、行動の予測可能性が高まり、それが正式化されやすくなるのだ。
- **組織の規模が大きいほど、その組織における行動は正式な性格を帯びる。** 歴史が長い組織で、過去に目の当たりにしてきた行動が正式化されやすいのと同じように、規模の大きい組織では、たびたび目の当たりにする行動が正式化されやすい。「同じような話を今日だけで5回も聞いたぞ。同じようにやっておけばいいだろう」といった発想になるのだ。
- **組織の規模が大きいほど、組織構造は入り組んだものになる。役職と部署の専門分化が進んで、管理体制が強化されるのだ。** 規模の大きい組織ほど、役職が専門分化される。たとえば、よほど大きな理髪店でもない限り、子ども専門の理容師はいないだろう。しかし、役職の専門分化が進み、部署の専門分化が進むと、組織階層の複雑性が強まる。

たとえば、小さな理髪店では、理容師が客を出迎え、髪の毛を切り、料金を受け取り、客を見送るが、大きな理髪店では、このそれぞれを別々の人物がおこなう場合もあるだろう。

- **組織構造のあり方は、業種の歴史の長さに影響される。** 興味深い発見だが、後述するように、これはかなりはっきり見られる傾向だ。業種が同じであれば、歴史の長い企業も歴史の浅い企業もおおむね似たような組織構造をもっている可能性があるのだ。銀行やホテルなど、歴史の長い業種の企業は、比較的正式化された組織構造を採用することが多く、歴史の浅いテクノロジー分野の企業は、比較的緩やかで有機的な組織構造を採用することが多い。

◆技術的システム

「技術的システム」とは、成果物を生み出すために事業活動で用いる手立てのこと。これは、「テクノロジー」とは異なる概念だ。テクノロジーとは、技術的システムを設計するために用いられる知識体系のことである。したがって、大量生産は技術的システム、大量生産のために用いられる情報科学はテクノロジーと言える。

- **業務が技術的システムによってコントロールされる度合いが高いほど、現場の業務だけでなく、組織の管理上の構造も正式化される。** たとえば、自動車メーカーでは、現場の業務がコントロールされていて、本社の役職間・部署間の関係も正式化されているのに対し、映画会社では、現場の業務に携わる人たちの裁量がはるかに大きく、組織の管理上の構造も比較的正式化されていない。前者では、コントロールを重んじる傾向が業務プロセスから管理のあり方にも波及していて、後者では、格式張らない関係を重んじる傾向が波及していると言える（この「汚染」とでも呼ぶべき現象については、第17章で詳しく論じる）。
- **技術的システムが複雑なほど、サポートスタッフの陣容が手厚くなり、専門性も高くなり、影響力も大きくなる。** 複雑な機械を用いている企業では、導入する機械の設計もしくは選定をおこない、その後も維持管理と修理を担う専門スタッフが不可欠だ。この延長線上に、次に挙げる傾向が生まれる。
- **業務コア（現場業務の中核）の自動化が進むと、組織構造が官僚主義的なものから有機的なものに変容する。** 奇妙に聞こえるかもしれないが、現場業務が組織立ったものになり、ついには業務の自動化が実現すると、組織のそれ以外の要素は柔軟性が強まるのだ。機械は人間に従順なので、機械をコントロールするために、テクノクラートたちが基準を定める必要はない。したがって、ハリー・ブレイヴァマンが言うところの「人間の機構を維持管理するメンテナンス係」（人事部門のことだ）は不要になる。(注44) 代わりに、チームでより柔軟に行動して機械を扱う役割を担うサポート部門のスペシャリストの出番が増える。工場の組み立てラインが自動化されていない場合は、退屈な仕事をする働き手が大勢必要だが、完全に自動化されている場合は、興味深い仕事をおこなうスペシャリストが監督役を務めれば十分なのだ。

◆――環境

「環境」とは、組織を取り巻く状況のことである。

- **環境の変化が激しいほど、組織構造は有機的なものになる。** 当たり前のことだが、安定していて予測可能性が高い環境では、標準化による調整のメカニズムを用いやすい。一方、想定外の競合企業が出現したり、景気が冷え込んだりするなど、外的環境の変化が激しい場合は、もっと柔軟性をもたなくてはならない。直接的な監督や相互の調整による調整のメカニズムを採用する必要があるのだ。軍隊は、平時には整然と行進するかもしれないが、ゲリラ戦を戦うときはそれではうまくいかない。
- **環境の複雑性が高いほど、組織構造の分権化が進む。** 意思決定に必要な情報すべてが1カ所に集約されていて、すべて理解されているのであれば、集権的な組織構造を採用することも可能だ。しかし、必要な情報が分散していて、その情報が複雑な場合は、権力を分散させ、それぞれの情報に対処するための知識がある人たちに権力をもたせる必要がある。ここで頭に入れておくべきなのは、シンプルな環境でも変化が激しい場合があり（たとえば、アパレルメーカーは、シーズンごとのファッションの流行を予測できない可能性がある）、複雑な環境でも安定性が高い場合がある（たとえば、心臓を切開する外科手術では複雑な機器を用いるが、たいてい予測可能性は高い）ということだ。

◆ 権力

「権力」も組織構造を左右する要素のひとつだ。

- **組織が外部からコントロールされていればいるほど、組織構造の集権化と正式化が進む。** この点は重要だ。部外者が大きな権力をもっている場合は、官僚主義的な組織構造が採用されやすい。そうした部外者は権力を行使するに当たり、数値評価を徹底し、中核を成すマネジメント層に数値目標の達成を義務づける場合が多いからだ。(注45) 株式アナリストは企業の株価にこだわり、一部の政府機関は公立学校に多くの数値指標を課す。このような手法を用いれば、外部から組織をコントロールしやすくなるが、それと引き換えに、組織内に大きなダメージが生じる場合もある（詳しくは後述する）。また、外部からコントロールされている組織の最高位者は、組織が取る行動にことのほか神経質にならざるをえない。メンバーの行動によって自身が苦境に立たされることを避けるために、多くのルールを課す傾向があるのだ。

- **複数の部外者の間で権力が分散している組織では、内部対立が生まれやすい。**組織に影響力をもつ部外者の間に対立がある場合、その対立が組織の内部に持ち込まれる傾向がある。これは、外部のそれぞれの勢力が組織内に支持者を確保しようとするためだ。たとえば、刑務所のあり方について、一部の専門家は、犯罪に手を染めた人間の更生に力を注ぐべきだと考えていて、地域コミュニティの人々は、犯罪者の隔離に主たる関心をもっているとしよう。この場合、両方の勢力が自分たちの主張に共感する刑務所関係者に働き掛け、結果として刑務所の管理者内の対立を煽ってしまう。
- **流行も組織構造に影響を及ぼす。**理想を言えば、それぞれの組織の歴史の長さ、規模、技術的システム、環境に基づいて、組織構造が決まるべきだ。しかし、実際には、その組織に適さなくても、流行の組織構造を採用してしまうケースがしばしばある。ファッション界の流行を生むのはパリの高級ファッションブランドかもしれないが、組織構造の世界では、ニューヨークのコンサルティング会社が新しい流行をつくり出す。コンサルティング会社が組織構造版の高級ブランドさながらに、あらゆる顧客企業に最新の流行のテクニックを売り込むのだ。しかも、流行のテクニックを礼賛するビジネス誌の記事に、「警告！　この手法は病院では用いないこと」などといった注釈がつくこともない。また、どの国でもあらゆる組織構造の類型が見られるが、国の文化の影響により特定の類型が好まれる場合もある。たとえば、スイスでは正式化の度合いが高く、イタリアではその度合いが低いかもしれない。

第Ⅱ部では、組織の調整のメカニズムと組織構造の構成要素について見てきた。以下では、ここまでの分析（アナリシス）をもとに、統合（シンセシス）をおこなう。

第III部

4つの基本的な組織形態

第Ⅲ部以降では、第Ⅱ部の分析で分解した組織の諸要素を再び統合していく。言ってみれば、マザー・グースの童謡に登場する卵のようなキャラクター、ハンプティ・ダンプティが塀から落ちてバラバラになったのを元に戻すような作業をおこなうのだ。あるいは、別の章で用いた比喩を改めて引っ張り出せば、牛の部位ではなく、一頭の牛そのものに目を向ける。前章までで組織をパーツに分解する作業を十分におこなったので、次章以降ではそれらのパーツをひとつの全体に再構築する。

組織設計に「唯一で最善の方法」が存在しないとすれば、いくつの方法があるのか。ひとまずの答えは4つだ。差し当たり、現段階では4つの方法を挙げておく。そのあと、7つの力について論じ、最終的には真の回答を、つまり、状況に応じて無数の方法がありうることを示したい。しかし、ここでは、とぼけた発言で知られていた往年のニューヨーク・ヤンキースのキャッチャー、ヨギ・ベラの言葉を尊重することにしよう。ピザを4枚にカットしてほしいか、6枚にカットしてほしいかと聞かれたとき、ベラはこう答えたという。「4枚がいい。6枚も食べられるとは思えないよ」。というわけで、読者が消化しやすいように、以下では4種類の組織形態を紹介する。

ときには、ものごとの理解を深めるために、現実を戯画化してステレオタイプにはめ込むことにより、類型ごとの違いをあえて際立たせることが有効な場合がある。組織形態の種類を限定して考えることにも、そのような効果が期待できる。以下の4つの章で取り上げる4つの類型――本書でここまで論じてきた構成要素をもとに形づくられる――は、「パーソナル型」「プログラム型」「プロフェッショナル型」「プロジェクト型」というキーワードで説明される。正確に言うと、パーソナル・エンタープライズ=個人が君臨する事業(第7章)、プログラムド・マシン=工程が定められている機械(第8章)、プロフェッショナル・アセンブリー=専門職の寄せ集め(第9章)、プロジェクト・パイオニア=革新を目指すプロジェクト(第10章)である。この4類型を図に示したの

図表III-1
4つの組織類型

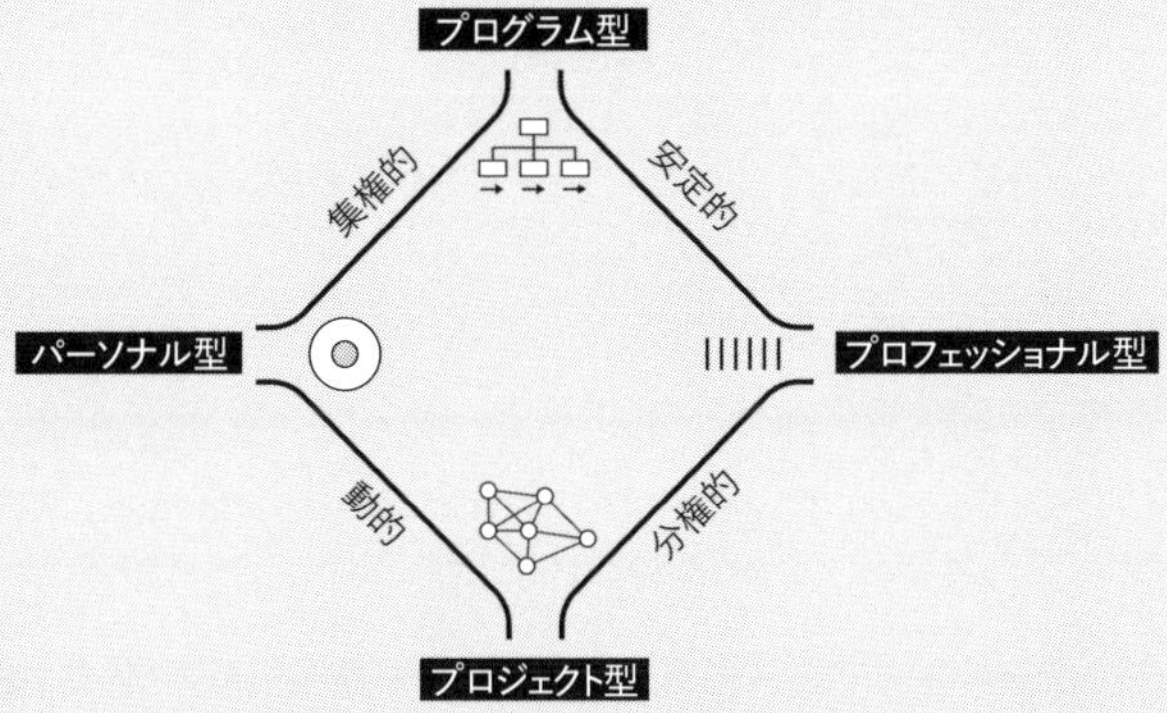

が**図表III-1**だ。

レストランを例に考えてみよう。町の食堂、ファストフード・チェーン、高級レストラン、イベントへのケータリングサービス――この4つの類型は、同じサービスを大きく異なる方法で提供している。町の食堂は、オーナーというひとりの人間を中心にすべてが回っている。ファストフード・チェーンは、業務の工程がすべて定められている。高級レストランは、料理人のスキルに大きく依存している。そして、イベントへのケータリングサービスは、ひとつのプロジェクトとしてカスタマイズされている。自然界に目を転じると、この4つの類型に該当するのは、ボスザルの率いるサル山、隊列を組んで空を飛ぶ雁の群れ、あちこち走り回って各自の仕事に励むアリの集団、ダムを築くビーバーの一家と言えるかもしれない。

このような基本的な形態は、「理想形」と呼ばれることが多い。しかし、実際には別に理想的なわけではないので、「純粋形」と呼んだほうがいいかもしれない。また、これらの類型は、現実そのものというより、理解を助けるために現実を単純化したものだという点も頭に入れておいてほしい。とはいえ、次章以降の記述では、あなたが想像する以上に組織の現実が見えてくるかもしれない。なお、細かい留保やニュアンスについてはあとで論じる（第VI部）。

第7章

パーソナル型組織
——個人が君臨する事業

陸上競技のチームが走り高跳びで優勝したければ、2メートル跳べる選手をひとり用意すべきだ。30センチ跳べる選手を7人用意しても意味はない。

——ターマンのイノベーションの法則

ターマンのイノベーションの法則は、真理を言い当てている（リレー競技に出場する場合は話が変わってくるが）。**パーソナル型組織**（パーソナル・エンタープライズ＝個人が君臨する事業）**の中心に位置するのは、すべてに責任をもつ個人、すなわち最高位者だ。**創業者や創設者が舵取り役を務める新興企業や社会的事業体（投資家によって所有されていない事業体のこと。非営利組織と呼ばれることも多い）、活動を軌道に乗せるために集権的なマネジメントを必要とする新設の政府機関、危機に対処しようとしている病院などを思い浮かべればいい（図表7－1）。このような組織では、誰かひとりがすべての活動に責任をもつ必要がある。その人物が「ハブ」の中心に陣取って直接的な監督をおこない、ものごとを実行するのだ。

本章以下では、チームスポーツの例を用いて、それぞれの組織形態を説明していく。では、パーソナル型組織を表現するのに適した競技はなんだろう。ひとりの人物がそこまで絶大な影響力を振るうスポーツとは？　読み進める前に、自分で考えてみてほしい。

ほかの3つの組織形態と異なり、このパーソナル型組織の例としてふさわしいスポーツは、私もすぐには思い浮かばなかった。しかし、一度思いつくと、ぴったりの例に思えてきた。そのスポーツとは、ヨットレースだ。ひとりの人物がアイデアやビジョンをいだき、設計者とともにヨットを設計し、クルー（乗組員）を集めて、レース中はスキッパー（艇長）を務める。ほかのクルーが重要でないわけではないが、すべてのクルーの行動がひとりの最高位者を中心に展開するのだ。

パーソナル型組織の基本構造

パーソナル型組織の基本的構造の特徴は、「手の込んだ構造が存在しない」ことだ。個人が君臨する組織は、しっかりとした構造をもつことを拒む。本書の原型となった著作では、それを「シンプルな構造」と呼んだ。このタイプの構造では、役割分担が緩やかで、分析を担うアナリ

図表7-1
パーソナル型組織（個人が君臨する事業）

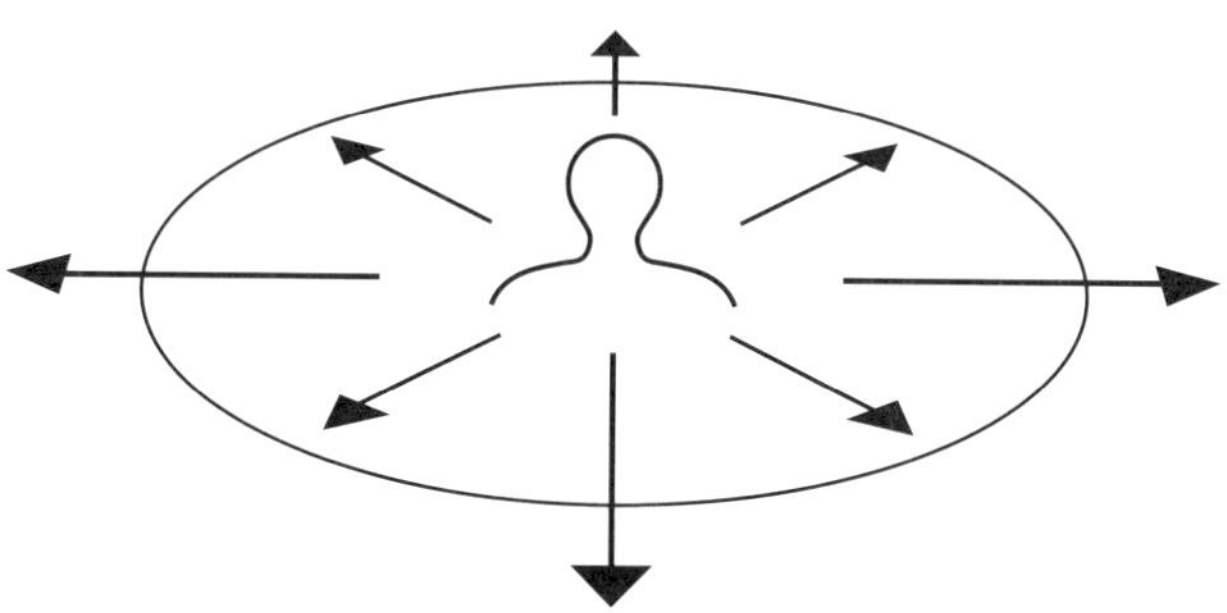

ストがほとんど存在せず、標準化のメカニズムと、計画とコントロールのシステムが形づくられない。それらの仕組みの形成は、ひとりの中心人物の権威を脅かすため、奨励されないのだ。

マネジメント階層も少ない。「パーソナル」という呼称が示唆するとおり、最高位者自身が大勢の人たちをコントロールする。小規模な組織であれば、すべてのメンバーが最高位者に直属しているケースも珍しくない。図表7－1でこの種の組織をフラット（平坦）な組織として描いたのは、これが理由だ。このタイプの組織では、そもそも組織図が存在しない場合もある。誰が誰の上司かをみんなが知っているのであれば、組織図なんて必要ない。以前、私の教え子たちはある小規模なポンプメーカーについて研究し、次のように指摘した。「社長が工場の現場の技師と格式張らない会話をすることは珍しくない。そのため、機械が故障した際は、工場長に報告が上がるより早く、社長が把握している」。もっとも、これは小規模企業だけの現象ではない。お馴染みの巨大企業もこの種の組織構造をもっている。

スティーブ・ジョブズは、（巨大なアップルという会社を）高度な自律性をもたせた事業部の集合体のようにはしなかった。社内のすべてのチームをみずから緊密にコントロールし、一体性のある柔軟な組織として活動させ、損益の集計も会社全体の単位でおこなった。「事業部ごとに独立して損益を計算することはしていません」と、のちにジョブズの後任としてCEOに就任するティム・クックは述べていた。「会社全体でひとつの損益計算書しか作成していないのです」（注46）

このような組織では、対立が生まれにくい。内部の人物が最高位者に異を唱えれば、たちまち逆鱗に触れて居場所を失いかねない。また、有力な顧客など、外部の人物が影響力を及ぼそうとすれば、最高位者は、反撃を試みたり、場合によっては、批判を受けにくい環境に組織を移動させようとしたりするかもしれない。

パーソナル型組織では、ほかの大半のことがそうであるように、意思決定と戦略形成も最高位者を中心におこなわれる傾向がある。そのため、最高位者がその気になりさえすれば、状況に素早く反応できる。また、このタイプの人たちはサイエンス志向よりアート志向が強く、直感的で場当たり的な行動が多い。とりわけ、「まず見ること」から出発して機会をつかもうとする。その結果として、「インサイト」や「ビジョン」といった言葉がよく用いられる。**パーソナル型組織における戦略は、最高位者の世界観を反映したものになる場合が多い。その人物の個性の延長線上に戦略があるケースもある。**

◆――パーソナル型組織の環境と種類

既存の宇宙開発庁や郵便局は、パーソナル型組織とはほど遠い場だ（ただし、これらの組織が危機にさらされている場合は、事情が変わってくる）。政府の官庁などの組織は、中央で権威者がすべてを取り仕切るシンプルな構造ではなく、具体的な形態はまちまちだが、もっと入り組んだ組織構造を採用する必要があるのだ。それよりも、パーソナル型がよく見られるのは、たとえば小売業界だ。この業種では、ひとりの人物が多くの店舗をコントロールし、ひとつの店舗をいくつも複製したようにマネジメントすることが可能な場合もある。こうした小売企業を取り巻く環境はシンプルではあるかもしれないが、環境の変化は激しい場合もある。その点、この種の組織は、ひとりの人間がすべてを決めて号令をかけるので、環境の変化に素早く対処できる。

スタートアップ企業など、新しい組織は概して、パーソナル型組織の形態を採用する。まだ生まれたばかりの

組織では、ひとりの人間が組織を前に進めなくてはならないからだ。誰かが人材を採用し、施設を開設し、文化を形づくり、ものごとのペースを定める必要がある。その意味で、起業家的企業はパーソナル型組織の典型だ。強固な意志をもった最高位者の地位に就くのはたいてい、創業者であり、しかも（重要なことに）オーナーでもある人物である。

しかし、パーソナル型組織は、旧来型の営利企業だけに限られるわけではない。同じような組織形態へのニーズは、まだ誕生して間もない「スタートアップ」の政府機関、NGO、そしてあらゆるタイプの社会的事業体でも見られる。また、個人中心のリーダーシップを振るうことを好む人物がスタートアップ的な環境に引き寄せられる面もある。このタイプの人たちは、官僚主義的な窮屈な世界を避けたいと思うものだからだ。

新しい組織が軌道に乗ったあとも、**創設者が最高位者として舵取り役を務め続ける間は、この組織形態を維持できるかもしれない。とくに組織の規模が小さいうちは、そのようなケースが多い。**直接的な監督により、十分に調整をおこなえるからだ。規模の大きい組織では、これとは異なる組織構造が好まれることが多いが（この点については第8章で論じる）、企業や社会的事業体が創設者の指導の下である程度規模が大きくなったあとも、全員がその人物の指示を仰ぎ続けるケースは少なくない（このほかの調整のメカニズムも細々と実践されるかもしれないが）。以前、ウォルト・ディズニー社のある人物が私に語ったところによると、創業者のウォルト・ディズニーが死去して何年も経っているにもかかわらず、同社では社内の意思決定の際に「ウォルトだったら、どうする？」と考えているとのことだ。

スタートアップ段階の組織だけでなく、危機に見舞われている組織でも、パーソナル型の形態が見られる。素早く一元的な対応を取る必要に迫られている状況においては、ひとりの人物が中心に陣取り、その人物が号令を発する仕組みほど、適切な構造はないだろう。**既存の組織が難局に陥った場合、窮地を抜け出すための「事業再**

生」（ターンアラウンド）の一環として、シンプルな組織構造に回帰することがよくある。確立されている手続きを一時停止し、結束を固めて、ひとりの人物が責任を担い、混乱を断ち切り、文化を再建し、戦略の焦点を取り戻すためだ。ときに、その役割を担うのは、引退した創業者の場合もある。過去には、アップル、デル、スターバックスなど、大企業に成長した元スタートアップ企業でそのようなケースが見られている。起業家の仕事は、ほかの人にはまねできない、ということらしい。

◆パーソナル型組織の長所と短所

本書で紹介する4つの組織形態は、いずれも素晴らしい長所をもっている半面、組織の力を奪う短所ももっている。そして、その長所と短所は同じ理由で生まれている場合もある。**ビジョンをもった創設者に率いられている組織以上に、活力に満ちていて、人々を引き込むことができ、活気を生み出せる組織形態はない。**パーソナル型組織は、そのようなリーダーの下、強い意志とともに独自の戦略を追求することにより、ニッチな居場所を見いだして市場で安泰な地位を確立できる。この種の組織に加わりたがる人が多いのも不思議でない。

起業家は、地に足のついた現実の細部をもとに、スケールの大きな全体像を描く達人である場合がある。松下電器産業（現パナソニック ホールディングス）の創業者である松下幸之助は、「大きなことと小さなことが私の仕事。その中間の問題は、誰かに任せればいい」と語っていた。また、アップルの創業者スティーブ・ジョブズについて、伝記作家のウォルター・アイザックソンはこう記している。「リーダーのなかには、大きな全体像を描くことに長けていて、それを武器にイノベーションを推し進める人もいる。その一方で、細部に精通することにより、イノベーションを推し進める人もいる。ジョブズはこの両方をおこなった。しかも、それを徹底的に実行していた。その結果として、30年間にわたり数々の製品を送り出し、あらゆる産業のあり方を根本から変えてきたのである」(注47)

しかし、こうした強みゆえに倒れた組織も非常に多い。**最高位者が細部にとらわれすぎて、ものごとの全体像が見えなくなる場合もある。**フォード・モーターの創業者ヘンリー・フォードは、「フォードの車を買う人は、どんな色の車も選ぶことができる。それが黒でありさえすれば」という趣旨のことを述べたとされている。その結果、フォードの車は車体のカラーの選択肢が乏しくなり、やがて売上げが低迷することになった。一方、**最高位者が壮大なビジョンに魅了されすぎて、ビジョンを前に進めるために欠かせない細部が見えなくなる場合もある。**スティーブ・ジョブズは、アップル創業初期にマーケティングを毛嫌いしていた。アイザックソンによる伝記にこんなくだりがある。「ものごとに集中する驚異的な能力をもっていることの裏返しで、ジョブズは、関わり合いになりたくないものごとを徹底的に排除する傾向があった」(注48)

加えて、**パーソナル型組織はひとりの人間に大きく依存しているため、もしその人物を失うことがあれば、組織全体が崩壊しかねない。**ひとりの人間が心臓発作を起こしただけで、その組織は調整のための主要なメカニズムを失う恐れがあるのだ。また、最高位者が職にとどまり続けたとしても、ビジネスへの関心を失えば、やはり組織は崩壊する場合がある。

成功が失敗の原因になるパターンはほかにもある。創業者が市場や財務の対応力を超えたペースで会社の規模を拡大させようとした結果、パーソナル型組織が倒れる場合もある。創業者がそのような行動を取るのは、計算違い(というより、多くの場合はまったく計算しないこと)が原因だったり、ナルシシズムに突き動かされて多くのことに手を広げすぎることが原因だったりする。起業を志すようなタイプの人間は、目覚ましい成功を収めると、自分が無敵になったように感じ、自分が事業に真剣に関わったからではなく、魔法のような才能をもっているおかげで成功したと思い込む危険があるのだ。

堅実なペースで成長を目指すとしても、アジリティ（迅速さ）が失われてリジディティ（硬直性）が生まれることを避けるためには、最高位者が受け入れてもいいと思う以上に組織のあり方を変える必要がある。また、このタイプの組織には、最高位者の継承の問題もついて回る。きわめて個人的なアプローチでマネジメントをおこなってきた人物の役割を引き継げる人物などいるのか。起業家が別の起業家の後を継ぐことは可能なのか。パーソナル型組織は、いずれ別の組織形態に変容するほかなくなる可能性が高い。一方、起業家の継承に関して避けるべきパターンがある。そのパターンについて見てみよう。

6発中5発が実弾のロシアンルーレット

聡明な起業家の多くが息子を後継ぎにしたがることには驚かされる。男の子が自分の才能を受け継いでいると信じているのかもしれない。しかし、そうした起業家たちは、みずからの父親から才能を受け継いだと言えるのか。研究によると、起業家は、母親が強く、父親が弱い家庭の出身である場合が多いという。そのような家庭では、子どもが責任感をもって行動するように育つのだろう。(注49) それに対し、起業家の子どもたちは、それとは正反対の環境で育つ。私が子どもだった頃、周囲に起業家の息子が大勢いた。そうした男の子たちはたいてい、父親が築いて成功させたファミリービジネスを継承したが、それらの企業の多くがすでに姿を消している。私に言わせれば、息子を後継ぎにするのは、6発中5発に実弾が込められているロシアンルーレットに挑むくらい危険な賭けなのだ。

その一方で、義理の息子が創業者の後を継いで大成功を収めるケースがある。英国の小売大手マークス&

スペンサーやカナダの輸送用機器大手ボンバルディアなどがそうだ。これは、創業者の娘が父親に似た男性と結婚するからなのだろうか。でも、創業者の娘のほうが後継者としてより自然なのではないか（とくに、母親が弱い家庭の場合は、責任感の強い娘が育つかもしれない）。それに、そもそも、娘の結婚相手を後継ぎにするのはもう時代遅れ？　だとすれば、女性起業家が増えていることを考えると、再び息子が後継者として有力な存在になるのかもしれない。

パーソナル型組織で働きたいと思う人は多い。親密で堅苦しくない人間関係や、新しい組織を築いていくことの高揚感、最高位者の強烈なカリスマ性に魅力を感じるのだ。しかし、こうした要素に拒絶感をいだく人も少なからずいる。他人の金儲けのために無理やり市場に引っ張られていく子牛になったような気持ちになるのだ。企業などの組織の内部にも民主主義的な規範が浸透するようになり、パーソナル型組織は以前のような輝きを失いつつある。今日、新たに仕事の世界に足を踏み入れつつある若い世代の間では、とりわけそうした傾向が強いかもしれない。多くの若者は、自分が創業者になるならまだしも、少なくともこの種の会社で社員として働くのは気が進まないようだ。若い世代にとって、このタイプの組織は、独裁的とは言わないまでも、親が子どもに接するような姿勢で社員を扱っているように感じられるのだ。

ここで思いいたるのは、昨今、ビジネスとは別のある領域で、パーソナル型組織が増加しているという残念な現実だ。そのパーソナル型組織とは、独裁政府である。クーデターで政権を奪取した勢力が専断的な命令により統治をおこなったり、選挙で当選したポピュリストが権力に執着して統治したりするのだ。

パーソナル型組織は前時代の遺物なのか。ポピュリスト政治家が率いる政府に関しては、確かにそうであってほしい。しかし、それ以外の領域では、そうなってほしくはない。さまざまな思いがけない場所で、数々のスタートアップ組織がわくわくするような活動をしている。多くの若い人たちが新しいものごとを成功させようと奮闘しているのだ。**営利企業の世界でも社会的事業体の世界でも、組織の世界が健全性を保てているのは、パーソナル型組織が存在するからだ。その点は、この先も変わらないだろう。**今後もこの組織形態を大切にすべきだ。新しい組織をつくったり、危機に陥った既存の組織を立て直したりするために、必要とされるだけではない。多くのシンプルな組織、とりわけ小規模な組織をマネジメントするためにも、この組織形態が不可欠なのだ。

第8章

プログラム型組織
——工程が定められている機械

自動車ビジネスでは、不確実性こそが最大の敵である。

——トーマス・マーフィー、ゼネラルモーターズ（GM）の元CEO（注50）

本章では、最もシンプルな構造を取り上げた前章に続いて、その対極にある構造、つまり最も手の込んだ構造に目を向ける(ただし、最も手が込んでいることは、最も複雑であることとイコールではない)。プログラム型組織（プログラムド・マシン＝工程が定められている機械）の図には、本書の原型となった著作で組織全般を表現するために用いた図を流用する（図表8－1）。第2章でも述べたように、この図は、旧来型のピラミッド型の組織観を反映したものだからだ。

プログラム型組織は、ピラミッド型の階層と、秩序、コントロール、システム、そしてことのほかルールを好む。ありとあらゆるものをプログラム化しようとするのだ。ときには、顧客すらその対象になる（あなたもファストフード店で食事をしたあと、トレイを自分で片づけたことがあるだろう)。こうしたことはすべて、組織をひとつの機械のように円滑に機能させることが目的だ。GMの元CEOが不確実性を最大の敵と呼んだ根底にあったのも、このような認識だった(対照的に、起業家にとっては不確実性が最大の味方になる場合もある。パーソナル型組織がプログラム型組織に打ち勝つのは、不確実性を味方につけたときだ)。

スポーツの世界では、厳格な分業体制と徹底したプログラム化に関してフットボールの右に出る競技はない。ルールや定石により、誰がボールを保持し、キャッチし、キックするかが細かく決まっている。チアリーダーだけでなく、フィールド内のプレーヤーの配列も詳細に定められている。この点は、ヨットレースとはまるで違うし、アイスホッケーとも違う。また、フットボールのチームには、階層も組み込まれている。コーチがときに無線でフィールド上のクオーターバックに作戦を指示し(その際はさまざまな作戦を数字で表現する)、クオーターバックがほかのプレーヤーにその作戦を伝える。そして、すべてのプレーヤーが

図表8-1

プログラム型組織(工程が定められている機械)

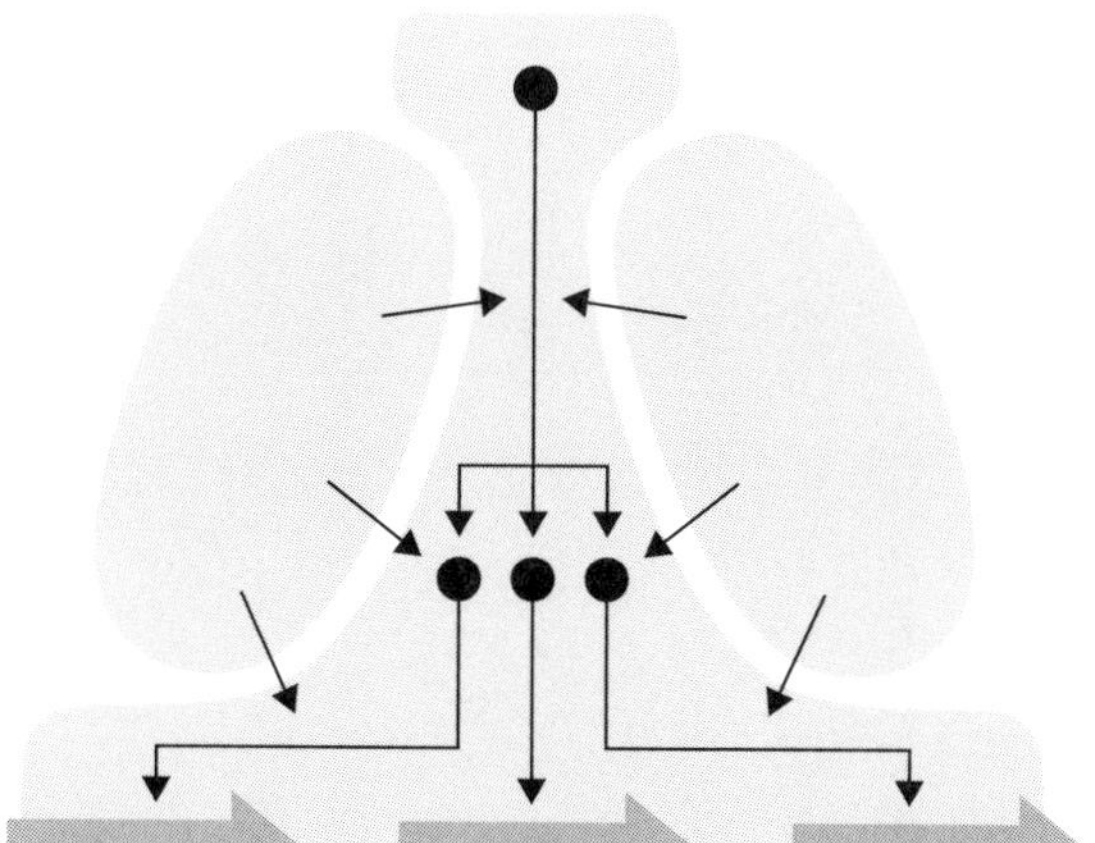

そのとおり行動するのだ。フレデリック・テイラーの科学的管理法に基づく数値評価をおこなうためにあるような競技と言っていいだろう。

◆――プログラム型組織の基本構造

あらゆる機械は、さまざまな部品によって構成されている。そして、それぞれの部品は、注意深く設計された全体のために、それぞれに与えられた役割を果たす（だから、プログラム型組織では、「管理次官補付の管理担当補佐官」などという役職もありうる）。ユヴァル・ノア・ハラリは、著書『サピエンス全史』（邦訳・河出書房新社）でこのように記している。「官僚制の下では、ものごとを切り分けることが重要になる。（購買、製造、販売……といった具合に）ひとつひとつ別々の引き出しが用意される。こうしておかないと、目当てのものを探せなくなるからだ。ひとつの引き出しに分類し切れないものがあると……それは大きな頭痛の種になる[注51]」

プログラム型組織の業務コアで実行される業務は、できる限りシンプルで、専門特化していて、反復性の高いものになる。人々が最低限のトレーニングで業務を実行できるようにすることが狙いだ。この種の組織でトレーニングに費やされる期間は、しばしば数時間、ことによると1時間に満たない場合もある（ただし、フットボールは例外だ。この点については後述する）。**さまざまな職種の間の調整は、成果の標準化の助けを借りつつ、主に業務の標準化を通じて実現する**（ファストフード店では、たとえば「17秒でハンバーガーのパティを裏返すこと」といった具合に業務を標準化している）。これにより、ボトムマネジャーが大勢の働き手を監督できる。以下は、あるプログラム型組織を描写した文章である。

> あらゆる事業活動は、あらかじめ決められたプランに基づいて実行される。……多くの明確な指示が発せられ、業務は課題と専門性に基づいて（「徹底した分業体制」の下で）組み立てられている。また、部下の仕事ぶりは、緊密に、そして効率的に監督される。(注52)

これは、古代メソポタミアの神殿組織について記された文章である。プログラム型組織という形態は、太古の時代から存在したのだ！

パーソナル型組織が最高位者を中心とする「ハブ」のような構造だとすれば、**プログラム型組織は「チェーン」を積み重ねたような構造になっている。**この点を表現したのが章の冒頭に掲げた図表8－1である。いちばん下に位置するのは、業務が水平方向に順次引き継がれていくチェーン（自動車工場の組み立てラインのようなイメージだ）。その上には、垂直方向に指揮命令のチェーンが延びていく。いくつもの階層のマネジャーが積み重なっているのだ。

ライン部門の階層が幾層も積み重なっている横に位置するのは、スタッフ部門のアナリストたちだ。この人たちが組織という「機械」の歯車の働き方に関して基準を設計し、コントロールする。そのような人たちには、「作業研究アナリスト」「生産スケジュール設定者」「プランナー」「予算編成担当者」「経理担当者」といった肩書がついている。**この種の組織では、業務をおこなうオペレーターと、業務を管理するマネジャー、業務のあり方を設計するアナリストの間に、きわめて厳格な分業体制が確立されている。そのなかでも、アナリストたちによって構成される「テクノストラクチャー」が果たす役割がきわめて大きい。**ライン部門のマネジャーたちには正式な権限が委譲されるが、スタッフ部門のアナリストたちは非公式の権力をもっている。その権力を通じて、ライン部門のマネジャーも含むすべての人たちの行動に影響を及ぼすのだ。アナリストたちがつくるルールには、誰もが従わなくてはならないのだ。一例を挙げよう。

この大企業の社長を務めていた頃は、主力工場のあるオハイオ州の小さな町で暮らしていました。誰とどのくらい付き合うべきかは、会社が具体的に決めていました（ここで妻が言葉を挟む。どなたの奥さんとトランプを楽しんでよいかも決められていたんですよ、と）。小さな町なので、わざわざ会社が見張る必要はありませんでした。誰もが互いのことを知っているような町だったのです。私たちはいくつかのルールに従って行動していました。（注53）

このように、プログラム型組織における権限委譲は部分的なものになる。そして、ライン部門のマネジャーへの権限委譲は正式なものだが、より多くの権限が委譲されるのはスタッフ部門のアナリストたちだ。その結果、ライン部門とスタッフ部門の間でしばしば政治的な駆け引きがおこなわれる。

アナリストたち（テクノストラクチャー）と同じく、図でライン部門の横に位置するのがサポートスタッフたちだ。権限は大きくないが、人数は多い。この種の組織が円滑に機能するのを支援する役割を担う人たちである。働く人たちの空腹を満たすカフェテリアに始まり、訴訟に対処する法務部門（企業が関わる訴訟は、ときに膨大な数に上る）にいたるまで、さまざまな部門がある。**サポートスタッフの数が膨れ上がる一因は、プログラム型組織でコントロールがきわめて重んじられることにある。**サポートスタッフが担うサービスの多くは、外部の業者に発注することも可能だが、そうすると市場の不確実性にさらされることになる。そこで、「買うのではなく、自分でつくる」という発想になりやすい。できるだけ多くのサポートサービスを社内に抱え込もうとするのだ（第20章では、これとは正反対の最近の潮流について論じる）。

◆――プログラム型組織の環境と種類

プログラム型組織は、シンプルで安定した環境で栄える。複雑な環境では業務をシンプルな課題の形に整理できないし、変化の激しい環境では業務の予測がつきづらく、同じ業務が繰り返される可能性も小さいため、業務の標準化が難しい。したがって、広告会社や映画制作会社でこの種の組織形態を採用しているケースは少ない。一方、小売チェーンや日用消費財メーカー（ペンや歯ブラシのような製品のメーカー）など、「大量生産」や「大量サービス」を提供する企業は、こうした組織形態を採用しやすい。この傾向は、「コストリーダーシップ戦略」――端的に言えば、低価格路線――を追求している企業でとりわけ顕著だ。（注54）

また、**プログラム型組織の形態は、成熟した組織でよく見られる。**組織の規模が大きければ、反復業務が多かったり、業務の標準化が可能だったりするし、歴史が長ければ、どのようなルールに従いたいかがはっきりしているからだ。そのような組織は、すでにあらゆる状況を経験していて、それらの状況に対処するための手順を確立できているのだ。パーソナル型組織が歴史を重ね、創設者によるコントロールを離れると、プログラム型に変容する場合が多い。少なくとも、シンプルな環境で活動している組織では、そのようなパターンがよく見られる。パーソナル型は変化の激しい環境で繁栄してきたかもしれないが（不確実性はこのタイプの組織にとって最良の友だ）、組織形態を転換させることにより、環境を安定させて、プログラム化を進めやすい状況をつくり出すのである。具体的には、納入業者と長期契約を結んだり、競合企業とカルテルを形成したりする場合もある。

プログラム型組織には、別の面でもコントロールの要素が関係してくる。**コントロールすることを業とする組**

織は、この組織形態を採用する場合が多いのだ。人々のお金を守らなくてはならない銀行や、受刑者を収容しなくてはならない刑務所、旅客を安全に目的地まで送り届けなくてはならない航空会社などがこのパターンに当てはまる。こんなジョークがあるくらいだ。「(航空会社は)じきに新しい形態のフライトクルーのあり方を導入するだろう。操縦士ひとりと、犬1匹で構成されるチームだ。操縦士の役割は犬に餌をやること、犬の役割は操縦士が機器類に手を触れないように見張ることである」というものだ。(注55)

組織が外部からコントロールを受けていることも、プログラム型の組織形態の採用を促す要因のひとつになりうる。第6章で述べたように、外部からコントロールを受けている組織は、集権的な性格が強くなり、活動の正式化を推し進める傾向があるからだ。企業のオーナーがみずから経営をおこなわずに会社をコントロールしようとする場合は、CEOを任命し、業績に関する厳しい基準を達成するよう義務づける。すると、CEOは、その基準を達成するために、社内の組織階層の上から下へ、さまざまな計画や目標を課す。企業が株式を上場させた場合にも、同様のことが起こる可能性がある。株式市場のアナリストたちが業績の安定的な成長を期待するからだ。また、政府機関もプログラム型の組織形態を取りやすい。政治家や官僚機構の上層部は、想定外のことが起きることを好まず、そのような事態を防ぐためにルールを増やすことを奨励するからだ。

もっとも、**影響力を及ぼそうとする外部の勢力にとって都合のいい「道具」として、プログラム型組織の形態が採用される場合ばかりではない。外部からの影響力をできるだけ排除するための閉鎖的なシステムとして、この種の組織形態が採用される場合もあるのだ。**もちろん、完全に閉鎖的なシステムなどありえない。しかし、きわめて閉鎖的なプログラム型組織は存在する。市場で独占的地位を確立している企業などがそれに該当する。そのほかに見落とせないのが、20世紀の共産主義体制だ。共産主義国家は、巨大なプログラム型組織として機能していた(冷戦時代には、旧ソ連圏の共産主義国家と、グローバル化の進んだ資本主義世界の企業が対峙した。しかし、この両者の組織構造はどれほど違うのだろう。米国の企業幹部で著述家のジェームズ・ワーシーはこう記している。「科学的管理法が真に花開いたのは、米国ではなく、ソ連だった」[注56]。

興味深いことに、外部勢力の道具から内部者のための閉鎖的システムへ、あるいはその逆方向の転換を遂げることはそれほど難しくない。組織構造そのものを変える必要がないからだ。ピラミッド型組織の頂点に権力が集中しているので、最高位者が交替してもすぐに組織が円滑に動き始める（その点、パーソナル型組織の最高位者が交替すれば、組織は大混乱に陥るだろう）。また、このような特徴は、プログラム型の民間企業に限定されるものではない。このタイプのNGOや国の政府は、（たとえば政権交代があったあと）追求する目標が変わっても、混乱なく活動を続けているケースが多い。

◆──プログラム型組織の長所と短所

アマゾン・ドット・コムで購入した品物が隣の家に届いたり、朝の8時に頼んでおいたホテルのモーニングコールが8時5分にかかってきたりするようでは、誰だって困る。それに、フットボールのオフェンシブガードの選手がクオーターバックからのパスをキャッチすれば、反則になる。**まとまったいくつかのシンプルな課題を正確に、安定的に、そして一貫性のある形で実行したい場合、機械がそれをおこなう場合はさておき、生身の人間がその役割を担うのであれば、プログラム型に勝る組織形態はない。**

しかし、まったく同じ理由により、プログラム型組織で働くことは、ときとして耐え難く感じられる。しばしば人間が機械の部品のように扱われるが、人間は部品などではない。それに、人間は経済的存在でもない。社員を「人的資源」として扱うのは、牛をサーロインステーキ扱いするのと変わらない。申し訳ないが、私は人的資源などではない。人的資産でもないし、人的資本でもない。私はあくまでも「人間」だ。

よい意味での官僚制と悪い意味での官僚制

前述したように、「官僚制」という言葉は、機械のように動く組織と結びつけて用いられるケースが多い。この言葉を有名にしたのは、20世紀ドイツの社会学者マックス・ウェーバーだ。ウェーバー自身は否定的な意味合いはなしに、本章で論じているような組織を表現する価値中立的な専門用語としてこの言葉を用いた。そして、「機械」という言葉を通じて、この種の組織が備えている正確性とスピードを表現しようとした。ウェーバーを論じた著作にこんな一節がある。「高度に発達した官僚機構とほかの形態の組織の違いは、機械による生産と機械を用いない生産の違いとまったく同じである」(注57)

しかし、官僚制という言葉には侮蔑的なニュアンスもついて回る。コントロールすることに固執する悪者という印象があるのだ。この種の組織では、幹部がマネジャーをコントロールし、マネジャーが働き手をコントロールし、働き手が顧客をコントロールし、アナリストがすべてをコントロールしている、というわけだ。(注58) ある英国企業の計画担当マネジャーはこう述べている。「コントロールのプロセスを介することにより、マネジャーが事業への恋に落ちることを防げるのです」。では、マネジャーは自分たちの事業を憎むべきだというのだろうか。

社会学者のミシェル・クロジエがフランスの2つの政府機関を対象におこなった有名な研究で指摘したように、この種の組織では、誰もがおおむね等しく扱われることも特徴だ。組織全体に及ぶルールがすべての人をコントロールするためである。(注59)

プログラム型組織の機能不全を論じることにより、マネジメント論の世界で名を上げた論者は多い。クロジエ以外にも、エルトン・メイヨー、フリッツ・レスリスバーガー、クリス・アージリス、ウォレン・ベニス、レンシス・リッカート、ダグラス・マクレガー、ジェームズ・ワーシーといった人たちがそうだ。

今日では、政府機構全般について「官僚制」という言葉が用いられる。やはり侮蔑的なニュアンスとともに、公務員のことを「官僚」と呼ぶ場合もある。ただし、政府セクターの組織すべてがプログラム型組織とは限らないし（この点については後述する）、民間セクターの企業にもこのタイプの組織が少なからずある（漫画「ディルバート」ではしばしば、会社の中の官僚体質が風刺の対象になる）。

以下では、プログラム型組織の問題点について、組織階層の3つのレベルごとに見ていく。

「業務コア」に属する人たちの疎外感

フレデリック・テイラーは、かつてこう述べている。「昔は、人間が最優先だった。将来は、システムが最優先になるに違いない」。未来を的確に予言した言葉だったと言うほかないが、**多くの人にとって、プログラム型組織は幸せな職場とは言えない。業務コアに属する人たちにとっては、とりわけそうだ。**テイラーは、工場の現場から「頭脳を働かせる活動を極力すべて」取り除くべきだと主張したが、それは現場で働く人たちの主体的な行動をすべて取り除く結果も生み出した。

前出のジェームズ・ワーシーは、この点について次のように指摘している。「機械は独自の意思をもたず、機械の部品は独立した行動への意欲をもたない。したがって、思考と方向性、さらには目的意識も、外部もしくは上層部から与えるべきものとされる」。その結果として、「仕事のやり甲斐そのものも破壊されてしまった」。これは、「産業界と社会に途方もなく大きな害をもたらした」。具体的には、「欠勤が非常に多くなり、従業員の退職率が高まり、ずさんな仕事が蔓延し、ストライキにより莫大なコストが生じ、露骨なサボタージュまでまかり通っている」[注60]。なんということだろう！　しかも、これは企業幹部の経験をもつ人物が述べていることなのだ。見落としてはならないのは、この種の批判をしている論者の多くが、自分自身の仕事についてではなく、業務が極度にプログラム化されることにより悲惨な状況に置かれている働き手たちについて記しているということだ。実際には、秩序と予測可能性を好む働き手にとっては、プログラム型の組織でもまったく問題ない場合がある。スーパーマーケットのレジ係の仕事をしている人物が、みずからの仕事について以下のように述べている（これは、スタッズ・ターケルの名著『仕事！』〔邦訳・晶文社〕で紹介されている言葉だ）。

お客が商品を持ってレジにやってきます。私が腰でボタンを押すと、ベルトコンベアを通ってレジに商品が流れてくる。そして、手元にある程度、商品がたまったところで、腰を離す。こうやって体を動かすだけ。腰、手、レジスター、腰、手、レジスター……という具合に（レジの作業を実演してみせる彼女の手と腰の動きは、東洋の踊り子のようだった）。ワン、ツー、ワン、ツーと、体を動かし続けます。このリズムが身につけば、仕事の速いレジ係になれます。[注61]

組織階層を上がっていく対立

プログラム型組織の業務コアは、あくまでも業務を効率的に実行することを目的に設計されている。疎外と対立の問題に対処することは目的としていない。その結果、**事業活動の現場で発生した人間関係の問題は、組織階層の上の層へ、つまりミドルマネジャー層へとそのまま上がっていく。しかし、そこは「サイロ」により縦割り化されたシステムのど真ん中だ。問題に対処するために必要な相互の調整は、ほとんどおこなわれない。**協力によって明るい希望の光が差すよりも、対立の炎が燃え上がってしまう場合が多い。

そのため、現場から上がってきた対立は、このような「サイロ」で生じた対立とともに、組織階層の間に横たわる分厚い「スラブ」（横板）を越えて、組織階層のさらに上の層へ上がっていく場合もある。最終的には、すべての「サイロ」が合流する場所、それより上に責任を押しつけられない人の場所まで上がっていくこともある。しかし、高い場所にいるマネジメント層の人たちは、直接の接点をもっていない地べたの人たちが直面している問題を解決できるのだろうか。

「トップ」の隔絶

この問題も、プログラム型組織ではシステムによって解決されることになっている。とくに、経営情報システム（ＭＩＳ）に期待される役割が大きい。経営情報システムを通じて、現場で収集されたデータを数値化し、組織階層を上へ上がっていく過程で集計して、多忙なマネジャーが手っ取り早く読めるように報告書の形にまとめるのだ。

インドネシアで売上げが落ち込んでいる？　その場合は、現地のマネジャーに売上げを増やすよう指示することになるだろう。でも、どうして売上げが減ったのか。もしかすると、米国のアイオワ州で設計された製品がインドネシアの消費者に適していなかったのかもしれない。問題は、経営情報システムがこのような情報をまったくもたらさないことだ。そうして情報を得るためには、現地の消費者に話を聞く必要がある。でも、ニューヨークの高層ビルの77階にあるオフィスから、どうやってインドネシアの消費者たちの話を聞くのか。インドネシアのマネジャーたちは、売上げが減少した理由を知っているかもしれないが、それを米国本社の上層部に伝えようにも、そうした情報を入力する場所が経営情報システムにはない。

ミシェル・クロジエが指摘しているように、プログラム型組織では「意思決定が……死角の中でおこなわれる場合が多い」。この種の組織においては「現場を直接知らない人たちが意思決定をくださなくてはならない……そこで、意思決定者は、部下がもたらす情報に依存せざるをえないが、部下は主観的な利害により、データを歪めようとする可能性がある」[注62]。また、経営情報システムがデータを集約する過程で必要な細部が取り除かれたり、データがマネジメント層に届くまでに時間がかかりすぎたりするケースもある。そうやってぐずぐずしている間に、もっと機敏なライバル企業に顧客を奪われかねない。

問題の存在を明らかにするためには、ハード（定量的）なデータが役に立つかもしれないが、問題の原因を明らかにし、問題を解決するためには、ソフト（定性的）なデータが不可欠だ。しかし、そのようなデータが不足しているために、プログラム型組織の上級マネジャーたちは、既知の、有効とは言い難い方法論に頼ることになる。その方法論とは、コントロールを強化するというものだ。そうした行動は、問題の火に油を注ぐに等しいが、ほかのアプローチを実践して、たとえば直接的な監督に乗り出せば、マイクロマネジメントをしているなどと批判されかねない。「この会社は、あなたの個人事業ではないのですよ。組織階層を尊重して、大局を見ることに集中すべきです」などと言われてしまう。

しかし、**大局を見て大きな絵を描くためには、細部を理解している必要がある。**問題は、77階のオフィスから下を見ても、地べたの上にあるものはぼんやりとしか見えないことだ。そのため、プログラム型組織では、たいてい小さな絵しか描かれない。既存の戦略の細部を修正して採用したり、ほかの組織で用いられている戦略を模倣したりするだけになる。

このような組織は、言ってみれば定番の「業界共通のレシピ」に基づいて、みずからの戦略を「ローカルに生産」しているにすぎない。同様のほかの組織と異なる点は、その戦略を実践する「場所」だけだ。戦略をつくる「方法」にはまったく独自性がない[注63]。確かに、業界で標準的な戦略を自社に持ち込むのは効率がいい。だからこそ、そうしたアプローチが普及しているのである。実際、電話会社や郵便局の戦略はどの国でも似たり寄ったりだし、近所のスーパーマーケットやフィットネスジムもたいてい戦略に大差はない。

プログラム型組織は、この落とし穴を回避することを目的とする仕組みをもっている。その仕組みとは「戦略プランニング」である。これはきわめて広く普及しているマネジメント手法のひとつと言っていいだろう。具体的には、決まった手順に従って戦略をつくることを目指す。しかし、残念ながら、「戦略プランニング」という言葉にはそもそも矛盾がある。(注64)

「戦略プランニング」という矛盾

「戦略プランニング」という考え方の核を成す要素は、戦略の形成と実行を切り離すことだ。思考→実行もしくは分析→導入というプロセスをたどる。そうした性格上、プログラム型組織では非常に好まれる。しかし、このようにいわば無菌状態で戦略をつくり出しても、現実世界では通用しない。

この考え方の下では、戦略がうまくいかなかった場合、どうしても戦略の実行を担う人たちの責任が問われることになる。戦略をつくる人たちがそのような非難をする場合もある。「せっかく我々が素晴らしい戦略をつくったのに、お前たちが能無しなせいで、うまく実行できないんだ！」という具合だ。しかし、この「能無し」たちが賢ければ、こんなふうに言い返すかもしれない。「あなたたちがそんなに賢いのなら、どうして能無しでも実行できる戦略をつくれなかったのですか」。戦略実行の失敗はすべて、戦略形成の失敗という面があるのだ。

しかし、本当に批判されるべきなのは、戦略の形成と実行を切り離す発想そのものだ。このような発想は、戦略をつくる人たちが十分な情報をもっていて、しかも、状況が十分に安定していたり、予測可能性が十分に高かったりして、戦略の実行段階で戦略をつくり直す必要が生じないことを前提にしている。しかし、ここまで論じてきたように、実際にはこれらの条件が満たされるケースばかりではない。この点は、「機械」のように動くことを前提としているプログラム型組織ではとりわけ深刻な問題になる。要するに、「戦略プランニング」という言葉にはそもそも矛盾がある。**戦略とは、計画的につくり上げるものではなく、自然に形づくられるべきものなのだ。**

現実には、現場でひっそり生まれたアイデアがのちに大々的に展開された結果として、素晴らしい戦略が生まれたケースは少なくない。家具製造・販売大手のイケアは今日、顧客が自分で組み立てる家具を販売している。この戦略は、同社のある社員がテーブルをマイカーに運び込もうとしてうまくいかず、脚を取り外したことから始まった。画期的な戦略が誕生した瞬間だった。「顧客にも、テーブルの脚を取り外して売ればいいのではないか」と思いいたったのだ。(注65) 当時のイケアは、創業者がコントロールするパーソナル型の性格が強い組織だった。もし、プログラム型に分類されるような組織だったら、こうした現場のアイデアは、ピラミッド型組織のスラブに阻まれて上層部まで伝わらなかったかもしれない。

◆――機械としての構造や性質を上手に活用する

組織のあり方を変えるべきだという話が持ち上がることは多い。プログラム型組織に関しては、とりわけそのような議論がよくなされる。しかし、本当にその必要があるのか。機械は、特定の役割を果たすように設計されている。家のヒーターは、それが設置されている場所で十分に役に立っている。ちゃんと暖かい空気を吹き出してくれる。私は機械工学の教育を受けているので、ヒーターを手直しして、髪の毛を乾かすドライヤーとして使えるようにすることも可能だろう。けれども、そんなことをするより、ドライヤーを買ってきたほうがよほど手っ取り早い。同様に、**わざわざプログラム型組織のあり方を変えて、元々想定されていなかった役割を担わせようとする必要などないのではないか。それよりも、この種の組織が得意なことをうまく実行させるための微調整に徹したほうが賢明に思える。プログラム型組織の強みは、イノベーションをおこなうことではなく、あくまでも効率性を高めることにある。組織のメンバーがよそ見しないように目隠しをしておきながら、メンバーが視野を広くもつことを期待するのは道理に合わない。**

これまで長きにわたり、プランナーやコンサルタント、事業再構築の専門家、そしてさまざまな著述家たちは、プログラム型組織こそが組織のあり方の基本型だと主張し続けてきた。そうした論者たちは、それが時代を超えた「唯一で最善の方法」だと考えてきたのだ。私が思うに、組織のあり方を修正すべきだという主張の8割は、（そのように明確に意識しているかどうかはともかく）この種の組織を念頭に置いて述べられている。コントロールを強化すべし、目に入るものすべてを計画すべし、「機械」のメンテナンス係を用意して、コントロールと計画がもたらす結果に対処すべし、といった主張は、ことごとくそれに該当する。

私は、組織のいかなる要素に関しても「5つの簡単な方法」の類いは好まない。しかし、ここではその禁を破り、みずからの組織の問題点を手っ取り早く修正したい最高責任者にあまりにおあつらえむきの「5つの簡単な方法」を用意した（あなたは、私の言いたいことにもうお気づきだろう）。

組織の問題点を手っ取り早く修正する「5つの簡単な方法」（どれかひとつでも負の効果ばっちり）

❶人間を「人的資源」として扱う。組織が数値目標を達成できなければ、最高責任者の責任は棚に上げて、

「人的資源」を大量に解雇する。

❷組織の歴史や文化をすべて無視する。その組織の事情を知らない「トップチーム」を新たに招いて、ひたすら数値計測に取り組ませる。

❸マネジャーたちの人事異動を頻繁におこない、マネジメント以外はなにも知らない人物をつくり上げる。あなたが企業のCEOであれば、現実のビジネスをおこなう企業のマネジメントを担うだけで満足せず、出世の階段のさらに上を目指し、いくつもの企業を束ねるリーダーを目指す（企業以外の組織の長を務めている人は、「CEO」を名乗ればいい。この肩書をつけることにより、企業のマネジメントを担っているように見せかけるのだ）。

❹こうしたことに伴う問題が積み重なってきたら、お手軽な解決策を実行する。コンサルタントを雇って、まだプログラム化されていないものをすべてプログラム化するのだ。

❺そして、あらゆることを「5つの簡単な方法」の類いに則っておこなう。

4つの組織形態には、それぞれの強みと弱みがある。プログラム型組織は組織づくりの「唯一で最善の方法」ではないかもしれないが、組織づくりの重要な方法のひとつであることは間違いない。**私たちが大量生産による安価な製品やサービスを求め続け、機械よりも人間のほうがそうした製品やサービスを効率的に提供できる状況が続く限り、プログラム型組織はなくならない。そして、このタイプの組織がもつ短所は受け入れるほかない。**

お察しのことと思うが、私自身はこの種の組織で働きたいと思わない（私が好むのは、次の章で取り上げるタイプの組織だ）。それでも、イベントの開催地に赴くために利用する航空会社や、執筆した書籍の印刷会社に関しては、プログラム型が好ましいと思っている。つまり、私はこの種の組織で働きたくはないけれど、この種の組織が存在しなければ生きていけない。私は、ほかの人たちのことを「官僚的」だと揶揄することは避けるべきだと思っている。私だけでなく、大半の人がこの点を肝に銘じたほうがいい。**私たちは誰もが――私も、そしてあなたも――官僚的な一面をもっている。なんらかの秩序を維持したいと思い、そのためにルールを守るよう主張するとき、人は官僚的な行動を取っているのだ。**

第9章

プロフェッショナル型組織
——専門職の寄せ集め

人を高みに引き上げる最強の原動力は、みずからのスキルに対して感じる快楽だ。そうやって高みに上昇する人たちは、自分が得意なことを実行することに喜びを見いだし、実行したあとは、もっと上手に実行できるようになることに喜びを見いだす。

——ジェイコブ・ブロノフスキー（20世紀英国の科学者・ジャーナリスト）

私の手元にある辞書によれば、「アセンブリー」（assembly）とは、「ある目的のために集まった人たちの集団」のことだ。これは、第1章で示した「組織」（organization）の定義——「共通の使命（ミッション）を追求するために組み立てられた集団的行動」——と似ている。しかし、組織のなかには、ほかのタイプの組織に比べて、人々のつながりが弱いものもある。それが本章で取り上げる組織形態、プロフェッショナル型組織（プロフェッショナル・アセンブリー＝専門職の寄せ集め）である（図表9-1）。

この種の組織では、スキルをもった人たちが集まり、学生を教えたり、心臓を移植したり、音楽をつくったり、野球をプレーしたりするなど、専門的なサービスを提供する。一見すると、人々が一緒に働いているように見えるかもしれないが、おおむね独立して仕事をしている。調整は、徹底したトレーニングに基づくスキルの標準化により、ほぼ自動的に実現する。

コンサートで演奏中のオーケストラや、アリの群れを見ると、メンバーがいっさい言葉をやり取りせず、誰かが号令を発することもなしに、目を見張るほど高度な調整がおこなわれている。野球のダブルプレーも同じだ。ショートの選手がボールを取り、セカンドにトスし、セカンドはそれをファーストに転送して打者走者をアウトにする。このプレーの素晴らしい点は、円滑な実行にある。優れたイノベーションがおこなわれるわけではない。同じことは、心臓を切開する外科手術にも当てはまる。あなたは、独創的な外科医に執刀してほしいと思うだろうか。ひいきチームのショートが独創的な方法でダブルプレーを決めようとしたら、あなたはどう思うだろうか。

チームスポーツで野球ほど個人主義的な競技はほかにないだろう。プレーヤーは、ひとりひとりが離れた場所に立っていて、それぞれに課された役割を果たす（ラグビーのスクラムとは好対照だ）。守備に就いているプレーヤーの誰かが責任者というわけではない（ベンチにいる監督も、特別な服装ではなく、プレーヤーとお揃いのユニフォームを着ている）。攻

図表9-1
プロフェッショナル型組織（専門職の寄せ集め）

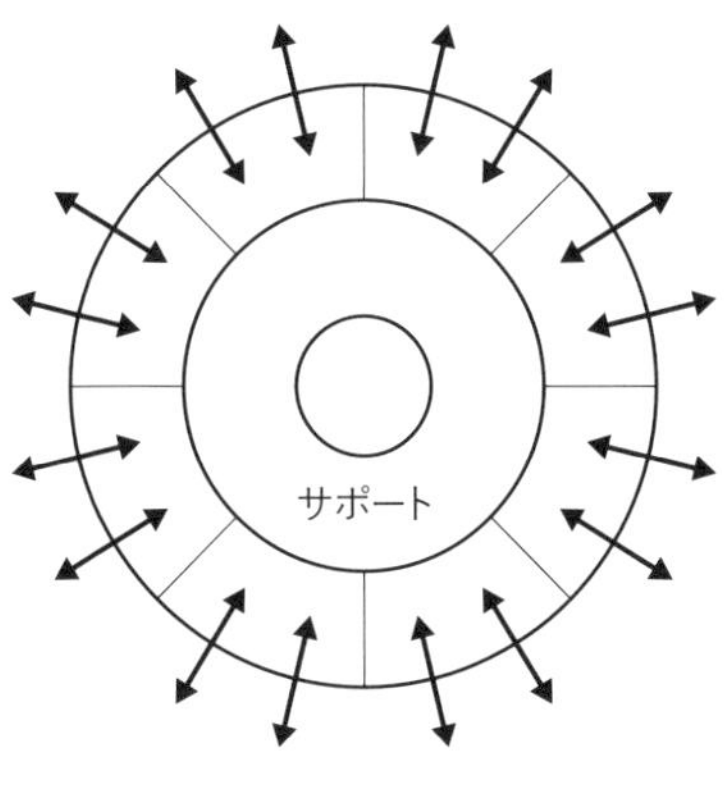

撃側は、プレーヤーがひとりずつ順番に打席に入り、塁と塁の間もひとりで走る。ひとりひとりのプレーヤーが、いわば自分ひとりだけの「サイロ」のなかでプレーしているのだ。手ごわい感染症が蔓延しているときには、これほど打ってつけの競技はないだろう（オンライン・チェスは別格だが）。

◆──プロフェッショナル型組織の基本構造

トレーニングを通じたスキルの標準化による調整

どうして、コンサートホールのステージに上がった１００人の演奏家たちや、手術室の医療スタッフは、互いの行動を完璧に調整できるのか。話し合いにより相互の調整を実践しているわけではないし、（指揮者という役割の人物はいるけれど）直接の監督がおこなわれているわけでもない。**この問いの答えは、トレーニングにある。そしてこれが、プロフェッショナル型組織の設計でカギを握る要素と言える。プロフェッショナル型組織では、トレーニングを通じて現場の働き手たちのスキルと知識が標準化されているのだ。** 音楽の場合は楽譜、医療の場合は標準的な診療手順、会計の場合は会計原則に関する知識が標準化されている。ある心臓外科医は、手術のために作成してある「レシピ集」――「込み入った手術」に関しても、主要なステップの流れを1枚の紙に30～40の記号で示してある――を「当日の手術前に、60～１２０秒くらいかけて頭の中で再確認する」とのことだ。(注66) これこそ、究極の標準化である。

プログラム型組織で業務の標準を決めるのは、自社のテクノストラクチャーに属するアナリストたちだ。それに対し、**プロフェッショナル型組織におけるスキルの標準は、大学や専門教育機関で学んだ人物を採用するとい**

う形で、組織外から持ち込まれる。それに加えて、採用後にも職場で大量の実地研修がおこなわれる。医療における研修医制度のように、実地研修では、大学などで学んだことを実践し、スキルを活用する訓練がおこなわれる。そうした経験を重ねながら、専門職たちは、自分がおこなうべきことを学ぶだけでなく、同僚たちがどのような行動を取るかも学ぶ。この点を学んではじめて、ほぼ自動的な調整が可能になる。以前、ニューヨーカー誌に掲載された漫画に、手術台に寝かされた患者を数人の外科医が取り囲んでいて、「誰が切る？」と相談している場面を描いたものがあった。医療の現場では通常ありえないことだからこそ、漫画になるのだ。病院の手術室など、専門職の集まる組織では、互いの行動を読み合う必要のあるカードゲームの類いとは異なり、誰がどのような行動を取るかはみんながわかっている。

こうした仕組みがあるおかげで、プロフェッショナル型組織の専門職たちは、組織内のアナリストたちによるコントロールからかなり解放される。しかし、職業団体によるコントロールからは逃れられない。職業団体がさまざまな標準を設定し、それを遵守させ、それを更新していく。その結果として、ある病院での心臓手術は、ほかの病院の心臓手術のやり方とよく似たものになり、あるオーケストラが演奏する『ボレロ』は、ほかのオーケストラの『ボレロ』とよく似たものになる。このような特質は、「客員指揮者」という存在によくあらわれている。コンサートの数日前に合流したばかりの客員指揮者が問題なく指揮できるのは、オーケストラが専門職を寄せ集めた組織だからにほかならない。このタイプ以外の組織で「客員マネジャー」が機能するとは考えにくい。

プログラム型組織が役職の権限を尊重するのに対し、プロフェッショナル型組織では専門職の自律性を尊重する。この種の組織は「メリトクラシー」（能力主義）**で動いていると言える。**ただし、標準化の恩恵により、プロフェッショナル型組織にも、プログラム型組織と同様に大規模な現場部門が存在する場合が多い。オーケストラではひとりの指揮者に対して100人の演奏家がいたり、大学ではひとりの学部長に対して100人の教員がいたりする。

専門職の自律性

第2章では、病院を「ハブ」型の組織の例として挙げた。患者と医療スタッフが病院の建物にやって来ては、用が済むと去っていく仕組みになっているからだ。しかし、これはあくまでも人間の物理的な動きに着目した場合の話。**機能の面では、プロフェッショナル型組織は、比較的自律性をもった専門職の「セット」の形を取る。**

私が大学で講義形式の授業をするとき、同僚教員や学部長が教室に入ってきた記憶は一度もない。大学教員は教室のドアを閉じ、自分のやるべきことをひとりでおこなうのだ。

私が大学というプロフェッショナル型組織で働くことにしたのは、自営業者のように働いて、しかも毎月の給料を受け取れると思ったからだった。実際には自営業者のようにとまではいかなかったけれど、かなり独立して働けていることは確かだ。私たちの学部の教員たちは、(プログラム型組織である)トラック運送会社の運転手のような働き方はしていない。もっとも、以前、あるビジネススクールがトラック運送会社の元CEOを学長に招いたことがあった。大学教員の管理もトラック運転手の管理も同じだと、新学長は豪語したが、優秀な教員たちは大学を去っていった(この新学長は、第1章で紹介したオーケストラのレポートを書いた学生のような人物だったのだろう)。

演奏中のオーケストラを見ていて驚かされるのは、演奏家たちの行動が見事に調整されていることだ。演奏家たちは、ほかの演奏家はもとより、指揮者のこともほとんど見ない。指揮台の上でタクトを振る大御所指揮者の姿をリーダーシップの典型のように位置づけるのは、現実と乖離した思い込みにすぎないのだ。(注67) すべての采配を振っているのは、あくまでも大作曲家チャイコフスキーであって、大指揮者トスカニーニではない(トスカニーニ自身もこう述べている。「私は天才ではない。私はなにも創造していない。ほかの人たちがつくり出した音楽を演奏しているだけだ」(注68)。演奏家は、作曲家がそれぞれの楽器のために書いた楽譜に従って演奏するのだ。しかし、作曲家はたいていもうこの世にいないので、音楽にうっとりした聴衆は、指揮者に惜しみない拍手を送るのである（演奏中のステージ以外の場で指揮者が果たしている役割については後述する。そのような場での指揮者は、威厳に満ちた巨匠というよりマネジャー的だ）。

高度な分権化

プロフェッショナル型組織は、4つの組織形態のなかでは最も分権化が進んでいる。少なくとも、そこで働く専門職たちにとってはそうだ。専門職たちは、個人として高いレベルの自律性をもっているだけでなく、専門職の働き手全体として、自分たちに影響を及ぼす経営管理上の意思決定の多くにかなりの影響力をもっている。新しい同僚の採用に関して影響力を振るえることが多く、ときにはマネジャーの選任にも影響力を及ぼせる。その結果として、このタイプの組織では、少なくとも専門職たちにとってはきわめて民主的で分権的な組織構造が形づくられている。大学でひとりの学部長が１００人の教員に対応できるのは、実際には教員が学部長の指揮命令を受ける必要がほとんどないからだ。多くの病院では、医師たちが管理部門の指揮命令を受ける建前すらない（ただし、医師たちは、専門職としての医師の序列は明確に意識している。医師の世界には、下から上へと、インターン、レジデント、スタッフ医師、研究業績を上げているスター医師という階層が存在している）。

そのため、この種の組織のあり方は、逆ピラミッド型と描写されることもある。専門職が上に位置し、下に位置する管理部門が資金集めなどの形で専門職に奉仕している、というわけだ。しかし、結論に飛びつくのは待ってほしい。本章の冒頭で示した図にあるように、このタイプの組織の構造は、逆ピラミッドというより、フラット（平坦）な性格が強い。一方、同じ組織のなかでも、比較的スキルが乏しく、より旧来型の監督のされ方をしていて、専門職たちに振り回されている人たちにとっては、プロフェッショナル型組織は民主主義的というより、寡頭政治的な性格が強いだろう。

大規模なサポートスタッフ

プロフェッショナル型組織では、標準の設定とその履行確保が組織外でおこなわれるので、テクノストラクチャーのアナリストはあまり必要とされない。もちろん、アナリストがまったく存在しないということはありえない。たとえば、支出をコントロールするための財務スタッフは、どのような組織でも不可欠だ。しかし、実務に携わる専門職の力が強いため、スタッフ部門のアナリストの影響力は限定的なものにとどまる。

一方、サポートスタッフに関しては事情が異なる。**専門職を雇うには大きなコストがかかるので、できるだけ多くのサポートスタッフを用意してバックアップするのが理にかなっている。**大学に、図書館や同窓会基金、教員専用クラブハウス、資料室などのサポート部門が存在する理由はここにある。これらの部署で働く人の数は、教員の数をはるかに上回る。

個別化されたカスタマイゼーション

4つの組織形態がどのように、サービスに対する顧客の要望を診断しているのかを考えてみよう。プログラム型組織では、そうした診断はほとんどおこなわれない。このタイプの組織では、あらゆる刺激への反応の仕方があらかじめ決められている。私たちが膝のお皿の下を叩かれると、自動的に足がぴょこんと前に跳ねるように、条件反射的に反応するようにできているのだ。マクドナルドの店頭でビッグマックを注文すれば、すぐにビッグマックが出てくるが、オリーブペーストを入れてほしいと頼めば「申し訳ありません。当店ではご用意していません」という返事が戻ってくる。それに対し、次章で述べるように、プロジェクト型組織では、顧客の要望を診断する際の制約はまったくない。要望があれば、それぞれの顧客にカスタマイズされたソリューションを見いだそうとする。一方、パーソナル型組織では、カスタマイズされたものにせよ、標準化されたものにせよ、診断は最高位者の意向次第だ。

プロフェッショナル型組織では、純粋な標準化でも純粋なカスタマイゼーションでもなく、第4章で「個別化されたカスタマイゼーション」と呼んだことがおこなわれる。個別のケースごとのニーズに合わせて標準が修正されるのである。外科医は、目の前の患者の血管に合ったステントを選び、野球の外野手は、ランナーの足の速さを見極めて、三塁に返球するか、本塁に返球するかを判断する。スキルの標準化が進んでいるとはいえ、業務の複雑性が高いために、スキルを実際に用いるときにある程度の裁量の余地があるのだ。外科医にせよ、大学教員やソーシャルワーカーにせよ、まったく同じようにスキルを用いる専門職は二人といない。スキルを用いる過程で、多くの判断が求められるからだ。ときには、その場で瞬時に判断をくださなくてはならない場合もある。

個別化されたカスタマイゼーションがおこなわれる結果として、プロフェッショナル型組織に特徴的な要素が生まれる。**プロフェッショナル型組織は、いわば「ピジョンホール化」することによって機能している。整理棚**《ピジョンホール》**にさまざまなものを分類するように、ユーザーのニーズを専門職のカテゴリーごとに分類して対処する。**たとえば、右の下腹部が痛くて病院に運び込まれれば、その症状を受けて、すぐに手術台に乗せられて、（もちろん学界の定める手順に則って）盲腸の手術がおこなわれる。大学に入学すれば、哲学や物理学や理学療法学などの専攻ごとに、標準的な受講科目が記された履修要覧が渡される。

まとめると、**プロフェッショナル型組織は、本章冒頭の図が示しているように、自律性をもった専門職たちの**

「セット」という性格をもつ。それぞれの専門職は、各自の専門部署に所属する一方で、外部と向き合い、サービスを提供する相手に接している。そして、組織管理のためのピラミッド型の階層やテクノストラクチャーはほとんど存在しないが、大規模なサポートスタッフが存在する。

◆──プロフェッショナル型組織の環境と種類

現場業務が徹底したトレーニングを必要とするくらい複雑だが、限定的なカスタマイゼーションで事足りるくらい安定している場合、その組織はプロフェッショナル型の組織形態を取りやすい。これまでこのタイプの組織の例として挙げてきた病院、大学、会計事務所、オーケストラ、野球チームなどは、いずれもこの条件に該当する。このうち、オーケストラと野球チーム以外は対人サービスを提供する組織だが、この形態は製造業でも見受けられる。職人技でものづくりをおこなう組織には、プロフェッショナル型組織に適した条件が揃っているのだ。高いスキルをもった職人がハンドメイドのガラス製品をつくるようなケースである。**「職人技」という言葉には、師匠に弟子入りして長年にわたり研鑽を積んで伝統的なスキルを身につけた専門職の仕事というニュアンスがある。**職人たちの組織では、管理を担う人の数は比較的少なく、そのような役割を担う人たちも、実務をおこなう職人たちと肩を並べて働いている場合がある。

このタイプの組織では、専門的なスキルへの依存度が高いという性格上、業務コアで用いられるテクノロジーは、比較的シンプルなものにとどまる場合もある。教育現場や野球の試合で、最先端の高度なテクノロジーが用いられることはあまり多くない（ただし、外科手術は、昔はメスが主な道具だったが、近年は数々の高度な機器を用いるのが当たり前になっている)。

◆――プロフェッショナル型組織の長所と短所

このタイプの組織は、今日の組織で働く人たちがいだく2つの主なニーズに応えているという点で、4つの組織形態のなかで際立った存在と言える。その2つのニーズとは、民主主義へのニーズと自律性へのニーズである。この2つが高いレベルで満たされているために、プロフェッショナル型組織で働く専門職たちは、高いモチベーションをいだき、献身的に仕事に取り組む。プログラム型組織では、働き手と、働き手が奉仕する対象の人たちの間に明確な境界線が引かれるのに対し、プロフェッショナル型組織では、そのような境界線が取り除かれる。

しかし、民主主義と自律性という2つの特徴と引き換えに、3つの大きな問題が生まれる。カテゴリー分けに関わる問題と、裁量に関わる問題、そして変化に関わる問題である。しかし、話を先に進める前に、ここで「専門家」に関する名言をいくつか紹介しよう。

「専門家」に関する名言

「専門家とは、基礎的な知識をもっていない人物のことである」

「専門家は、目の前のいくつもの落とし穴をすべて回避し、最終的には途方もなく大きな過ちに行き着く」

「専門家がひとりいれば、それと正反対のことを言う専門家がもうひとりいるものだ」（アーサー・C・クラーク）

「（博士号を授与されていることは）ある人物が過去の時点で指導を受けて、審査に合格し、完全に一人前だと認定されたことを意味するにすぎない。その時点以降、その人物に新しい知識はまったく与えられていない」（スティーブン・リーコック）

「なによりも大切なのは訓練だ。桃は元々、苦味の強いアーモンドだったし、カリフラワーは、大学教育を受ける前はキャベツだった」（マーク・トウェイン）

「専門家とは、ものごとを狭く深く知るようになり、しまいには、なにも知らなくなってしまう人たちのこと。一方、マネジャーとは、ものごとを広く浅く知るようになり、しまいには、あらゆることについて薄っぺらな知識しかもたなくなる人たちのこと。では、専門家とマネジャーが出くわしたとき、どんなことが起きるだろう」

カテゴリー分けに関わる問題

スキルの標準化は、せいぜい緩やかな調整のメカニズムにすぎない。整理棚の棚の境界付近で生じる曖昧な状況に対処するには、このメカニズムでは不十分だ。実際、カテゴリー分けが不適切だったり、恣意的だったりする場合には、組織内の政治的対立により、しばしば多くの血が流されてきた。ある病院では、乳房切除の手術を誰がおこなうかをめぐり、婦人科と外科の間で対立が持ち上がったことがあった。また、「組織論」という科目が設置されていないビジネススクールでは、どの科目でこの本を用いるべきなのか。それは「組織行動論」なのか、それとも「戦略マネジメント論」なのか。野球の試合で打球が外野のセンターとライトの中間に飛んだ場合、センターとライトのどちらの選手が捕球すべきなのか。このケースでは、例外的に両者が言葉を交わすことになるかもしれない。相互の調整をおこなうのだ。それができなければ、センターとライトがお見合いしてヒットにしてしまい、珍プレーとしてスポーツニュースで話題にされるだろう。

専門分化がますます進んでいる医療の世界では、カテゴリー分けが大きな強みになっている半面、深刻な弱みにもなっている。（注69）カテゴリー分けがぴったりはまっていれば、目覚ましい成果が上がる。たとえば、盲腸の患者は、しかるべき専門医により手術を受けることができるだろう。しかし、カテゴリーの狭間に位置する問題や、カテゴリーの垣根を越えた問題、カテゴリー分け以前の問題に悩まされている患者は、今日の医療によって好ましい結果を得られない。

カテゴリーの狭間に位置する問題とは、原因となる病気がはっきりしない症状のことだ。この場合、どの診療科の専門知識によってもその症状を解消することが難しい。たとえば、過敏性腸症候群──この呼び名そのものに、はっきりした原因がわかっていないことがよくあらわれている──により激しい苦痛を味わっているにもかかわらず、有効な治療を受けられていない患者は大勢いる。また、カテゴリーの垣根を越えた問題とは、高齢者など、いくつもの病気を同時に治療しなくてはならない状況を指す。このような患者を治療するには、さまざまな専門分野の医師が相互の調整をおこなう必要があるが、多くの医師はそれを嫌がる。そして、カテゴリー分け以前の問題とは、対象者を「患者」としてではなく、「人間」として扱うことが求められる状況を指す。診療科の枠を超えて、ときには標準的な診療手順に縛られずに、ひとりひとり個別に対処する必要があるケースだ。（注70）

裁量に関わる問題

「権力は腐敗する。絶対的な権力は絶対に腐敗する」というアクトン卿の言葉はよく知られている。権力に関して言えば、組織の世界でプロフェッショナル型組織の専門職ほど大きな裁量をもっている人たちはほとんどいない。ひとりひとりの働き手が有能で良心的であれば、大きな裁量をもたせることは好ましい結果をもたらす。しかし、病院の医師が患者に対して不適切な態度を取ったり、医療ミスを犯したりした場合はどうなるだろう。病院の管理部門は、医師をあまり強くコントロールできず、ほかの医師や職業団体も医師の処罰には及び腰になる場合がある。また、大学を描写するために用いられる「象牙の塔」という言葉は、大学教員が外の世界とつながるよりも、外の世界を見下す傾向が強いことをよくあらわしている。大学教員の研究成果は、「査読誌」に論文を発表した場合には同業者だけが評価する。(注71)

専門職の裁量に関わる問題を増幅させているのが、専門職の成果を数値評価することの難しさだ。たとえば、教師のおかげで子どもたちがどれくらい有効な学習ができたかを数値評価することは、きわめて難しい。せいぜい、丸暗記した内容を問うテストの点数を見るくらいしかできない。こんな例もある。肝移植が始まった初期の頃、ある外科医が10人の患者の移植手術をおこなった。そのうち8人が命をつなげたが、8人のなかのひとりはのちに再度の肝移植が必要となり、もうひとりは癌が再発した。また、残りの6人のうちの3人は、体調が十分に回復せず、仕事に復帰できなかった。肝移植の成功率を尋ねられた場合、医師は8／10と答えるだろう。ひとりの患者の再手術を自分で手掛ければ、9／11と答えるかもしれない（このような医師は、患者ではなく、肝臓を数えていると言われても仕方がないだろう）。一方、病院の管理部門は成功率を6／10と評価し、看護師は3／10と評価するだろう。(注72)どの値を正解と考えればいいのだろうか。

また、あなたがきわめて難しい手術のために、飛び切り腕のいい外科医を探している場合、どのような医師に託すのが賢明なのか。そのようなケースでは、死亡率の高い医師に依頼したほうがいいのかもしれない。もちろん、わざわざ腕の悪い外科医に頼もうというわけではない。手ごわい手術を積極的に引き受けている外科医を探すべきなのだ。実際、死亡率を低く抑えることを目的に、難しい手術を避けている外科医もいるという。

大きな裁量をもっている専門職たちは、所属している組織のニーズをないがしろにすることも多い。たいてい、組織よりも自分の職業に対する忠誠心のほうが強いからだ。しかし、プロフェッショナル型組織でも組織への忠誠心は欠かせない。たとえば、組織の管理運営を担う委員会のメンバーにはそうした忠誠心が求められるだろう。組織が大きな変化を迎えようとしているときは、とりわけその必要性が大きい。

変化に関わる問題

プロフェッショナル型組織では多くの場合、ほかのタイプの組織に比べてカテゴリーの境界線が強固だ。それでも、大きな変化が起きれば、カテゴリーの再編成が必要になる。そうした再編成は、強力な権限を握っている専門職たちが協働しなければ不可能だが、プロフェッショナル型組織で働く専門職たちは、安定的な環境で独立して仕事をすることが当たり前になっている。環境が安定しているといっても、まったく変化と無縁なわけではない。医療の標準的な診療手順が変更されたり、アカデミズムの世界で新しい理論が提唱されたりすることはある。しかし、そのような変化は、あくまでも周縁部分で起きているにすぎない。変化は、カテゴリー（アカデミズムの世界では「パラダイム」と呼ぶ）の枠内にとどまる。

こうした性格上、**プロフェッショナル型組織は、管理体制の変化に強く抵抗する傾向がある。**変化への抵抗は、プログラム型組織以上に強い。プログラム型組織では少なくとも、組織階層のピラミッドの頂点に位置する人たちが変化を推し進めるための権力を独占しているからだ。

プロフェッショナル型組織に対する不適切な扱い

プロフェッショナル型組織で働く専門職たちのなかには、奉仕すべきことになっている人たちを不適切に扱う人たちがいる。そのような場合、これらの組織に金を支出している外部のインフルエンサーたち（政府、寄付者、医療保険会社など）が厳しい態度で臨もうとし、その結果として、この種の組織を不適切に扱うケースがある（そのような行動を焚きつけるのは、たいてい経営コンサルタントや取締役会だ）。具体的には、テクノクラシーによるコントロールを押しつけて（たとえば、成績の数値計測が多用される）、プログラム型組織のように機能させようとする。しかし、そのような措置は、そもそも解決しようとしていたはずの問題をいっそう悪化させかねない（数値指標の類いにはほぼ例外なく、不正操作の余地がある。とりわけ、聡明な専門職にとってそんなことはお手の物だろう）。外部のインフルエンサーたちは、最新の経営手法を導入して問題を解決しようとする場合もある。しかし、そうした経営手法は往々にして、工場を効率化するなど、機械のような性格をもつ組織を戦略に沿って動かすことを目的に編み出されたものだ。この種の手法はすべて、組織階層の頂点に位置する人たちが権力を握り、強い意志をもった最高位者がある程度の秩序をもたらすことを前提にしている。そう考えると、**この種のテクノクラシー的な問題解決策ほど、専門的なサービスの精神、とりわけ教育機関のあり方を破壊してきたものは、ほかにないと言えるかもしれない**[注73]。

このような「ビジネス界のやり方こそ最善だ」という思考様式が導入された結果、多くの専門職、とりわけ学校の教師や大学教員が労働組合活動を活発化させている。それに伴い、専門職と管理部門の間の亀裂がいっそう深まり、組織へのダメージがますます大きくなっている。プロフェッショナル型組織は、集団行動よりも個人の責任を土台に動くが、専門職たちが集団交渉に向けて共同戦線を張る場合は、おのずと賃金などすべての人の共通の関心事に力を入れることになる。その直接的な影響として、プロフェッショナル型組織（の残骸）がいっそうプログラム型組織に近づいていく。こうして、そもそも専門職たちが労働組合を組織した目的と正反対の結果を招くことになる[注74]。

その点、**それぞれの組織形態の長所と短所を正しく理解していれば、ある形態の組織が直面している問題を解**

消しようとする際に、ほかの組織形態の発想を押しつけることを避けられる。子どもたちを教育するのは政府ではないし、赤ちゃんの分娩をおこなうのは医療保険会社ではない。コンサートホールで交響曲を演奏するのも、オーケストラへの寄付者ではない。これらのことをおこなうのは、それぞれのプロフェッショナル型組織に属する専門職たちだ。専門職たちが無責任だったり無能だったりする場合、数値計測を課したり、計画を押しつけたり、テクノストラクチャーが考案したルールを言い渡したり、権限をもった人物が命令を下したりしても、そのような専門職たちを責任感ある人物に変貌させたり、ましてや有能な人物に変身させたりすることは不可能だ。数値指標や計画やルールや命令の類いは、責任感をもって仕事をしていた専門職たちが成果を上げる妨げにしかならない。

有名な童謡の一節をもじって言えば、「いい子のときは飛び切りいい子。でも、悪い子のときは救いようもなく悪い子」になるのが専門職たちだ。問題は、外部のインフルエンサーたちがプロフェッショナル型組織の特性を正しく理解せずに介入すると、よい専門職まで救いようもなく悪くなりかねないことである。

第10章

プロジェクト型組織

――革新を目指すプロジェクト

簡単なことですよ、按針さん。世界に対する見方を変えるだけでいいんです。

――船が座礁して流れ着いた異国で戸惑う英国人の男に対して、日本人の恋人が言う言葉

（ジェームズ・クラベルの小説『将軍』より）

児童文学作家のA・A・ミルンは、著書『クマのプーさん』（邦訳・岩波少年文庫）の「まえがき」でこう書いている。「動物園に行くと、『入口』と呼ばれる最初の場所から出発し、すべての動物たちの檻の前を少しでも早く通り過ぎて、『出口』と呼ばれる場所にたどり着こうとする人たちがいます。でも、いちばん素敵な人たちは、いちばん大好きな動物がいる場所にまっしぐらに行って、ずっとそこにいるのです[(注75)]」。自分のことを「素敵な人」だと言うつもりはないけれど、正直言って、「組織」という動物の種類のなかで私がいちばん好きなのは、本章で取り上げるプロジェクト型組織（プロジェクト・パイオニア＝革新を目指すプロジェクト）だ（図表10-1）。少なくとも執筆のテーマとしては、このタイプの組織について書くのが楽しい。ただし、そこで働きたいかどうか

は別問題だ。私自身は、もっと心穏やかに過ごしたいと思う。(注76)

前章までに論じてきた組織形態はいずれも、高度なイノベーションを実行することが得意でない。しかし、テクノロジー関連の研究機関、前衛的な作品をつくる映画制作会社、複雑性の高い試作品をつくる工場、強豪チームに勝とうとする弱小アイスホッケーチームなどには、高いレベルのイノベーションが必要だ。パーソナル型組織も、最高位者のイノベーション志向が強ければイノベーションに取り組む場合はあるが、それはシンプルなイノベーションにとどまる。一方、プログラム型組織とプロフェッショナル型組織は、そもそも問題解決ではなく、課題実行を目的とする組織だ。新しい商品や手続きをつくり出すことよりも、標準化された商品や手続きを活用するべく設計されている。それに対し、**プロジェクト型組織は、現代の世界における探検家のような性格をもつ組織だ。起業家精神をもった組織内のエキスパートたちが協働し、新しいものをつくり出す。**それを通じて、新しい世界が切り開かれるのだ。

前章で取り上げた「顧客の要望を診断する」という行為について、改めて考えてみよう。プログラム型組織では、診断らしい診断はおこなわれない。このタイプの組織は、想定済みの刺激に対して自動的に反応するようにできている場合が多いからだ。また、プロフェッショナル型組織でも、診断はあまりおこなわれない。このタイプの組織は、顧客のニ

図表10-1
プロジェクト型組織（革新を目指すプロジェクト）

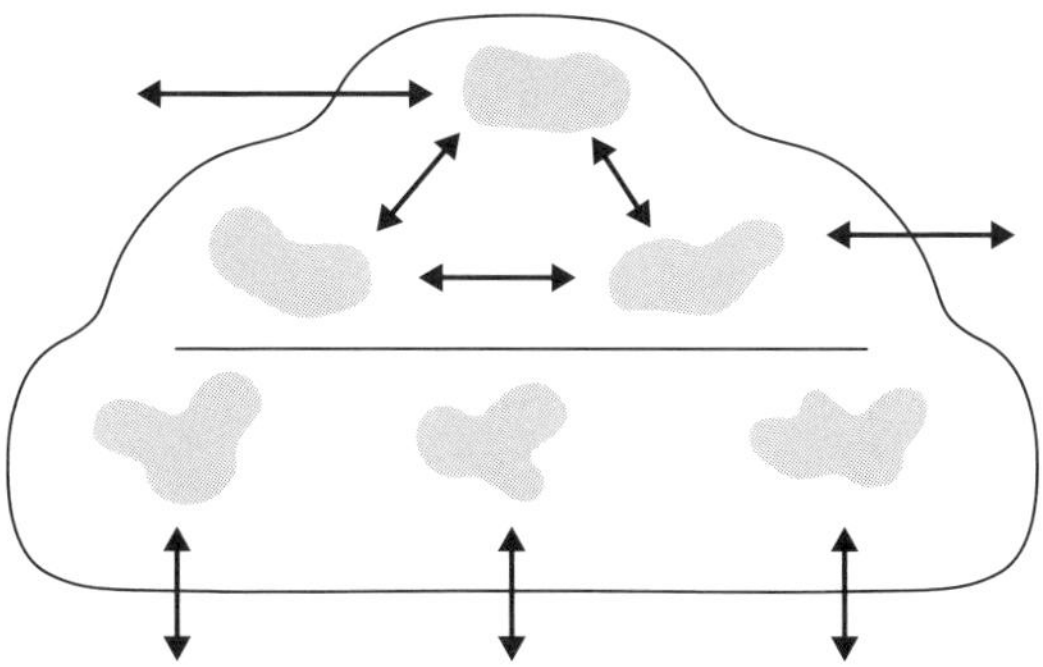

ーズを既存のカテゴリーに当てはめることを好む。一方、パーソナル型組織は、シンプルな問題に限れば、これらの組織形態よりも診断がおこなわれやすい。しかし、顧客のニーズの診断が最も本格的におこなわれるのは、本章で光を当てるプロジェクト型組織だ。完全にカスタマイズされた問題解決策を編み出すために、制約なしに問題解決に取り組む。

「プロジェクト」としてのスポーツ

フットボールでは、クォーターバック（もしくはコーチ）が前もって用意されている作戦を指示し、プレーヤーがそれに従って行動する。野球ではたいてい、打者が放った打球の方向によって、攻撃側と守備側がその後どのようなプレーをするかが決まる。それに対し、アイスホッケー、バスケットボール、ラグビー、サッカーなどでは、片方のチームが自陣でパックやボールを獲得したあと、どのようにプレーが続くかは、プレーヤー自身も含めて誰もよくわかっていない。プレーヤーは仲間と自然に協働して、敵を出し抜くことが求められる。その点では、毎回毎回が新しいプロジェクトと言ってもいいだろう。

このタイプのスポーツの本質は、そのときどきの状況にうまく対応することにある。自軍と敵の強みと弱み、そしてそこから生まれる機会をうまく利用する必要があるのだ。ほかのタイプのスポーツに想定外の要素がまったくないわけではないが、それは概して例外だ。それに対し、プロジェクト型組織では、想定外の事態が起きることを想定しておく必要がある。プロジェクト的な性格が強いスポーツでは、野球のようにスコアを記録することともない。そもそも、プレーの種類を記号で表現するのは容易でないし、アイスホッケーの試合のスピードに遅れないように、素早くスコアを記入できる人などいないだろう（サッカーがアイスホッケーのスローモーション版だとすれば、野球はプレー中にグラウンドの芝が伸びるくらいのんびりしたスポーツだと、よく言われる）。

経営学者のロバート・ケイデルはこう述べている。「バスケットボールは非常に動きの多いスポーツなので、フットボールと違って、戦略の立案と実行を厳密に切り分けることができない。……ある有名なバスケットボール選手はこう語ったという。『試合の最初の1分間で起きることにより、事前のゲームプランはすべて吹き飛んでしまう』。成功するかどうかは……コーチとプレーヤーがしかるべきプランを立て、あとはプレーのなかで修正していけるかどうかにかかっている」(注77)。この種のスポーツでも、ときにはひとりのプレーヤーがすべてをおこなうケースがあるが、ほとんどの場合は非常に濃密なコラボレーションが必要とされる。実際、試合では、最後にシュートを決める瞬間より、パスをつないでいく過程のほうが格段に美しいときもある。

アドホクラシー

プロジェクト型組織は、本章冒頭に掲げた図では「ウェブ」(クモの巣)状のものとして描かれている。それぞれの場所で臨機応変に相互の調整がおこなわれて、それらがネットワークを構成しているのだ。極端な場合に、パーソナル型組織がオートクラシー(独裁)、プログラム型組織がビュロクラシー(官僚制)、プロフェッショナル型組織がメリトクラシー(能力主義)になるとすれば、プロジェクト型組織は、アドホック(臨機応変)志向の「アドホクラシー」と言える。(注78)

昔、私が「アドホクラシー」という言葉を使った論文を雑誌の編集部に提出したときのこと。(注79)担当の編集者から返ってきたのは、「アドホクラシーとはなんですか」という問いだった。どうしてそんな疑問が持ち上がるのか、私には見当がつかなかった。説明はこの上なく明快だと思えたのだ。それでも、とにかく文章を少し修正して、改めて原稿を送った。すると、今度はこんな返事が戻ってきた。「では、これでいきましょう。最後にもうひとつだけ質問です。アドホクラシーとはなんですか」。「ちょっと待ってくださいよ」と、私は言葉を返した。「その件はもうさんざん検討したじゃないですか」。担当編集者は同僚編集者たちにも意見を求めて再検討し、こう言ってきた。「つまり、構造が欠けているという意味ですか」。その言葉を聞いた瞬間、私はすべてが腑に落ちた。問題の原因は、アドホクラシーではなく、ビュロクラシー、つまり官僚主義的な組織形態にあったのだ。多くの経営コンサルタント、政府機関の職員、企業のCEO、そして経営専門誌の編集者は、プログラム型組織こそが組織だと思い込んでいる。そのため、アドホクラシーは組織の体を成していないように思えるのだろう。

実際には、そんなことはない。**プロジェクト型に分類される組織は、トップダウンのコントロール、一元的な指揮、戦略プランニング、正式な手続きといったプログラム型組織の基本理念のことごとく逆をいっているが、構造を欠いているのではなく、プログラム型とは異なる構造をもっていると見るべきだ。このような組織形態は、それに適している環境ではプログラム型組織に負けず劣らず有効なのだ。**（注80）

◆──プロジェクト型組織の基本構造

プロジェクト型組織は、緩やかで自然発生的な構造をもっているという点でパーソナル型組織と似ている。しかし、パーソナル型組織では、主に最高位者による直接的な監督を通じて調整がおこなわれるのに対し、**プロジェクト型組織の場合は、専門家チームの内部での、また、そのようなチーム間での相互の調整に依存する面が大きい。**難しいイノベーションを実現するためには、このやり方が有効なのである。大昔のことだが、私はこの種の組織構造を採用している企業に、会社の組織図を見せてほしいと頼んだことがある。すると、こう言われた。「組織図はつくっていません。しょっちゅう変わってしまうので、図をつくっても役に立たないのです」。このとき以来、私はアドホクラシーの組織に組織図を求めることをしなくなった。

プロジェクト型組織には、テクノストラクチャーがほとんど存在しない。例外は、プロジェクトが軌道からはずれないようにするための予算策定とスケジュール管理の機能を担う人たちだ。ただし、その役割を果たすことはとうてい簡単とは言えない。私はときどき、この種の組織に呼ばれてワークショップをおこない、アドホクラシーという組織のあり方の正当性を説明する機会がある。そうしたワークショップで、よく参加者に投げ掛ける問いは、「アドホクラシーでいちばん悲惨な状況にあるのは誰でしょう?」というものだ。すると、いつも決まって一瞬の沈黙があり、そのあと部屋中が笑いに包まれる。そして、全員の視線が部屋の片隅で小さくなっている人物に注がれる。そう、コントロールを担う人物だ。野放図なプロジェクト型組織が暴走しないように歯止めをかける人物が欠かせないのである。

一方、サポートスタッフは、プログラム型組織やプロフェッショナル型組織ほどではないにせよ、プロジェクト型組織でも大きな役割を果たしている。サポート役を担うエキスパートたちは、スタッフ部門内のそれぞれの専門部署に所属し、必要に応じてプロジェクトチームに駆り出されて専門知識を補う。たとえば、研究部門に所属する研究員が新製品開発チームに参加するようなパターンだ。その意味で、サポートスタッフは、隅のほうにいて、発言を求められたときにだけ口を利くような存在ではなく、プロジェクトの構造に欠くことのできない存在になっている。このように誰もがプロジェクトチームに参加する状況で、ライン部門とスタッフ部門の間に明確な線引きをすることは難しい。

プロジェクト型組織では、ライン部門とスタッフ部門の間の線引きが曖昧なだけでなく、従来型の組織で引かれている正式な境界線がことごとく曖昧になっている。そのような環境では、コート上のバスケットボール選手さながらに、エキスパートたちが自由自在に組織内を動き回れる。その結果として、**プロジェクト型組織では、**

限定的な分権化が実現している。**マネジャーという肩書の有無に関係なく、そのときどきに必要とされることを実行できる人物が権限を握るのだ。**

また、プロジェクト型組織でサポートスタッフがチームと一体化していることは、この種の組織でマトリックス型の構造（第5章参照）が本格的に採用されていることを示唆するものと言える。マトリックス型の組織構造の下、プロジェクト型組織では、マネジャーの肩書をもつ人が大勢いる。業務機能を管轄するマネジャー、結合役を担うマネジャー、そしてとりわけプロジェクトマネジャーなどである。プロジェクトマネジャーの数が多くなるのは、チーム内で相互の調整を円滑におこなうために、チームを小規模にとどめる必要があるからだ。

ただし、**プロジェクト型組織のマネジャーは、従来型のマネジャーのようなマネジメントはおこなわない場合が多い。具体的には、コントロールすることよりも、結びつくことを重んじる。とりわけ、チーム間の結びつきを大切にする傾向があるのだ。**言い換えれば、調整のメカニズムは、直接的な監督よりも、相互の調整が中心になる。それどころか、マネジャーがプロジェクトチームの一員として現場業務に携わっている場合も多い。以前、私がフランスの大手ソフトウェア企業のCEOの観察研究をおこなったとき、その人物があるプロジェクトチームの会議に出席したことがあった。どうしてその会議に出席したのかと尋ねると、こんな返事が戻ってきた――そのプロジェクトチームが開発を目指しているソフトウェアは会社全体の先例になることを期待されているものであり、「新しい戦略の始まり」を告げるものなので、自分が積極的に関わる必要があるのだ、と。[注81] 第11章で論じるように、プロジェクト型組織における戦略は、このような地に足のついた学習を通じて創発的に形成されるものなのだ。

プロジェクト型組織においては、実務を担うエキスパートと、ライン部門のマネジャー、そしてスタッフ部門のスタッフがひとつの有機的な塊を形成して、臨機応変にチームをつくり、互いの関わり方を絶えず変化させな

がら、一緒に仕事をするのである。

◆——プロジェクト型組織の環境と種類

プロジェクト型組織は、テクノロジー産業に始まり、ゲリラ戦の現場にいたるまで、複雑性が高く、変化が激しい環境で見られる場合が多い。**複雑性が高いがゆえにエキスパートが必要とされ、変化が激しいがゆえにチームワークが必要とされるのだ。**

お気づきかもしれないが、本章でプロジェクト型の例として挙げてきた組織の大半は、テクノロジー産業など、20世紀後半に発展した産業の企業だ。その意味で、**いま私たちはアドホクラシーの時代に生きていると言える。少なくとも、組織の世界に新しく登場した組織の多くがこの形態を採用している。**そのため、この種の組織形態を表現するためにさまざまな呼び名が与えられてきた。たとえば、以下のようなものがある。

アドホクラシーのほかの呼び名

- ネットワーク型組織
- 一時的組織
- 両利きの組織
- ラティス型組織
- クモの巣型組織
- タスクフォース型組織
- クラスター型組織（注82）

アドホクラシーには、プロジェクトごとに再編を繰り返す「恒久的アドホクラシー」もあれば、ひとつの大きなプロジェクトに取り組んで、それが完了すると解散する「一時的アドホクラシー」もある。五輪開催のために設置される五輪組織委員会は、一時的アドホクラシーの一例と言える。また、**部外者向けのプロジェクトをおこなう「業務的アドホクラシー」と、自社向けのプロジェクトをおこなう「管理的アドホクラシー」という分類も可能だ。**聴衆のために独創的に音楽を演奏するジャズ・カルテットは、業務的アドホクラシーに該当する。そのほか、顧客のために新しい商品を開発するデザインスタジオも同じだ。一方、ゲーム機メーカーは、実際のゲーム機の製造は社内のプログラム型組織に委ねたり、社外の企業にアウトソーシングしたりするにせよ、新製品を市場に送り出すために開発プロジェクトを次から次へと実行する。このように、プロジェクトを売るのではなく、商品を売っている組織で見られるのが、管理的アドホクラシーだ。同じことは、航空機メーカーにも言える。ただし、特定の顧客のためにジェット機をカスタマイズする場合は、業務的アドホクラシーと呼ぶべきだろう。本章冒頭の図では、この2つの形態――プロジェクトが業務コアに存在する業務的アドホクラシーと、プロジェクトが組織全体に分散している管理的アドホクラシー――の両方を描いてある。

また、プログラム型組織が業務の自動化を推進してプロジェクト型へ移行する場合も、アドホクラシーの形を取ることがある。第6章で指摘したように、定型的な業務を担ってきた働き手たちが機械に取って代わられるにつれて、高いスキルをもつスペシャリストの役割が重要になるからだ。スペシャリストがチームで協働して、機械を設計し、開発し、維持管理することが必要になるのである。

「拡張型アドホクラシー」とでも呼ぶべき形態にも言及しておくべきだろう。ここでは、アドホクラシーの境界線がいっそう曖昧になる。柔軟性を特徴とするプロジェクト型組織は、専門知識の活用などを目的に、積極的に部外者をプロジェクトチームに迎え入れる場合がしばしばあるのだ。その一方で、プロジェクトの一部の要素を完全にアウトソーシングする場合も少なくない。たとえば、航空機メーカーが新しい機種のエンジンの設計と製造を外部に委ねるようなケースである（アウトソーシングについては、第20章で詳しく述べる）。

◆——プロジェクト型組織の短所

プロジェクト型組織の長所については、ここまでの記述で詳しく取り上げてきた。一方、このタイプの組織の短所は、一般にほかの3つの組織形態ほどは指摘されていない。それは、プロジェクト型組織がいま流行している組織形態だからなのかもしれない。しかし、近年人気が高まっているからこそ、短所についてもしっかり検討すべきだろう。

プロジェクト型組織は、別に理想郷ではない。ほかの組織形態と同様、それに適した状況では強みを発揮するが、適していない状況では欠点を露呈する。とくに、**この種の組織ではものごとが曖昧なために不安を感じる人もいるだろうし、成果を上げることを優先する結果として、効率性が犠牲になりがちなことは否めない。**

曖昧性

困難に耐えられそうにないなら、その職には就かないほうがよいという意味で、「暑さを我慢できない人間は、厨房を去るべし」という格言がよく用いられる。この表現を応用すれば、**曖昧さを我慢できない人間は、プロジェクト型組織を去るべし**と言えるだろう。私たちは誰でも、目新しいものを好む面がある。しかし、同時に、安定を欲する面をもっている。容赦ないペースで変化が起きれば、人はそのうちに疲弊し始める可能性がある。とはいえ、あまりに退屈な状況が続くのもつらい。ところが現実には、1月にはプロジェクトを完了させるために誰もが猛烈に働いていたのに、3月にはすっかり暇になり、職場でトランプをして時間をつぶしていたりする場合もある。その落差は、ときに途方もなく大きい。そう考えると、このような曖昧性を嫌い、プロフェッショナル型組織の安定したペースを好ましく思う働き手や、すでに目覚ましい成功を収めていて、もうイノベーションを必要としない商品を大量生産する道を選びたいと思うCEOを責めることは難しい。

プロジェクト型組織では、現在進行中のプロジェクトに関しても、かなりの不安がついて回る。プロジェクトはうまくいくのか。十分に創造性を発揮できるのか。複雑なマトリックス型の構造のなかで、誰がどこに所属しているのか。こうした不安はことごとく、対立の温床になる。**プロジェクト型組織では、曖昧な組織構造の下で権力が分散しているために、政治的対立や駆け引きが発生しやすく、人々の関心が目標からズレてしまう恐れがある。**

非効率性

プロジェクト型組織は、ありきたりの業務を実行することには長けていない。例外的な状況を好む性質があるのだ。しかし、目新しい状況には混乱がつきものだし、対処に時間を要する場合も多い。とはいえ、無駄を取り除くことを優先させ、チームを締めつけて効率を追求させれば、肝心な創造性が失われかねない。**プロジェクト型組織は、非効率であることによって成果を上げているのである。**実務を担うオペレーター、ライン部門のマネジャー、社内外のエキスパートなど、さまざまなタイプの人たちが一時的にチームを構成して仕事をする以上、コミュニケーションに割く時間はどうしても多くなる。これは効率性とは対極にあることだ。また、イノベーションを実行するうえでは、人々が一緒に失敗から学ぶ必要がある。しかし、そのためには、失敗が許容、もっと言えば推奨されていて、失敗を修正するための時間が与えられなくてはならない。

プロジェクト型組織では、なんらかの予想外の問題が発生した場合、どうするのか。まず、チームの会議を招集して問題を精査し、検討を重ねる。やがて解決策が提案されると、議論して採否を決める。その過程では、同じ意見をもつ者同士が連合を形づくり、厳しい交渉が繰り返される。そして、ようやく決定に到達する。そのこと自体がひとつの成果と言える。そのときにはすでに手遅れだったり、決定があとで修正されたりすることも往々にしてあるが、のちにそれが先駆的な問題解決策だったと評価されるケースも多い。

今後は、アドホクラシーを採用する組織がもっと増えるに違いない。

第11章

4つの組織形態を比較する

4つの組織形態は、どれくらい基本的なものなのか。「パーソナル」「プログラム」「プロフェッショナル」「プロジェクト」というそれぞれの特徴を考えると、きわめて基本的なものと言えるだろう。では、これらはどれくらい現実的なものと言えるのか。この問いの答えは、「現実的」という言葉をどのような意味で用いるかによって変わってくる。

4つの組織形態は古代から永遠に

4つの組織形態の歴史は、人類がはじめて組織を形づくった時代にまでさかのぼる。最も古いのは、プロジェクト型だろう。ホモ・サピエンスが集団で（いわばチームで）協働して狩りをしていた時代の話だ。その後、人々がコミュニティを形成して定住し始めると、リーダー役の人物が登場し、パーソナル型が出現した。一方、古代メソポタミアでプログラム型が存在したことは、別の章で見たとおりだ。また、古代メソポタミアには、プロフェッショナル型も存在したようだ。こんな記述がある。「高い技能をもった職人たちがしばしば遠方から呼び集められた。そうした職人たちは、専門ごとのギルドを構成していた」(注83)

では、それぞれの組織形態の全盛期はいつだったのか。今日がプロジェクト型の全盛期だとすれば、パーソナル型の全盛期は、専制君主や封建領主が君臨した時代と言えるかもしれない。その後、産業革命とともに、プログラム型が出現した。現在、最も多く見られるのはパーソナル型かもしれないが、最も目立つ存在はプログラム型であり続ける可能性が高い(注84)（パーソナル型がいたるところに存在することは、君主、独裁者、起業家、将軍……といった肩書が無数にあることからもわかる。私が愛用している類語辞典では、「長」という見出し語の下に全部で21のカテゴリーが記されており、その文字量はなんと1ページ半に上る。私たちはいまもリーダーシップを偏重していると言えるだろう）。プロフェッショナル型の全盛期はいまだに訪れていないが、それでも20世紀になってさまざまな専門職が確立されるにつれて、この形態の組織も広がっていった。

それぞれ全盛期は異なるかもしれないが、4つの組織形態はすべて今日も大きな存在感をもっており、この状況は今後も続くだろう。この点は、ここまでの4つの章で多くの事例を通じて見てきたとおりだ。では、実世界でなんらかの組織と遭遇したとき、その組織がどの形態に分類できるかは、どうやって判断すればいいのか。

この組織はどの形態？

ある組織が4つの形態のどれにおおむね該当するかを判断するには、その組織について以下の問いを検討すればいい。

・業務コアで実行される主要業務の大半が単純な繰り返し作業か（大量生産のメーカーや、画一的なサービスを大量に提供する企業など）。もしそう言えるなら、その組織はプログラム型と言えるだろう。
・業務コアで実行される最も重要な業務が高度なスキルを必要とする半面、変化の乏しいものか。そう言えるなら、プロフェッショナル型と言えるだろう。
・業務コアや管理部門で実行される最も重要な業務がチームによる協働を通じておこなわれて、個々のケースごとにカスタマイズされた成果を生むことを目指しているか。そう言えるなら、プロジェクト型と言えるだろう。
・以上のいずれのパターンとも異なり、あるいはいずれかのパターンが見られるにもかかわらず、ひとりの人物が絶大な権力を握っているか。そう言えるなら、パーソナル型と言えるだろう。

あるいは、その組織の形態をよく観察してみるのもいいだろう。そして、目を閉じて、その組織がどの生物と最もよく似ているか考えてみよう。アリの群れか、それともゾウか、キノコか、それとも樹木か、といった具合だ。その生物は、４つの組織形態のいずれかと似ているだろうか。

◆──４つの組織形態の概要

ここまで4つの組織形態について、組織の構造、戦略形成のプロセス、マネジャーの仕事の性格、しばしば直面する問題など、多くのことを見てきた。後掲する**図表11-1**（164〜165ページ）は、それらの点をまとめたものだ。おおむね、内容は一目瞭然だろう（表の内容は基本的に、ここまでの4つの章の記述に準拠している）。ただし、戦略のプロセスとマネジャーの仕事に関しては、もう少し詳しい説明が必要かもしれない。この2つの要素については後述する。

下の**図表11－2**は、「アート」「クラフト」「サイエンス」の三角形における4つの組織形態の位置づけを示したものだ。パーソナル型は、最もアート寄りの性格が強い（最高位者のビジョンが重要となる）。プログラム型は、最もサイエンス寄りだ（分析を多用する）。

プロフェッショナル型は、サイエンスとクラフトの中間に位置し（エビデンスと経験を重視）、プロジェクト型は、クラフト寄りと言えるが（経験に基づくチームワークを重視）、アートの要素も創造的に活用する。

図表11－1では、さまざまなキーワード（ツールやテクニック、コンセプトなどの名称）を、最も

図表11-2

「アート」「クラフト」「サイエンス」の三角形と4つの組織形態

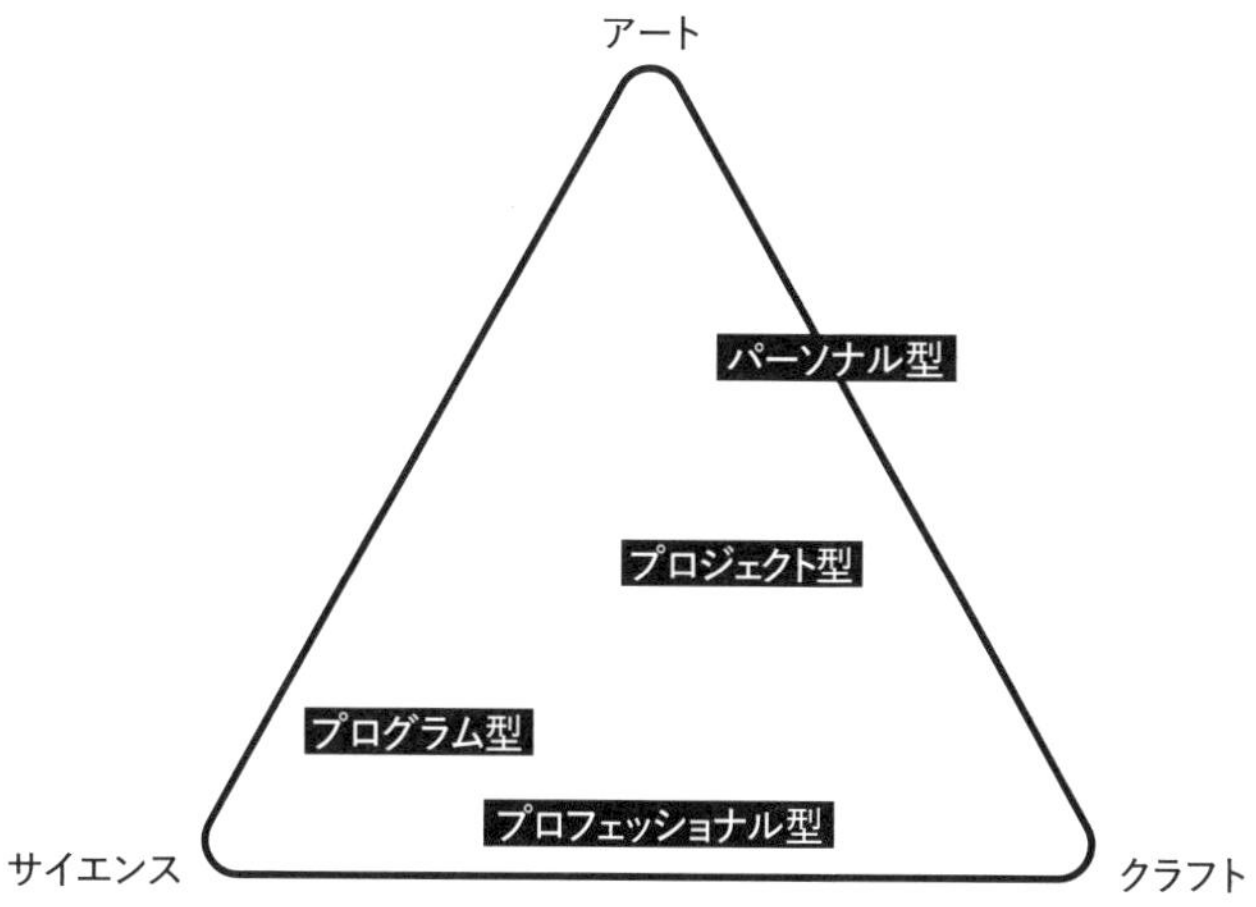

プロフェッショナル型	プロジェクト型
メリトクラシー（能力主義）	アドホクラシー（臨機応変）
自律的に行動する専門職の「セット」	いくつものチームが構成する「ウェブ」
スキルの標準化	相互の調整
大規模な業務機能部門で働く専門職への分権化	リエゾン装置、マトリックス型の構造、小規模なチームへの分権化
個別化されたカスタマイゼーション	カスタマイゼーション
複雑で安定した環境	複雑で変化の多い環境（テクノロジー業界など）、自動化の進展、新しい業種
専門サービス組織、職人型の生産者	業務的アドホクラシー、管理的アドホクラシー、拡張型アドホクラシー、巨大プロジェクト、プラットフォーム組織
熟達	協働
知識労働、テレワーク、資格、ピジョンホール（仕切り棚）型、対等の関係	チームワーク、ネットワーキング、マトリックス型の構造、プロジェクト・マネジメント、社内起業家、旗振り役、パートナーシップ、学習する組織
まず考えることから出発（クラフト、サイエンス：エビデンス・ベース）	まず行動することから出発（クラフト：経験ベース）
冒険モデル（創発的なポジション）	学習モデル（創発的なポジションとパースペクティブ）
複数のポジション	個別化、探索
献身、熟達	イノベーション、柔軟性、人々を引き込む力
一貫性の欠如、内部対立	非効率性、曖昧性、漂流しやすさ
対外的マネジメント	関与型マネジメント
コミュニケーション、外部との関わり、取引	実行、外部との関わり、取引、コミュニケーション

図表11-1

4つの組織形態

組織形態▶	パーソナル型	プログラム型
極端なケース	オートクラシー（独裁）	ビュロクラシー（官僚制）
形態	「ハブ」の中央に最高位者が陣取る	業務の「チェーン」の上に指揮命令系統の「チェーン」が乗っている
好まれる調整メカニズム	直接的な監督	業務の標準化
構造の特徴	シンプル、柔軟、集権的、ひとつの大きな集団の場合も	正式、階層的、アナリストへの限定的な分権化
標準化とカスタマイゼーション	ある程度のカスタマイゼーション	標準化
環境	シンプルで変化の多い環境、しばしば規模の小さい組織	シンプルで安定した環境、成熟した組織、外部からのコントロール
バリエーション	起業家型企業、スタートアップ企業、再建過程の企業、小規模組織	大量生産・大量サービスの道具、閉鎖的なシステム、業界共通のレシピに基づいてローカルに戦略を生産、活気のある官僚制
主要な力	統合	効率
キーワード	カリスマ、ビジョン、立て直し	縦割り（「サイロ」）、総合的品質管理（TQM）、リストラクチャリング、エンパワーメント、ベンチマーキング、時間研究、戦略プランニング、リエンジニアリング、バリューチェーン、ダウンサイジング、微調整
意思決定	まず見ることから出発（アート）	まず考えることから出発（サイエンス、分析）
戦略づくり	構想モデル（計画的なパースペクティブと創発的なポジション）	計画モデル（計画的なポジション）
戦略の特徴	ニッチ、狭い範囲	コストリーダーシップ
強み	反応の速さ、献身、明確な方向性	効率性、信頼性、精密性
弱み	限定性、不安定性	非人間性、硬直性
マネジメントのあり方	野放図なマネジメント	例外によるマネジメント
マネジャーの主要な活動	実行、取引、内部のコントロール	コントロール

よく見受けられる組織形態ごとに示した。たとえば、カリスマはパーソナル型、知識労働はプロフェッショナル型といった具合だ。プログラム型の下に非常に多くのキーワードが列挙されていることは、これまでマネジメント思想の世界でプログラム型組織がきわめて大きな比重を占めてきたことのひとつのあらわれと言えるかもしれない。

戦略形成のあり方

第3章では、戦略形成に対する4つのアプローチを紹介した。構想モデル（パースペクティブを計画的に定める、ポジションはおのずと出現）、計画モデル（ポジションを計画的に定める）、冒険モデル（ポジションがおのずと出現）、学習モデル（ポジションとパースペクティブがおのずと出現）である。この4つのモデルは、4つの組織形態のそれぞれと目を見張るほどぴったり適合する。というより、戦略形成のあり方の違いは、4つの組織形態の違いを最もくっきり浮き彫りにする要素だと言えるかもしれない。

改めて整理してみよう。

パーソナル型組織では、最高位者が戦略を構想する

パーソナル型組織の戦略は、最高位者のビジョンという形を取る場合が多い。スティーブ・ジョブズが率いたアップルは、そのわかりやすい例だ。そうしたビジョンは、きわめて意識的に形づくられ、一貫性が高い。その大きな戦略上のパースペクティブの下に、さまざまな戦略上のポジションが出現する（アップルの場合で言えば、ノートパソコンやタブレット型端末、腕時計型端末など）。パーソナル型組織の戦略は、既存の大規模なプログラム型組織との競争を避けるべく、ニッチな市場を目指すものになることが多い。オーガニック食材に特化したレストランはそのひとつの例だ。

プログラム型組織では、ポジションが計画される

すでに述べたように、プログラム型組織は長らく、戦略プランニングの旗振り役だった。上級マネジャーたちが意識的に戦略を形づくり、その戦略をそれ以外の人たちが実行するというアプローチだ。しかし、第8章で述べたように、**戦略プランニングは、戦略プログラミングに成り下がる場合がきわめて多い。すでに採用している戦略上のパースペクティブの延長線上でものを考えがちになるのだ**（既存の戦略の下で、ポジションを増やしたり、コストを削減したりするなど）。ビジョンの刷新はおろか、新しいアイデアが取り入れられることはほとんどなく、しばしば数字が君臨する。その結果、戦略プランは単なる「行動プラン」になり、それを成果のコントロールによって支える形になる。[注85]

では、その戦略上のパースペクティブはどこから生まれるのか。草創期にまだパーソナル型組織だった頃に、設立者である最高位者によって編み出された戦略が維持されている場合が多い。あるいは、同業のほかの組織の戦略を模倣するケースも珍しくない。いわば「ものまね戦略」である。

もちろん、「プログラム」に微調整を加えることはつねに可能だ。（マクドナルドのメニューに、新たに「エッグマックマフィン」を加えるように）新しい戦略上のポジションが追加される余地はある。しかし、戦略が抜本から変わることはない。少なくとも、その組織がプログラム型の性格を持ち続ける限り、それはありえない。**緊密に結びついている機械の部品を変更すれば、へたをすると機械がバラバラになりかねないからだ。**

プロフェッショナル型組織では、現場の冒険を通じてポジションが生まれる

「ものまね」的な性格がもっと強いのは、プロフェッショナル型組織における戦略全般だ。この種の組織で働く人たちの活動の多くは職業団体によってコントロールされているので、汎用的な戦略がローカルに実践されていることが多い。あなたの地元の総合病院と近くの町の総合病院を、地元の大学と世界のほかの都市の大学を比べてみてほしい。主な違いは、どこで医療や高等教育を提供しているかという点だ。どのようなサービスを提供しているかには、それほど大きな違いがないだろう。

ジャネット・ローズと私は以前、マギル大学の過去1世紀半の戦略的活動を調べたことがある。(注86) この期間に閉鎖された学部はひとつ。10年半ほどしか存続しなかった獣医学部だけだ。つまり、マギル大学は、これまでに存在した全学部の総和であり続けているのである。

しかし、**どこにでもありそうなプロフェッショナル型組織でも、多くの場合は、一皮めくると、現場で働く専門職たちが実にさまざまな独特の戦略的ポジションを採用している。**遠くから見ると、マギル大学には、文学、科学、医学、経営など、ありきたりの学部があるだけに見えるかもしれない。けれども、詳しく見ると、独特のプログラムがいくつも存在する。そのひとつが「IMPM」(国際マネジメント実務修士課程)だ。このプログラムは、マーケティングやファイナンスなど、MBAプログラムで一般的な科目は設けられておらず、実務経験の乏しい若い学生たちがU字型に机を並べた教室でケーススタディについて議論することもしない。「振り返り」「分析」「協働」「広い視野」「行動」をそれぞれテーマにしたモジュールを通じて、キャリアの中盤に差し掛かった現役マネジャーたちが円卓を囲み、自分自身の経験から学ぶ。

プロフェッショナル型組織では、このような「冒険」が組織のいたるところで実践されているが、マネジメント層がそれを実践することはほとんどない。そうした活動の大半は、現場の専門職たちがそれぞれの専門分野で

おこなっているのだ。このタイプの組織では、そのような現場の新しい試みが合わさって組織の戦略を形づくっていると言える。その組織が環境のなかでどのようなポジションを確立するかは、それらの試み全体によって決まるからだ。(注87) **プロフェッショナル型組織は、組織構造の面で人々の集合体を形づくっているだけでなく、組織全体の戦略も、戦略上のポジションの集合体という形でつくり上げているのである。**

プロジェクト型組織では、組織全体で戦略が学習される

プロジェクト型組織においては、組織内のチームが経験を重ねる過程で戦略が学習されていく。ただし、ときにはパーソナル型組織でも戦略が学習されることがある。戦略の探索がおこなわれる場合があるからだ。しかし、その学習は、あくまでも最高位者という個人の経験を通じて実現する。そのため、プロジェクト型組織でさまざまなチームの活動を通じて学習される戦略に比べると、パーソナル型組織で学習される戦略は一貫性が高い場合が多い。

私は以前おこなった共同研究で、カナダ国立映画庁の戦略の歴史を調べたことがある。(注88) この機関は、とくに短編ドキュメンタリーの制作で知られていた。その組織形態は典型的なアドホクラシーで、ひとつひとつの映画制作をひとつのプロジェクトと位置づけることができた。しかし、あるとき、同庁は突然、長編映画の制作にも乗り出した。これは、それまでとは異なる戦略的パースペクティブに基づき、まったく新しい戦略的ポジションを打ち出したものとみなせる。この新しい戦略はどうやって生まれたのか。その戦略は、上層部の計画によって生まれたわけではない。それは、上層部にとって予想外の展開だった。また、同庁で映画をつくっている人たちも、思ってもいなかったことだった。

あるとき、同庁でつくった映画のひとつがかなり長時間のものになり、通常の同庁の方式では配給できなくな

った。そこで、その映画を長編映画として映画館に売り込んだ。すると、ほかの映画制作者たちがすぐに気づいた。「私も長編をつくればいいんだ！」。その後ほどなく、長編をつくる人たちが登場し始めて、同庁は新しい戦略をもつようになった。戦略を練り上げることなく、戦略が形成されていったのである。

40年近くにわたる同庁の戦略（制作する映画のタイプ）を調べると、収斂と拡散を驚くほど一定のサイクルで繰り返してきたことがわかる。6年くらいの間、どのような映画をつくるかという戦略がはっきりしていた（たとえば、テレビ草創期には、テレビ向けのシリーズものを制作する戦略が明確だった）かと思うと、そのあと6年くらいは、そうした焦点がはっきりしない時期が続くのだ。

興味深いのは、多くの場合、同庁がとくに創造的な作品を送り出せたのが後者の時期だったということだ。**プロジェクト型組織においては、戦略の焦点を明確化すると、斬新な発想を追求しようという意欲が逆にそこなわれて、創造性を発揮する妨げになる場合があるのだ。とはいえ、言うまでもなく、戦略の焦点がはっきりしないと、戦略が漂流しかねない。**個々のプロジェクトがバラバラにおこなわれて、組織が四方八方に引き裂かれてしまうのだ。

こうした発見に触発されて、私たちは戦略形成における「雑草モデル」という考え方に行き着いた。極端すぎると感じる人もいるかもしれないが、一般に広く実践されている「温室モデル」のほうがよほど極端なのではないだろうか。

戦略形成の「雑草モデル」

・**戦略は、庭に雑草が生えてくるみたいに、自然に形成され始める。温室のトマトのように計画的に栽培することはしない。**組織においては、ときに戦略のマネジメントが過剰になっているケースがある。場合によっては、一貫した戦略を早まって押しつけるよりも、自然にパターンが形成されるのを待ったほうがうまくいく。もし必要であれば、「温室」はあとで用意すればいい。

・**戦略という雑草は、ありとあらゆる場所で根を張る可能性がある。人々が学習する能力をもっていて、学習を支援する体制が整っていれば、どこからでも戦略は生まれる。**個人やチームがたまたま好機に気づく場合もあれば、偶然の失敗がきっかけになる場合もあるだろう。組織は、戦略の内容を計画的に決めるどころか、どこで戦略が育つかも計画できる場合ばかりではないのだ。

・**そのような戦略がその組織における行動パターンとして浸透すれば、それは組織全体の戦略になる。**雑草が生い茂り、庭を覆いつくすようになると、元々植えてあった植物のほうが場違いな存在に見えてくる。それと同じように、自然発生した戦略が既存の計画的な戦略を駆逐してしまう場合もあるだろう。しかし、想定外に生い茂った雑草は、本当に迷惑な存在なのだろうか。視点を変えると、計画せずに創発的に形づくられた戦略がきわめて有益なものになる場合もある。実際、欧州の人々は、米国で雑草として忌み嫌われているタンポポの葉をサラダにして喜んで食べている。

・**新しい戦略を組織内に浸透させていくプロセスは、意識的にマネジメントできる。しかし、つねにそうする必要があるわけではない。**新しい行動パターンが組織内に広がっていく過程は、かならずしも、正式な肩書をもったマネジャーや、非公式な旗振り役の人物が主導して計画的におこなう必要はない。雑草が庭に生い茂るように、多くの人たちがそれぞれ独立して行動することにより、新しい行動パターンが広がっていく場合もある（カナダ国立映画庁の長編映画のケースはその典型だ）。もちろん、新しい戦略が有益なものだと認識されれば、それを計画的に広げていけばいい。好ましい植物を選んで増やしていくのと同じことだ。

・こうした雑草モデルのマネジメントに必要なのは、戦略を計画的に考案することではなく、自然発生的に形づくられつつある戦略を見落とさず、必要に応じて介入することだ。生えてきた雑草が有害なものであれば、見つけ次第ただちに引き抜いたほうがいい。しかし、素晴らしい果実をつける可能性があるのなら、見守るべきなのかもしれない。場合によっては、温室の中に入れてやってもいいだろう。要するに、重要なのは、多様な戦略が根を張ることのできる環境をつくり、実際に生まれてきた戦略を見守り、想定外のものがあったとしても、早々と引き抜きすぎないようにすることだ。マネジャーは、既存の戦略を活用すべきときと、それに取って代わる可能性のある新しい戦略の形成を後押しすべきときを見極めなくてはならない。

◆――マネジメントのあり方

第3章で述べたように、マネジメントの本質はどの組織でも共通しているかもしれないが、4つの組織形態ごとのマネジメントの違いは確かにある。

パーソナル型組織の野放図なマネジメント

パーソナル型組織のマネジメントは、もっぱら最高位者が制約なしにおこなう。その人物が「ハブ」の中心に陣取り、それ以外の人やものごとはすべてその人物を中心に動く。部署ごとのマネジャーはいるが、そうしたマネジャーたちもたいてい、最高位者の指示により行動する。

規模の大小を問わず、起業家的な組織を訪ねて観察してみればいい。おそらく、最高位者以外のすべての人が最高位者のほうを見ているだろう。「私の話をよく聞いてほしい」と、大手スーパーマーケットチェーンの創業者が幹部会議で述べるとき、この人物を縛る要素はほぼ存在しない。組織構造は最小限にとどまり、基準らしい基準もない。事業計画すら設けられていない場合もある。私は以前、ある有名な小売チェーンの店舗で店長を務めている人物に尋ねたことがある。どうして、そのチェーンでは商品の在庫切れが多いのか、と。すると、こんな言葉が返ってきた。「創業者が計画を嫌うんですよ」

マイクロマネジメントは悪だとよく言われる。最高位者は大局的なことに専念し、細かいことはほかの人たちに委ねるべきだ、というのだ。しかし、この助言がつねに正しいわけではない。これはパーソナル型に限ったことではないが、この種の組織ではとくに留意すべきだ。**大きなビジョンは、現場からヒントを得ながら一筆一筆描いていく必要がある。**この点を見落としてはならない。現場でマネジメントをおこなうことをマイクロマネジメントと決めつけて、否定すべきではないのだ。**傑出した起業家とは、現場の細部を統合して、包括的な戦略ビジョンを編み上げることに長けた人物だ。**それを実践するためには、戦略を練り上げて実行に移すという発想ではなく、具体的な行動と抽象的な推論の間を行き来し続けることが求められる。行動することによって思考し、思考することによって行動し、行動することによって……という繰り返しをおこなう必要があるのだ。

第3章で示したマネジメントのモデルに即して言えば、すべてのマネジャーは、マネジメントの3つの次元（情報、人間、行動）でマネジメントをおこなわなくてはならないが、パーソナル型組織では、とくに行動の次元での活動が多くなる。情報の次元で内部のコントロールをかなり実践することに加えて、行動の次元において、内部での実行と、外部との取引を活発に実践するのだ。

マネジメントのジレンマに関しては、とくに以下の2つが問題になる可能性が高い。❶権限委譲の板ばさみ

――情報の多くが私的なもので、文書化されておらず、マネジャーの地位のおかげで入手できるものである場合、どのように権限委譲をおこなえばいいのか。❷自信の罠――どうすれば、傲慢への一線を越えることなく、適度の自信を保ち続けられるのか。

プログラム型組織の微調整型マネジメント

パーソナル型組織でカギを握るのが最高位者だとすれば、プログラム型組織でカギを握るのは組織構造だ。この種の組織では、マネジャー（トップマネジャーとミドルマネジャーと現場マネジャー）がアナリストの力を借りて、戦略をプログラムに組み込む。戦略は概して、安定していて大きく変わらない。そこで、**官僚的な組織を絶えず微調整し続けることがマネジャーの役割になる。**こうしたことは、混乱を避けるためにとくに重要だ。「不確実性は最大の敵」なので、内部でいざこざが持ち上がらないように、しっかり蓋をしておく必要がある。

私は以前、アフリカのタンザニアで国際赤十字が運営する大規模な難民キャンプを訪ね、そこで働くマネジャーたちと数日過ごしたことがある。場所は、ルワンダおよびブルンジとの国境近く。これらの国で残虐行為が起きてまだほどない時期のことだ。そのとき、私はプログラム型組織における微調整型マネジメントを目の当たりにした。その難民キャンプでは、このうえなく常識と乖離した環境で、いたって常識的なマネジメントがおこなわれていたのである。すべてが奇妙なほど静寂で、あらゆることがしっかりプログラムされていた。この種の難民キャンプは、きっかけさえあれば一瞬にして大混乱に陥る危険がある。だから、マネジャーたちは、どんなに小さな火種に対しても、神経質なくらい徹底した対処をしなくてはならない。（注89）

プログラム型組織のマネジャーは、組織が軌道からそれないようにし、混乱を防ぎ、対立を抑え込むために、できるだけ組織を閉鎖的にしようとする傾向がある。工場の現場責任者は、邪魔な訪問者を工場の外に追い払い、

CEOは、口を挟んでくる取締役を遠ざけようとする。したがって、この種の組織のマネジメントでは、情報の次元において内部のコントロールをおこなうことが大きな意味をもつ。

それでも混乱が発生してしまった場合——言い換えれば、プログラムが計画どおりに機能しなかった場合——は、いわゆる「例外によるマネジメント」を実践することになる。そのような例外的な事象に対処するために、プログラム型組織のなかにあっても、マネジメント層はアドホクラシーとして、つまり、柔軟に、協働を通じて活動しなくてはならない。そうやって組織を再び軌道に乗せるのだ。

マネジメントのジレンマに関しては、とくに以下の4つが問題になる可能性が高い。❶分析の迷宮——分析によって細かく分解された世界を、どのようにしてひとつにまとめればいいのか。❷現場との関わりの難題——マネジメントという行為の性格上、マネジャーがマネジメントの対象から乖離することが避けられない状況で、どうすれば現場の情報を途切れることなく入手し続けられるのか。❸数値測定のミステリー——数値測定に頼れないときに、どのようにマネジメントをおこなえばいいのか。❹変化の不思議——継続性を保つ必要があるときに、どうやって変化をマネジメントすればいいのか。また、「自信の罠」も見落とせない。組織階層の上層部にいると、強大なコントロール権限をもつため、自信が傲慢に転じることはいとも簡単だ。

プロフェッショナル型組織の対外的マネジメント

プロフェッショナル型組織においては、階層のあり方がプログラム型組織とは大きく異なる。専門職たちは、その職種におけるステータスの階層で自分より上位に位置する人たちのほうを見る。一方、マネジャーたちは、その組織における権限の階層で下位に位置する非専門職たちのほうを見る。その結果、両者は、いわば夜の海ですれ違う船のように、互いに深く関わり合わないまま生きている。

プロフェッショナル型組織で働くマネジャーは、組織内のどの階層にあっても、専門職たちを監督するのではなく、支援することを役割としている。たとえば、病院では、医療面の責任者とは別に事務長が存在し、（新しい医療機器の購入などに関しては）寄付者からの、あるいは（より大規模な資金に関しては）政府などからの安定的な資金調達を実現する一方で、こうした外部で影響力をもつ人たちの介入を払いのけ、医療専門職たちがなるべく医療行為に専念できるようにしている。政府機関関係者や取締役のなかには、メリトクラシー（能力主義）で動いている組織に官僚主義を押しつけようとする人たちがいる（そのような人たちは、「死亡率の値を計算しろ」「私がトラック運転手をコントロールしたみたいに、ここの働き手たちをコントロールしろ」などと言ったりする）。そのため、**プロフェッショナル型組織のマネジャーたちは、外部で影響力をもつ人たちを招き入れることと、締め出すことの間で、繊細なバランスを取らなくてはならない。**

もうひとつ繊細なバランスが求められるのは、内部の専門領域の間でしばしば生じる縄張り争いへの対応だ。**プロフェッショナル型組織のマネジャーは、対外的には利害を主張し、対内的には利害を仲裁するという非対称的な役割を自覚する必要がある。**外部に対して組織全体の利害を主張する一方で、内部では、さまざまな専門職たちがみずからの利害を主張し合う状況に向き合わなくてはならないのだ。(注90)

マネジャーの役割としては、対外的役割の比重が大きくなる。つまり、情報の次元でコミュニケーションをおこない、人間の次元で人と関わり、行動の次元で取引（とくに交渉）をおこなうことが重要になるのだ。プロフェッショナル型組織のマネジャーは、内部の人々を導くことよりも、外部の人々と関わること、内部でものごとを実行することよりも、対外的に取引をおこなうこと、そして、コントロールすることよりも、説得すること、人々に力を与えることよりも、人々の力を引き出すことが求められる。こうしたことすべてを見事にやってのけられるマネジャーは、ほかの組織形態におけるマネジャーのような権限をもっていなくても、きわめて大きな影響力をもつ場合がある。

マネジメントのジレンマに関しては、とくに以下の2つが見過ごせない。❶分析の迷宮――分析によって細かく分解された世界を、どのようにしてひとつにまとめればいいのか。❷変化の不思議――継続性を保つ必要があるときに、どうやって変化をマネジメントすればいいのか。

プロジェクト型組織の関与型マネジメント

ここまでの3つの組織形態において、マネジャーの仕事は、マネジャー以外の人たちの仕事とかなり明確に区別できる。しかし、プロジェクト型組織の場合は違う。**プロジェクト型組織では、マネジャーがプロジェクトチームに深く関わる一方で、働き手であるエキスパートたちがマネジメントのプロセスに深く関わることも多い。**働き手がマネジメントの役割を担うパターンとしては、実務を通じて先例を積み上げ、それが戦略として定着するケースが挙げられる。今風の表現を使えば、**「分散型」のマネジメントである。**ここでもまた、旧来のカテゴリーの線引きが曖昧になっているのだ。

しかし、プロジェクトチームの分権化が進んでいる結果、チームがどこかへ漂流しかねないことを考えると、上級マネジャーたちは、一貫した戦略の下に、さまざまな活動を束ねる役割が求められるのかもしれない。具体的には、最もうまくいくやり方を実践するように、プロジェクトチームを「ナッジ」(軽く肘でつついて行動を促す)するのだ。半導体大手インテルの経営を担ったアンドリュー・グローブは、みずからのマネジメントについて語る際、このナッジという言葉を好んで用いた。(注91) パーソナル型組織やプログラム型組織の場合、マネジャーが働き手をナッジすることはあまりない。それよりも、しかるべき行動を取るよう命令する。プロフェッショナル型組織で高度なスキルをもった人たちの行動をナッジすることも容易でない。しかし、**なんらかのプロジェクトを通**

じて革新を目指す組織では、みんなで協働して前に進むためにナッジが不可欠だ。

このタイプの組織でマネジャーが担う対内的役割として、ものごとを実行すること（つまり、プロジェクトにみずから携わること）が重要だとすれば、対外的役割としては、外部の人々と関わることと、取引をおこなうことが重要になる。プロジェクト型組織では、あらゆるレベルのマネジャーがセールス部員のような性格を強くもつのだ。この点は、アドホクラシー的な建築設計会社やコンサルティング会社のパートナー（共同経営者）たちがよく知っているとおりだ。プロジェクトは永久に続くわけではないので、マネジャーは、ある程度安定的に新しいプロジェクトを受注し続けるようにしなくてはならないのだ。また、この種の組織を機能させるためには人的ネットワークづくりが大きな意味をもつので、情報の次元で対内的のみならず、対外的に「コミュニケーション」を実践することも重要になる。

マネジメントのジレンマに関しては、とくに以下の2つの影響が大きい。❶計画の落とし穴——多忙をきわめる日々にあって、どのようにして未来を見据え、計画を立て、戦略を練り、ものを考えればいいのか。❷行動の曖昧さ——微妙な差異が大きな意味をもつ複雑な環境で、どのように決断力を発揮すればいいのか。加えて、「上っ面症候群」とも言うべきものもある。目の前の仕事を片づけなくてはならないという強烈なプレッシャーのなかで、どうすればものごとの理解を深められるのか、というものだ。

まとめると、パーソナル型組織では、最高位者がすべての中心だ。それ以外のマネジャーがいたとしても、おおむね最高位者の指示に従う。プログラム型組織のマネジャーは、とくに想定外の混乱に対処することにより、組織が円滑に機能し続けるようにシステムを微調整することが重要な役割だ。それに対し、ほかの2つの形態では、個々の専門職や、エキスパートのチームが大きな権限をもっており、マネジャーは、コントロールすることよりも、つながることが大きな役割になる。人々とプロジェクトを互いと結びつけ、さらには外部の世界と結びつけるのだ。その一方で、日常のマネジメントの多くは分散型でおこなわれる。

◆──現実世界と4つの組織形態

本書で論じてきた4つの組織形態は、現実的なものと言えるのか。これらの組織形態は、本当に存在するのか。そもそも、「現実的」とはどのようなことなのか。本書では、これまで紙や画面の上で言葉や図表を見てきた。それらは、いわゆる「現実世界」の一部ではないにしても、現実に存在している。現実世界にあるものはすべて、それぞれの形で現実的な側面と非現実的な側面の両方をもっているのだ。

現実は、私たちの小さな脳が受け止めるにはあまりに大きい。そこで、現実を単純化して、アイデア、コンセプト、フレームワーク、モデル、形式、理論など、いわば現実の写し絵を利用することになる。私たちはこうしたものの助けを借りて、自分が遭遇する現実を理解する。つまり、私たちがおこなうべきなのは、理論か現実かの選択ではない。現実を写し取ろうとする複数の理論のうちでどれを選択するかを考えるべきなのだ。これは、意思決定をおこなうマネジャーだけでなく、本書を読んでいる読者にも実践してほしいことだ。その際は必然的に、特定の状況において最も有益な理論を──完璧な理論というより、たとえ不完全でも、その状況で選択可能ななかで最良の理論を──選ぶことになるだろう。もし本書での私の試みが実を結んでいれば、ここまでの記述を通じて4つの組織形態が読者の頭の中に確かに存在していて、読者が組織について理解し、組織を設計する助けになるはずだ。

本書では、それぞれの組織形態に関していくつもの例を紹介してきた。しかし、個々の例を掘り下げて検討すれば、ひとつの組織形態の枠に収まり切らない側面があることに気づくはずだ。たとえば、フットボールのチームは、基本的には高度にプログラム化されたプログラム型の性格が強い組織だが、プレーヤーは専門職として徹底したトレーニングを受けている。それに、官僚的な組織のなかにも、アドホクラシーの性格が強い部署はある（広告部門など）。逆に、どんなに創造性の高い組織にも、官僚的な部署はかならず存在する（会社に届く郵便物を扱う部門など）。また、NGOの「国境なき医師団」は、専門職である医療関係者を集めて、被災地などでプロジェクトを運営していると言える。一方、テレビのメロドラマは、工場の組み立てラインから送り出される自動車さながらに画一的に見えるときがある。

このように例外的なケースがあることを理由に、4つの組織形態という考え方そのものを捨てるべきなのか。そんなことはない。例外は、現実に存在しているだけでなく、ありふれた現象だからだ。特定の類型にあらゆる面で当てはまる組織は存在しないが、類型に目を見張るほど近い組織は少なからずある。本書ではここまで、主に類型にほぼ当てはまる組織について論じてきた。言ってみれば、組織を整理棚に分類してきたのだ。以下では視野を広げ、4つの組織形態の枠を超えた議論に進む。

第IV部

組織を形づくる7つの基本的な力

ときには、組織形態の類型に関心を払うより、さまざまな力によって形づくられるシステムという視点で組織を見たほうが賢明な場合もある。組織には、さまざまな力が作用している。ある組織が現状の組織形態を取っている理由を理解したければ、それらの力について理解することが不可欠だ。第12章では、４つの組織形態のそれぞれに大きな影響を及ぼしている力について説明する。そして、第13章では、４つの組織形態すべてで大きな役割を果たしている３つの力を紹介する。

第12章

4つの組織形態で作用する「4つの力」

4つの組織形態には、次ページの図表12-1に示すように、それぞれで大きな役割を果たしている力がある。パーソナル型では「統合」、プログラム型では「効率」、プロフェッショナル型では「熟達」、プロジェクト型では「協働」である。

本章ではこのそれぞれの力について述べるが、手短にとどめる。すでに、個々の組織形態を論じるなかで触れてきたからだ。

◆――パーソナル型組織の「統合」

一般的に、パーソナル型組織では、組織全体が足並みを揃えて行動する。最高位者に権力が集中しているため、そのひとりの人物がほかのすべての人たちの行動を統合できるのだ。

　また、プログラム型組織が破産の瀬戸際に追い込まれるなど、ほかの組織形態の組織が危機に陥り、組織全体が足並みを揃える必要が出てきたときも、どのような改革を実行すべきかを打ち出し、その改革に向けてすべての人の行動を統合できるリーダーに出番が回ってくることが多い。

　平時のプログラム型組織で行動の統合を担うのはシステムだが、そうしたシステムは、危機の際には十分に機能しない。そこで、立て直しが完了するまでは、パーソナル型組織のような形態を取る場合があるのだ。

　一方、プロフェッショナル型組織は一般的に、統合の必要がほとんどない。この種の組織で働く専門職たちは、ほかの人たちから独立して行動する場合が多いためだ。

　また、プロジェクト型組織は統合の必要があるかもしれないが、通常の場合、その役割は、プロジェクトとプロジェクトを結びつけるネットワークが担っている。

図表12-1
4つの組織形態と4つの力

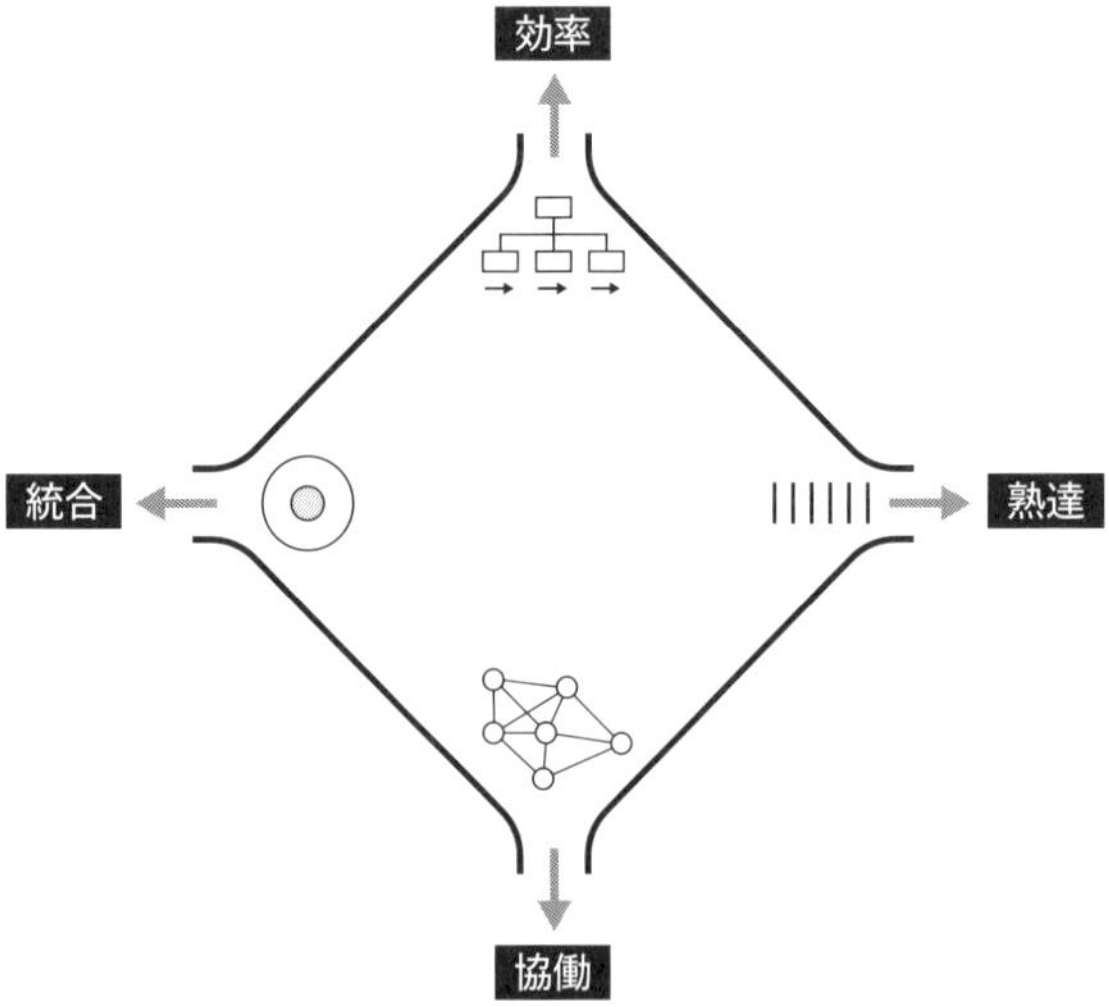

しかし、危機に直面すると、プロフェッショナル型やプロジェクト型も、統合を強化するために、不承不承であってもパーソナル型組織に転換せざるをえなくなる場合がある。

◆——プログラム型組織の「効率」

「もっと秩序が必要だ」という言葉は、プログラム型組織では半ば決まり文句のようになっている。すでにかなり秩序が存在していても、この種のことが言われる場合が多い。ここで言う「秩序」とは、たいてい効率のことだ。要するに、一定量のインプットが生み出すアウトプットの量を増やそうというわけだ。それにより、人的資源などのリソースの使用量を最小限に抑えることを目的にしている。

プログラム型組織は、そもそも効率を重んじるようにできている。また、それ以外の形態の組織も、効率を重視する必要に迫られた場合、プログラム型のような性格を強める傾向がある。いずれの場合も、テクノストラクチャーのアナリストたちがさらに多くの活動を計画し、さらに多くの数値計測を課し、さらにルールを厳格化するという道をたどる。

しかし、やりすぎは悪い結果を招く。すでに述べたように、プロジェクト型組織は非効率であることによって成果を生み出しているし、プロフェッショナル型組織では効率が熟達の足を引っ張る場合がある。一方、パーソナル型組織にはたいてい効率を高める余地が残っているが、最高位者はアナリストに口を挟まれることをどこまで許容できるだろうか。

◆プロフェッショナル型組織の「熟達」

私たちがプロフェッショナル型組織に求めるのは、圧倒的に高いレベルの熟達だ。病院であれば、たとえば股関節置換術を完璧に成功させること。レストランであれば、町で最高の料理を提供すること。野球チームであれば、ミスなくダブルプレーを完成させること。この種の組織に対しては、機械のような効率を求めるわけではない（1日当たりの股関節置換術の実施件数を増やしてほしいとは思わない）。創造的な協働を求めるわけでもない（新しい股関節置換術の術式に挑戦してほしいとは思わない）。統合を求めるわけでもない（股関節置換術と隣の手術室の心臓移植手術を一体化させたいとは思わない）。私たちが求めるのは、専門職たちに力をもたせ、できる限り高いレベルで仕事をさせることだ。

◆プロジェクト型組織の「協働」

プロジェクト型組織で重きをなすのは協働だ。イノベーションを促進するために、それが必要とされる。過去に例のないカスタマイズされた問題解決策を編み出すには、一般的に、人々が緊密に協力し合うことが不可欠なのだ。確かに、この種の組織でもプロジェクトの統合は必要だが、それは自然にネットワークが形成されることにより達成される場合が多い。また、プロジェクトチームは業務に熟達していなくてはならないが、個人単位で熟達している必要はなく、協働によってしかるべき水準に達していればいい。効率に関して言えば、ある程度の効率はあらゆる組織でつねに必要だが、効率がイノベーションを後押しするとはとうてい言えない。

組織の形態と力は、どちらが原因で、どちらが結果なのか。これは、ニワトリが先か卵が先かという類いの話だ。卵がなければニワトリは生まれないが、ニワトリがいなければ卵は生まれない。それと同じように、**力が組織形態の確立を後押しし、組織形態が力の発揮されやすい環境をつくる。**要するに、この両者は互いに補強し合う関係にあるのだ。

第13章

すべての組織形態に関わる「3つの力」

4つの組織形態でそれぞれ中心的な役割を果たす4つの力とは別に、すべての組織形態で触媒的な役割を果たす3つの力が存在する。**ひとつは、「文化の注入」。この力は、組織内の人々を同じ方向に引き寄せることにより、組織の一体性を強める作用がある。ほかの2つの力は、逆に組織の一体性を弱める作用をもつ。まず、「上からの分離」。この力は、組織内の部署と部署を切り離す。もうひとつは、「対立の浸食」。この力は、組織内の人と人、部署と部署を引き離す。**図表13-1に示したように、「分離」は上から課されるもの、「文化」は組織全体に広がるもの、「対立」はいわば水面下で進むものだ。

◆上からの分離——部署と部署を切り離す

本書の第Ⅱ部で分業について論じた。おさらいすると、組織ではさまざまな役職を差別化し（切り離し）、そ

図13-1

すべての組織形態に関わる3つの力

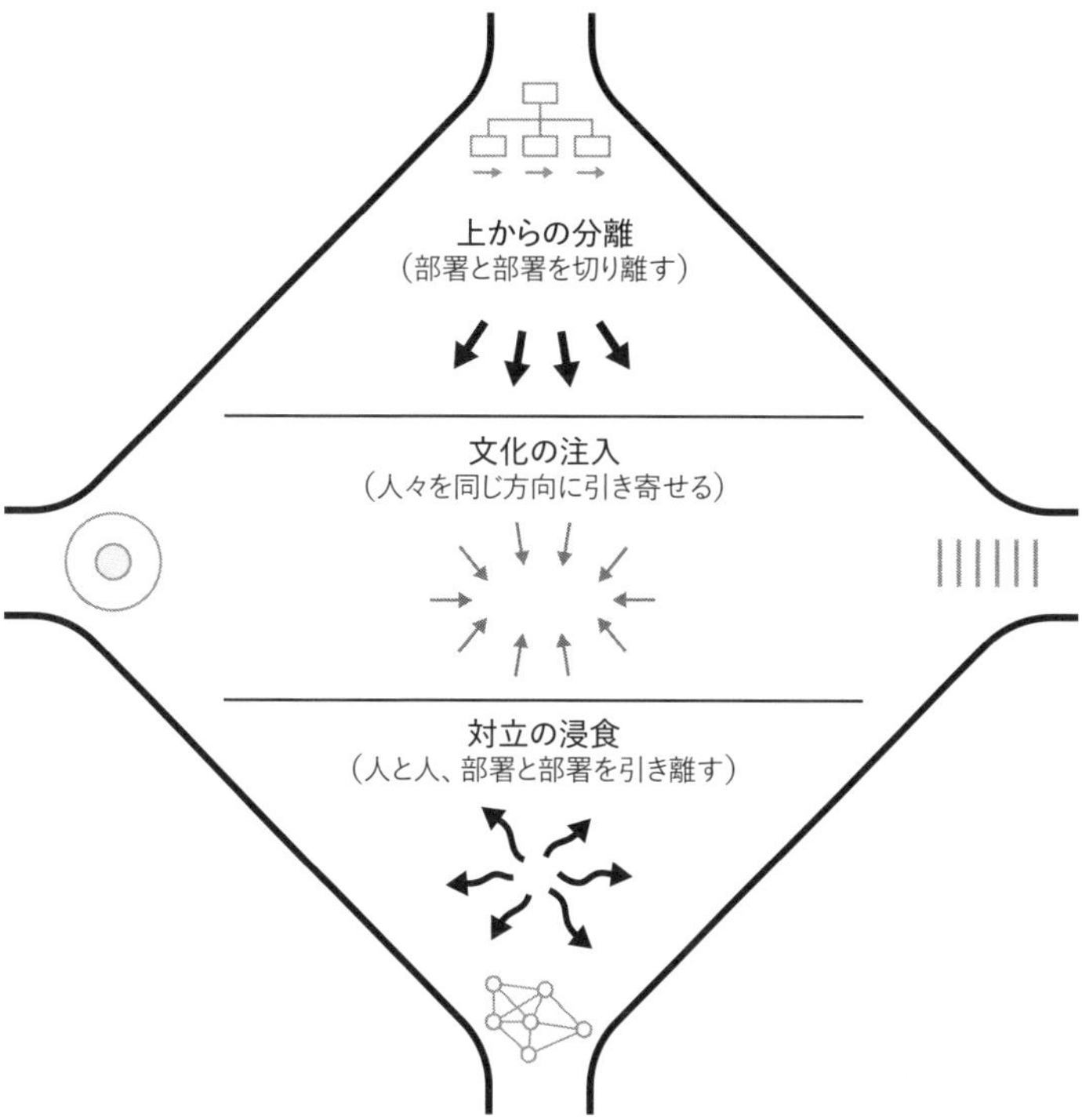

のうえで調整のメカニズムを駆使して、それらの役職を結びつけている。また、第5章で述べたように、組織においてはさまざまな役職がグループ化されて部署が構成される。そして、それぞれの部署は、「サイロ」と「スラブ」によってほかの部署と切り離されている。そこで、それらの部署を一体化させるために、さまざまな横方向のつながりがつくり出されたり、計画とコントロールの仕組みが設けられたりする。

しかし、**ときには、部署の分離をさらに推し進めて、部署ごとの独立性を高めるべきケースもある。**その場合に採用される調整のメカニズムは、緩やかな方法、すなわち成果の標準化だ。それぞれの部署は中央のマネジメント層から言い渡された目標を達成することが義務づけられるが、意思決定の権限の多くは各部署に委譲される。これが「上からの分離」である。既存の組織構造の上に、部署ごとの分離の仕組みを上乗せするのだ。たとえば、電話会社が固定電話サービス、携帯電話サービス、インターネット接続サービスなどのサービスごとに別々の部署を設置するのはこのパターンだ。

◆文化の注入——組織内の人々を同じ方向に引き寄せる

第2章で述べたように、どの組織にも独自の文化、つまりその組織なりのものごとのやり方がある。たとえば、学問の研究室は銀行とは雰囲気が違う。というより、研究室ごとに雰囲気が違ったりもする。グループ化が組織の骨格で、システムが組織の筋肉と血液だとすれば、文化は組織の精神と言える場合もある。ここで「場合もある」と言ったのは、文化のなかには、ありきたりで、ほかの組織と大差ないものもあるからだ。実際、私の地元にあるいくつかのスーパーマーケットの文化には、あまり違いがないように見える（一方、組織ごとの文化のほかに、業界ごとの文化が形成されている場合もあるし、エンジニアなど、職種ごとの文化が確立されている場合もある。それに、ドイツの文化とイタリアの文化といった具合に、国によって文化が異なると言われることもある）。

独特の文化をもたない組織は、独特の性格をもたない人間のようなものだ。骨と肉ばかりで魂がない。それと異なり、独特の文化をもつ組織では、独特のものごとのやり方が確立されている。強力な文化が形づくられることにより、組織構造に魂が吹き込まれるのだ。言ってみれば、染料が透明な水を色づけるように、文化が組織に浸透していく。

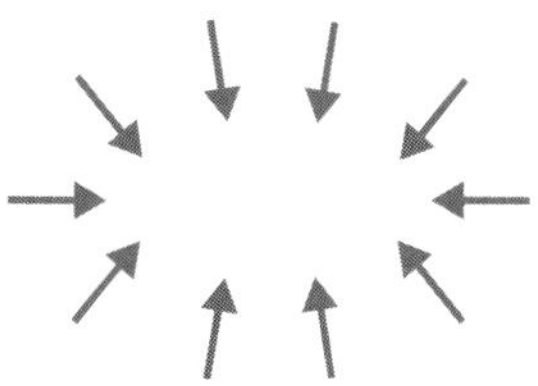

「3人のレンガ職人」の寓話を聞いたことがある人は多いだろう。レンガを積んでいる男のひとりに、なにをしているのかと尋ねると、レンガを積んでいるのだという答えが返ってきた。もうひとりの男に聞くと、教会を建てているとのことだった。そしてもうひとりの男に聞くと、全能の神のためのモニュメントを建てているとのことだった。やっていることは同じでも、人々が単に給料のために働くのではなく、**コミュニティの一員として結束するのは、3人目のレンガ職人のような発想をする場合だ。このような共同体志向の発想は、「コミュニティシップ」とでも呼ぶべきものである。**

この考え方は、リーダーシップ偏重の思考を乗り越えるために役に立つかもしれない。たとえば、こんなイメージだ(注92)。

ミツバチもアリも、1匹では生き延びることができない。けれども、大勢集まると、その1匹1匹が複雑な生命体を構成する細胞のように活動し、集団としての知恵と適応力を発揮する。その知恵と適応力は、

——個々のミツバチやアリの知恵や適応力の総和をはるかに上回る。（注93）

この種の現象は、「シナジー」という言葉でしばしば表現される。2＋2が4ではなく5になるみたいに、部分がバラバラになっているより、部分が一体になったほうが多くの成果を生み出せる場合があるのだ。**組織は概して、強力な文化の下で人々が地位の違いをあまり意識せずに働けるとき、より大きな成果を上げられる。**そのような組織では、工場の清掃係だろうと、オフィスのマネジャーだろうと、誰もが組織をよりよい場にするために各自の役割を果たすことによって評価される（強力な文化がどのように機能するかについては、194ページの囲みを参照）。

ほかのタイプの組織が外部に目を向け、自分たちと似たような組織がやっていることに関心を払うのに対し、この種の組織は、内部に目を向け、自分たちのミッションを情熱的に追求しようとする。スポーツでスター選手のいないチームが下馬評を覆して優勝することがあるのは、こうしたことが理由なのかもしれない。そのようなチームの選手たちは、類い稀なるエネルギーをもって試合に臨む。その結果として、2＋2が5になるのだ。スター選手は金で買えるかもしれないが、選手の強い思いは金では買えない。同じように、学校やホテルに足を踏み入れた瞬間、ほかの学校やホテルとは明らかに異なる印象を受けることがある。働く人たちが細部に目を配り、きびきびと精力的に行動している。その人たちが顧客に奉仕できるのは、その人たち自身がマネジャーたちから敬意をもって扱われているからだ。

2つのホテルの物語

以前、やむない事情により、よく利用していたイングランド北部のホテルがあった。そこは、いかにも大手のホテルチェーンという感じで、要するに魂のないホテルだった。スタッフの入れ替わりも激しく、日本への国際電話をかけたところ（まだ携帯電話が普及する前の話だ）、1分間につき10ドル請求されたこともあった。実際のコストは、1セントくらいだったのに、である。あるとき、そのホテルをチェックアウトしたあと、イングランドの湖水地方に足を延ばし、私たちのマネジメント教育プログラムで利用する候補として考えていたホテルを訪ねた。そのホテルに入った途端に、その場のエネルギーを感じることができた。そこには、魂があった。スタッフは適材適所に配されており、大切に扱われていて、宿泊客をもてなしたいという気持ちをもっていた。「案内係」のつくり笑いではなく、スタッフは心からの笑みをたたえていた。

組織が魂をもっているとは、どういうことなのか。魂のある組織は、見ればすぐにわかる。それは、組織の隅々にあらわれるのだ。私はそのホテルのレストランで食事をしたとき、配膳係の男性に、近くのハイキングコースについて尋ねた。その人物は知らなかったらしく、支配人を呼んでくれた。支配人はすぐにやって来て、詳しく教えてくれた。そのあと、受付の若い女性とおしゃべりしたとき、どれくらいここで働いているのかと尋ねたところ、その女性は、4年になりますと誇らしげに答えた。そして、ホテルの幹部たちの在職年数も教えてくれた。支配人は勤続14年、副支配人は12年、営業部長もそれと同じくらい長く働いているとのことだった。

スタッフにせよ、顧客やマネジャーにせよ、人はたいてい、機会さえあれば他人への気遣いを示したいと思っている。人間に魂があるのであれば、ホテルや病院や学校にも、さらに言えば銀行や電話会社にも魂があっていいはずだ。

エンゲージメントの高い組織
（執筆：ウォレン・ニルソンとタラ・パドック）

職場へのエンゲージメントをいだいている人たちは、自分が生き生きとしていて、創造性を発揮し自信をもって行動していると感じている。そして、仕事を通じて成長していると思っていて、状況が厳しかったり、重圧が激しかったりするときでも、毎日出勤するのが楽しいと語る。以下では、私たちがこれまで目の当たりにしてきたことをもとに、エンゲージメントの高い組織でしばしば見られる6つの主要な慣行を紹介する。

普通の組織		エンゲージメントの高い組織
職業上の能力開発 キャリアの目標を実現するために、どのようなことができるか。	▶	**個人の成長** 人生の目標を実現するために、どのようなことができるか。
役職 職場でどのような役割を果たすか。	▶	**資質** 職場にどのような強みや情熱や好奇心をもたらすか。
人間のマネジメント どうすれば適切な人材を確保できるか。	▶	**人間関係のマネジメント** どうすれば職場の人間関係を適切なものにできるか。
ミッション 目標はなにか。どうすれば、それを達成できるか。 ・ミッションは言葉で表現される。それは、理解されるべきものである。 ・ミッションは追求すべきものとされる。 ・ミッションは「答え」である。 ・ミッションは組織の目標によって牽引される。	▶	**パーパス** 存在意義はなにか。どうすればそれを実践できるか。 ・パーパスは経験されるものである。それは、実践されるべきものである。 ・パーパスは探索すべきものとされる。 ・パーパスは「問い」である。 ・パーパスは組織よりも高次の価値観によってはぐくまれる。
単一のメッセージ 適切なのは、どのような言葉か。誰がその言葉を発するべきか。	▶	**分散した声** どうすれば、ひとりひとりが組織における経験を自分なりの言葉で表現できるか。
互恵的やり取り お互いになにを求めるか。	▶	**共創** パーパスに沿う形で、どのように一緒に創造と構築をおこなえばいいか。

出所：コーチング・アワセルブズ（CoachingOurselves.com）のモジュール
「エンゲージメント――単なる同意にとどまらず」の資料より抜粋

強力な文化の形成

強力な文化は、3つの段階を経て形成される。土台づくり、拡散、強化の3段階だ。

- **第1段階　しばしばカリスマ性のあるリーダーを中心に、強い使命感とともに文化の土台が築かれる**：すべては、カリスマ性のあるリーダーが胸躍る特別なものを生み出すことから始まる。こうしたことは、歴史のある組織よりも新しい組織で実現しやすい。新しい組織では、手続きや伝統が確立されておらず、人々が緊密な個人的関係をはぐくめるからだ。人々が同じ方向に引き寄せられやすいのである。それに対し、既存の組織では、固定観念や手続きが固まっているため、そうしたことがはるかに難しい。ただし、歴史のある組織でも、なんらかの大きな出来事──新しいカリスマ性のあるリーダーがやって来たり、危機により大変革が必要になったり──をきっかけに、それまでのものごとのやり方を一時停止して、新しい文化をはぐくめる場合もある。
- **第2段階　先例やストーリーを通じて、新しい考え方が拡散される**：組織のメンバーが協働して意思決定をおこない、行動を取るうちに、先例が確立されていき、やがてそれが伝統になる。また、人々の心を鼓舞するような出来事があれば、ストーリーの形で繰り返し語られる。とりわけ魅力的なストーリーは、いわば「サーガ」（叙事詩）のように語り継がれる。そして、それらのストーリーがいくつも合わさって、その組織特有の歴史が形づくられる。こうして、その組織は次第に、フィリップ・セルズニックの有名な表現を借りれば「価値観が注入」されて、ひとつの「制度」になる。つまり、それ自体としての生命をもち、「自我を獲得し、独自のアイデンティティをもった」システムになるのだ。(注94)
- **第3段階　帰属意識と社会化を通じて文化が強化される**：このような組織は、単に大勢の人を無計画に寄せ集めただけの集団ではない。それは生きたシステムであり、そこには独自の伝統とストーリーがある。したがって、その組織の一員であり続けるためには、そうした文化やストーリーをすべて受け入れなくてはならない。その組織に忠誠心をいだくメンバーになる必要があるのだ。そこで、組織は「社会化」や「教化」と呼ばれる手法により、新規のメンバーの忠誠を制度化し、既存のメンバーの忠誠をより強固なものにしようとする。具体的には、さまざまな社交イベントなどがその手立てになる。

強力な文化は、以上のプロセスを経て築かれる。そのプロセスは、ゆっくりと忍耐強く進めなくてはならない。そうやって確立された文化は、簡単には変わらない可能性があるが、文化を破壊することはいたって簡単だ。第8章で紹介した「組織の問題点を手っ取り早く修正する『5つの簡単な方法』」を思い出してほしい。5つの方法は、いずれもが強力な文化の大敵だ。

4つの組織形態と強力な文化

強力な文化は、4つの組織形態すべてではぐくまれる可能性があるが、組織形態によって相性のよしあしはある。多くのパーソナル型組織は、第1段階との相性がよく、強力な文化の確立に向けて前進していると言えるだろう。この種の組織では、創業者である起業家が独自のビジョンを追求し、そのビジョンに引きつけられた人たちが集まってくる。創業者は、そのような人たちを家族同然の存在と考えて、会社が危機に直面しても、解雇を避けるために最大限の努力を払う場合が多い。しかし、創業者がいなくなれば、こうしたこともすべて突然おしまいになりかねない。

プログラム型組織は、これとは正反対である場合が多い。標準、システム、ルール、数値指標といった要素は、人々が強い信念とともに結束することを後押しするとは言い難い。しかし、プログラム型組織でも、ときとして強力な文化が見られる。「軽快な官僚組織」とでも呼ぶべき組織が存在し、組織の血と骨のなかに魂と活力が浸透しているのだ。コリン・ヘールズは、そのような組織を「ビュロクラシー・ライト」（軽度な官僚制）という言葉で表現している。ヘールズによれば、その種の組織は「ネットワーク型組織へ大胆に移行しているわけではないが、より限定的な変化を通じて、既存の官僚組織とは異なる形態の官僚組織へと転換している。階層組織とさまざまなルールは維持されるが、それらは、より軽微で、より無駄のないものになる」という。(注95)

プロフェッショナル型組織では、組織への帰属意識よりも、個人としての意識や職種への帰属意識が強くあらわれる。それでも、病気の人を治療することや子どもを教育することなどのミッションの下、強力な文化が築かれるケースは珍しくない。プロジェクト型組織の場合は、強力な文化が築かれる傾向がもっと強い。この種の組織には、協働の精神が浸透しているためだ。権力が分散していることもこの傾向を後押しする要因になるが、プロフェッショナル型組織と同様、メンバーが自分の意見を主張して対立が生じる危険もある。

◆――対立の浸食――組織内の人と人、部署と部署を引き離す

こんな言葉がある。「すべての仕事は、2種類にわかれる。ひとつは私の仕事、もうひとつはあなたの仕事だ。私の仕事でおこなうのは、あくまでも公共心に基づく提案であり、たまたま（遺憾なことに）私の親しい友人を昇進させたり、（さらに遺憾なことに）私自身を昇進させたりするにすぎない。一方、あなたの仕事でおこなわれるのは、公共心に基づく提案を装いつつも、あなた自身やあなたの友人を昇進させることを目指す邪悪な陰謀で

ある」[注96]

私の手元にあるオックスフォード大学出版局の辞書によると、「対立」とは「深刻な不一致」のこと、「政治」とは「組織内や集団内で権力を獲得したり、権力を行使したりすることに関わる活動」とされている。この2つの言葉は、一緒に用いられることが多い。異なる当事者が権力の獲得もしくは行使を目指すとき、不一致が生まれるのだ。そこで、以下ではこの両方の言葉を用いて話を進めることにする。

どのような組織でも、人々の単なる性格の不一致も含めれば、程度の差こそあれ、なんらかの対立を経験する。たいてい、対立は限定的なものにとどまり、人々はなんとかうまくやっていく。しかし、そうではないケースもある。たとえば、分譲マンションの管理組合では、マンションの市場価値を高めるために豪華な改修をおこなうべきだと主張する人たちと、出費を最小限に抑えたいと考える人たちがいるかもしれない。ほとんどの場合、両陣営の対立は議論を交わすだけにとどまるが、ときには冷戦状態に発展する場合もある。

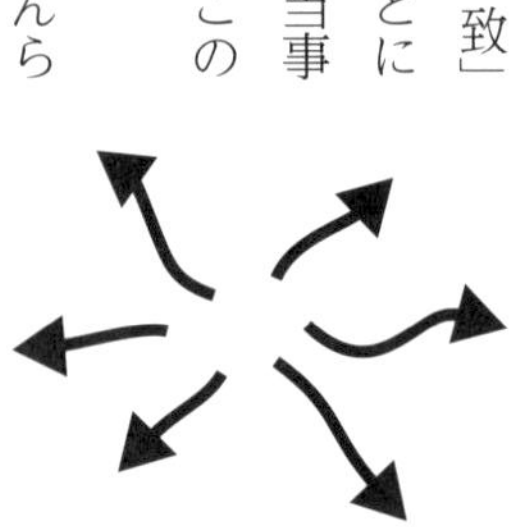

強力な文化が組織内の人々を同じ方向に引き寄せる（求心力を発揮する）**とすれば、対立は組織内の人々を引き離す**（遠心力を発揮する）。対立は強力な文化を引き裂く場合があり、強力な文化は対立関係にある人たちを結束させる場合がある。この2つの要素は、正反対の方向に作用するのだ。

組織でものごとを成し遂げようとする人たちにとって、対立と政治は、邪魔なものとしか思えないだろう。実際、組織づくりの目的が秩序の確立だとすれば、対立は秩序を乱す作用をもつ。しかし、視野を広げると、対立は文化と同じくらい自然な現象だ。ミツバチでさえ、それを実践している。

ミツバチの群れでは、下見係のハチが花畑を探しに行ったり、新しい巣を設ける場所の候補地を調べに行ったりする。そして、巣に戻ってくると、それぞれの場所の特徴を「ダンス」でほかのハチたちに伝える。ハチたちは、どの場所がいちばん好ましいかをみんなで決めて、巣を移動することが決まった場合には、みんなでそこへ向けて飛び立つ（ミツバチは、私たち人間より民主的にものごとを決めているのだ！）。しかし、ある研究者は、自分が目の当たりにしたものに驚かされた。

＊　＊　＊

2つのグループの下見係のハチたちの間で、競争が始まった。片方のグループは、いまの巣から北西方向に位置する場所への引っ越しを提案し、もう片方のグループは、北東方向の場所への引っ越しを提案している。両者とも引き下がるつもりはない。やがて、群れが新天地に向けて飛び立った。そのとき、私は目を疑った。ハチの群れが分裂しそうになったのである……2つの下見係のグループはそれぞれ、自分たちのグループが選んだ候補地へ、群れを誘導しようとしているように見えた。しかし、群れが2つに分裂することはありえない。片方のグループが女王蜂不在になってしまうからだ。そこで、空中で激しい綱引きが始まった。まず北西へ100メートル飛び、そのあと北東へ150メートル、といった具合だ。それが30分くらい続いたあと、群れは元の巣に戻った。そしてただちに、両方のグループがダンスをおこない、自分たちの候補地への引っ越しを誘い始めた。翌日になってようやく、北東のグループが引き下がり、ダンスをやめた。こうして、合意がまとまり、北西方向に移動することになったのである。(注97)

人間もミツバチと同じように、強い協働志向をもっている半面、ときに強い競争志向を示すことがある。私たちは、文化により同じ方向に引き寄せられるが、対立により引き離されるのだ。私たちは意見が対立すると、ときに「政治的策謀」をおこなう。正式な制度の枠外で水面下の行動を取るのである。こうした説明を聞くと、ある種のゲームのような印象を受ける人もいるかもしれない。実際、それはさまざまな政治的ゲームの集合体と考えて差し支えない。それらのゲームのなかには、権限や専門知識、文化に支えられた正規の力に挑むなどして、正式な構造を打破しようとするものもあれば、正規の力を非正規な形で用いようとするものもある。

組織における政治的ゲーム

以下に挙げたのは、組織でしばしば見られる13種類の政治的ゲームである。(注98)

- **反乱のゲーム**：組織で権威に抵抗することを目的におこなわれる場合が多いが、専門知識や既存の文化に抵抗したり、変化を起こしたりすることが目的の場合もある。このような性格上、弱い立場の人たちが、正規の力による重圧を強く感じている際に実践するケースが多い。
- **反乱鎮圧のゲーム**：正規の力をもっている側が反乱に対抗するためにおこなう。具体的には、政治的行動を取ったり、正規の行動を政治的動機で実行したり（教会が対立者を罰するために破門するようなパターン）する。
- **後ろ盾のゲーム**：地位の高い人物を利用して、みずからの権力基盤を強化することを目的とする。自分より地位の高い人物に忠誠を誓うのと引き換えに、影響力を引き出そうとするのだ。
- **同盟づくりのゲーム**：同格の人たちが実践する。たいていはラインマネジャーだが、ときにはスタッフ部門のエキスパートたちもおこなう。互いに助け合うことを暗黙に合意しつつ、それぞれの利害の追求を目指す。
- **帝国づくりのゲーム**：とくにラインマネジャーが権力基盤を築くためにおこなう。ほかの人たちと協力するのではなく、個人単位で実践する。具体的には、みずからの担当部署の規模を拡大させようと画策するのだ。

- **予算のゲーム**：より多くの予算を獲得するために、公然と、そしてかなり明確なルールの下でおこなわれる。「帝国づくりのゲーム」と似ているが、こちらのほうが分断の程度が小さい。人員の奪い合いではなく、あくまでも予算の奪い合いだからだ。よくあるパターンは、資金が余ったときに、それがほかのことに使われてしまう前に、特段必要でないものごとのために用いようとするというものだ。
- **専門性のゲーム**：専門性をひけらかしたり、装ったりする。エキスパートは、自分のスキルや知識をひけらかし、それが自分独自のもので、ほかの人にはないものであることを強調しようとする。また、知識を秘密にしておくことにより、自分の専門性がプログラム化されることに抵抗しようとする場合もある。一方、専門性をもたない人物は、自分が専門性の持ち主であるかのように装おうとしたり、自分の業務を専門的なものに見せかけようとしたりする。自分をプロフェッショナルと位置づけてもらうことにより、自分の業務を自分でコントロールできるようにしたいと考えるのだ。
- **君臨のゲーム**：権限がない人や権限の弱い人に対して、正規の権限を振るう。マネジャーは部署のメンバーに正式な権限を行使し、公務員は市民をコントロールし、専門家は非専門家に対して専門知識で上に立つ。
- **ライン対スタッフのゲーム**：ライン部門とスタッフ部門の間で、きょうだい喧嘩のような対立が生まれる。そうした対立を通じて、自分の権力を拡大するだけでなく、対立勢力に打ち勝とうとするのだ。正式な権限をもつライン部門のマネジャーと、専門知識をもつスタッフ部門の人物が衝突する。ここでは、両者とも、正規の権限を非正規な形で行使する。
- **陣営間対立のゲーム**：これも対立陣営に勝つことを目的に実践される。組織内で2つの陣営が形成されて、両者が競い合う。「同盟づくりのゲーム」や「帝国づくりのゲーム」の結果として2つの陣営が生き残った場合に、このゲームがおこなわれることもある。この戦いはゼロサムゲームの性格をもつので、あらゆる政治的ゲームのなかで最も激しい分断を生みかねない。ときには、内戦状態と言っても過言でない状態になることもある。対立は、部署と部署の間（たとえば、建築現場のエンジニアリング部門と設計部門）で戦われることもあれば、個人と個人の間（CEOの座を目指す2人の幹部など）や、異なるミッションを追求する人たちの間（刑務所で受刑者の拘束を重んじる職員と更生を重んじる職員など）で戦われることもある。

- **戦略の候補をめぐるゲーム**：みずからが好む戦略上の選択肢を採用させるために、個人やグループが政治的手段を駆使しておこなう。このゲームをプレーするのは、アナリストの場合もあれば、現場業務を担うオペレーターの場合もあるし、マネジャーやCEOの場合もある（このゲームの枠内で、ほかのさまざまなゲームがおこなわれることもある）。
- **内部告発のゲーム**：このゲームは組織に変化を起こすことを目的としており、シンプルで、ごく短期間で完了する。ただし、ほかのゲームとはやや性格が異なる。内部者（たいていは高い地位に就いていない人物）が限定的な情報を用いて、組織内の非倫理的行動や違法な行動を告発する。そのために、影響力のある部外者や、組織内でより高い地位にある人物、ときには取締役会のメンバーに情報を流す。このゲームは、「犯人捜し」により妨げられることが多い。そうした妨害工作は、「反乱鎮圧のゲーム」の一種と位置づけられる。
- **体制転覆のゲーム**：目指すものは、あらゆるゲームのなかで最も大きい。変化を起こしたり、正規の権力に抵抗したりするだけでなく、正規の権力に疑問を投げ掛け、場合によっては体制を倒すことを目的とする。強い決意をもった少数の内部者──互いの結束は強く、多くの場合は権力の中枢から遠い場所にいる──が組織の戦略や文化を変えたり、指導部を交代させたりするために実行するのだ。

「後ろ盾のゲーム」や「君臨のゲーム」「予算のゲーム」「ライン対スタッフのゲーム」など、一部のゲームは、それ自体は正規の行動ではないかもしれないが、正規の影響力行使のシステムと共存する。というより、正規のシステムが存在しなければ、この種のゲームをおこなうことはできない。一方、「反乱のゲーム」や「体制転覆のゲーム」は、正規の権力が存在する場でおこなわれるが、正規の権力とは対立するものと言える。

4つの組織形態と対立

一般的に、最も対立が少ない組織形態はパーソナル型組織かもしれない。多くの場合は、すべてのものごとに緊密に関与する最高位者が早い段階で対立の火種を鎮火するからだ。もちろん、最高位者がつまずけば、その人物を追い落とすための「反乱のゲーム」や「体制転覆のゲーム」が始まる可能性がある。しかし、そのようなゲームを成功させることは容易でない。現実の世界に目をやると、独裁者たちがいつまでも権力の座に居座り続けているケースがあまりに多い。独裁者は、権力を振るうための道具——独裁政治家であれば軍隊、企業トップであれば大勢のおべっか使いたち——をコントロールしているためだ。

プログラム型組織では、分業が徹底されることにより「サイロ」と「スラブ」が形成されるため、派閥意識が生まれ、小規模な権力の基盤を確立することを目指す政治的ゲーム（「帝国づくりのゲーム」「予算のゲーム」「後ろ盾のゲーム」「ライン対スタッフのゲーム」）が実行されやすい。この種の組織では、コントロールが徹底されているため、激しい対立を伴うゲームは実行されにくい可能性があるが、それでも「君臨のゲーム」や、ときには「反乱のゲーム」「体制転覆のゲーム」「内部告発のゲーム」もおこなわれる場合がある。

プロフェッショナル型組織とプロジェクト型組織では、権限のシステムは比較的弱く、専門性のシステムが強いため、組織内で権力が分散する傾向がある。その結果として、政治的ゲームがおこなわれやすい。内部者同士が対立して、小規模な権力の基盤を確立しようとしたり、対立陣営と戦ったりするケースが目立つ。とりわけ、プロフェッショナル型組織は、イデオロギーにより複数の陣営に分裂しやすく、プロジェクト型組織は、「戦略の候補をめぐるゲーム」の舞台になりがちだ。

対立と政治の建設的な機能

内部の対立が分断を生み出し、大きなコストを発生させることは、ここで長々と論じるまでもないだろう。本来なら有益な目的に費やせたはずの膨大なエネルギーが政治的ゲームに浪費されている実態は、誰もがよく知っている。しかし、見落とされがちなのは、対立と政治が建設的な役割を果たす場合もあるということだ。

一般論として、組織で正規の影響力のシステムが欠陥をもっている場合は、それを是正するために政治的行動が必要とされる。このようなケースで政治のために用いられる手段は（その性格上）非正規のものだが、そのような手段があるからこそ、正規の目的を追求できる場合もあるのだ。内部告発者が上司の不当な行為を暴露するのは、そのひとつのパターンだ。この点に関しては、２つのことを指摘したい。

第一に、影響力のシステムとしての政治は、優勝劣敗的な形で、最も実力のあるメンバーがリーダーの地位に就く状況をつくり出す。組織における権限の仕組みの下では、単一の指揮命令系統が好まれる結果、実力の乏しい上司が実力のある部下を抑え込んでしまうケースが出てくる。それに対し、政治は、それとは別のコミュニケーションの経路と昇進のプロセスを生み出すことができる。たとえば、「後ろ盾のゲーム」により、実力の乏しい上司を飛び越して昇進を果たす人物があらわれるかもしれない。また、対立に対処することは、マネジャーの重要な仕事のひとつだ。したがって、政治的ゲームにより、それぞれの人物のリーダーとしての資質が浮き彫りになる。小競り合い程度の対立であれば二線級の人物でも対処できるかもしれないが、本格的な競争に対処するのは最も高い能力の持ち主のほうがいいだろう。まとめると、政治的ゲームを通じて、人々の能力が明らかになるうえに、実力の乏しい人物を出世競争から脱落させることができるのである。

第二に、正規の影響力のシステムによっては、ある問題のひとつの側面しか推進されない場合に、政治は、その問題の別の側面を推進する機能を果たせる。その結果として、組織は、既得権の持ち主たちがそれまで抵抗してきた変化と、否応なしに向き合うことになる場合もある。「内部告発のゲーム」はそのわかりやすい例だ。権限のシステムは、情報を集約して上層部に提供する機能をもつため、ひとつの考え方だけを推進する傾向がある。このプロセスで推進されるのはたいてい、権限をもっている人たちに歓迎されるとすでにわかっている考え方だ。また、専門性のシステムは、評価を確立しているエキスパートへの権力の集中を促進する。それに伴い、組織には、その人たちがもっている思考様式や手法が深く浸透している。さらに、強力な文化の土台には、強固に根を張っている思考が存在する。その点、政治は、「戦略の候補をめぐるゲーム」や「内部告発のゲーム」「体制転覆のゲーム」などを通じて、これらの障害を克服して必要な変化を起こすための「見えざる手」――というより、「背後の手」と言うべきかもしれないが――として機能する（政治のこれ以外の利点については、第16章で「政治アリーナ」を取り上げる際に論じる。政治アリーナとは、組織全体が政治に飲み込まれるパターンだ）。

言うまでもなく、政治的対立により、好ましくない状況が是正される場合ばかりではない。ときには、状況が悪化する場合もある。問題の解決策が元の問題以上に大きな害を生む危険もあるからだ。また、政治的課題のなかには、実現してもしなくても問題ないものもある。そのような課題自体は、よいものでも悪いものでもない。たとえば、強い影響力をもつ人物がとりあえず刷新を望むような場合だ。その要望に応えるための政治は、建設的とも有害とも言えないが、活動に費やされる時間は、好ましい結果をもたらさない。その間、ほかのことに活用できたはずの資源が失われてしまう。このようなケースでは、政治は早く沈静化するほうが好ましい。

◆文化と対立は共存する

文化と対立は、組織内で共存する。ただし、その引き寄せる力と引き離す力がぶつかり合ったり、2つの力が牽制し合ったりする場合がある。図表13－2aと図表13－2bにあるように、**文化の一体性が対立を抑制し、対立が過度に一体性の高い文化の力を和らげるのだ。**

この2つの図でも矢印が多くのことを物語っている。さまざまな当事者が自己利益を追求して行動する状況では、対立による遠心力が組織をバラバラにしかねない。しかし、文化による求心力がそうした遠心力を抑制できる可能性がある。たとえば、プロジェクト型組織の内部でエキスパートたちが互いに対立していても、決定がくだされたあとは、対外的に足並みを揃えて行動するようなケースを考えればいいだろう。逆に、強力な固定観念をいだきすぎている文化の下、組織が圧壊しかねない状況では、対立の爆発力によって文化の開放性を高められる場合もある。

要するに、**組織にとって欠かせない動的なバランスを維持するためには、文化と対立の緊張関係が必要なのだ。**

図表13-2a

文化が対立を抑え込む

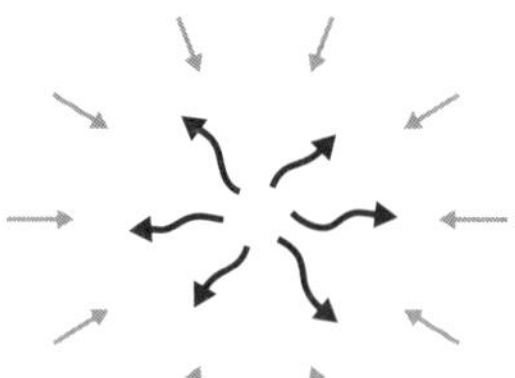

図表13-2b

対立が文化の開放性を高める

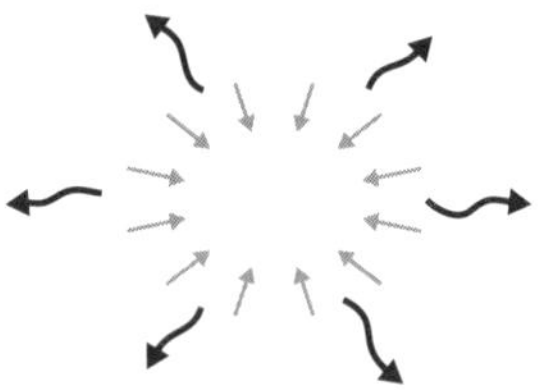

第V部

さらに3つの組織形態

4つの組織形態でそれぞれ大きな役割を果たしている力があるように、前章で論じた3つの力に対しても、それぞれの影響力が大きい組織形態がある。「分離」による自律性の影響が強い場合は「事業部型」（第14章）、強力な「文化」の影響が強い場合は「コミュニティシップ型」（第15章）、「対立」の影響が強い場合は「政治アリーナ型」（第16章）とでも呼ぶべき組織形態が生まれる。

この3種類の組織形態は、すでに論じた4種類の組織形態に比べれば重要性が小さいかもしれないが、それでもこれらの形態についても知っておく必要がある。事業部型は、非常によく見られる形態で、プログラム型組織の延長線上にある場合が多い。コミュニティシップ型は、それよりも珍しい形態だが、その実例を見ると、非常に大きな役割を果たせることに驚かされる。一方、政治アリーナ型は、きわめて極端な形態であるために、一時的なあり方にとどまる場合が多い。

第14章

事業部型組織

あなたがカナダでカヌーをつくる会社を営んでいるとしよう。カヌーを製造しているのであれば、カヤックもつくってはどうかという話が持ち上がる。原材料と製造工程と顧客がほとんど変わらない新事業に乗り出し、市場を拡大させようというわけだ。すると、次はパドルをつくってはどうかという話になる。原材料は違うけれど、顧客は変わらない。その次は、船着き場をつくろうという話になる。確かに、一部の顧客は、自分専用の船着き場を買おうと思うだろう。すると、その次は砕氷船をつくってはどうかという話が出てくるかもしれない……。いやはや。

こうして「多角化」が進む。それまでとは異なる製品へと進出し、さらには異なるビジネスへと進出していく。これは、企業だけでなく、多元セクターや政府セクターの団体もしばしば歩む道だ。**多角化の出発点は、既存の製品やサービスと関連のある製品やサービスに乗り出すこと**（カヌーからカヤックへ）。そして、**最終的には、当初の製品やサービスと関連のない製品やサービスにも乗り出し、コングロマリットに移行する**（砕氷船へ）。とりわけ米国の大企業の世界では、コングロマリットが形成されては、やがて事業の整理統合がおこなわれるということが繰り返されてきた長い歴史がある（詳しくは後述する）。

多角化は、「事業部化」をもたらす。複数の別々の事業をおこなう会社は、それぞれの事業ごとに別々の部門――「事業部」と呼ばれることが多い――を設けるようになる。そして、本社部門が成果基準を課すことにより、それらの事業部をコントロールする。ただし、そうしたコントロールは、「監督《オーバーサイト》」と呼べる場合もあれば、「見落とし《オーバーサイト》」と言うほかない場合もある（この点についても後述する）。それぞれの事業部がどれくらいの自律性をもてるかは、ほかの事業部との差異の大きさによって決まる。冒頭の例では、砕氷船部門はカヤック部門より大きな自律性をもつことになるだろう。

これが「事業部型組織」である。国家やＮＧＯの領域では、「連邦」や「連盟」といった言葉で呼ばれる場合もある。たとえば、カナダはいくつもの州で構成される連邦国家だし、国際赤十字・赤新月社連盟は世界中の国々に２００近い支部をもっている。(注99)しかし、この組織形態が最もよく見られるのはビジネスの世界なので、以下では主にビジネスの事例をもとに議論を進めて、最後にそれ以外のセクターについて検討することにする。

◆事業の拡大と事業の買収

事業の多角化は、組織が成長し、歴史を重ねるとともに進む場合が多い。組織が成長すると、既存の事業をさらに拡大させる機会を見いだせなくなり、歴史を重ねると、マネジャーたちが既存の事業の外に新しい機会を探したくなる可能性があるからだ。その点で、**歴史のある大企業が最終的になんらかの事業部型組織に移行するのは偶然ではない。**

カヌーからカヤックへの進出は、事業拡大の一例と言える。ある事業だけでなく、別の事業へ手を広げるパターンだ。こうしたことを繰り返しおこなう企業は、「水晶型の多角化」を実践していると言えるかもしれない。水晶が大きくなるのと同様のプロセスで、会社の規模を拡大させていくからだ。米国の3M社（サンドペーパーから出発し、あらゆる接着剤・塗料を手掛けるようになった）や、日本のパナソニック（電球ソケット関連の製品から出発し、幅広い家電製品をつくるようになった）がその例だ。このような企業は、安定的にイノベーションを生み出し続けているという点で、プロジェクト型組織としての性格ももっている。

組織は事業を拡大させるだけでなく、事業を買収する場合もある。「合併」という言葉で表現されることもあるが、その実態は買収による事業の獲得だ。たいてい、大きいほうの企業が小さいほうの企業を飲み込む。

同じ業界内の企業を買収する場合――あるビール醸造会社がほかのビール醸造会社を買収するなど――は、「関連多角化」と呼ばれることもある。なるほど、戦略の面では既存の事業と「関連」があるかもしれないが、**組織の面では、既存の事業と関連のある多角化などというものはありえない。**買収直後の時点で、2つのビール醸造会社の間の共通点は、いずれも自社がビールをつくっていると思っていることだけ。ブランドも別々だし、ビールの醸造方法も別々だし、マネジャーたちも別々だ。ビールづくりに関する文化も、組織のあり方に関する文化も異なる。これらの要素は、両方の組織が一緒に育て、統合していかなくてはならない。そのような取り組みは、ビールづくりに関する文化以上に、組織のあり方に関する文化について実行することが難しいかもしれない。人々が調和して一緒に仕事ができるようになるまでには、長い年数を要する場合もある。また、片方がもう片方を飲み込むのではなく、対等な形で真の「合併」がおこなわれる場合は、こうしたことはいっそう難しい可能性がある。すべての権限を握る人物が存在せず、協力し合うよう命じることができないためだ。そのような組織には、言ってみれば女王蜂的な役割を果たすCEOがいないのである。次に紹介するのは、ある養蜂家から聞いた話だ。

どうやって合併する？

養蜂家が2つのミツバチのコロニーを合体させたいとき、まずおこなうべきなのは、数日前に片方のコロニーから女王蜂を取り除くことです。2つのコロニーの間で激しい対立が生じるのを防ぐことが目的です。そのあと、ひとつの巣箱の中に両方のコロニーのハチたちを入れます。ただし、両者の間には新聞紙の仕切りを設置します。そして、その新聞紙には、いくつもの小さな穴を開けておきます。仕切りがないと、ハチたちは互いを攻撃し始めます。その点、このやり方であれば、それぞれのコロニーが相手方のにおいをじっくり嗅ぐことができるのです。しばらくすると、ハチたちは新聞紙を噛み切り、だんだんと双方のにおいが混ざり合い始めます。やがて新聞紙がなくなると、2つのコロニーが合併します。ときには、まったく別の種のミツバチでもひとつのコロニーを形成する場合があります。

事業拡大により社内で事業の多角化がおこなわれる場合は、これとまったく正反対のことが起きるケースもある。子どもは次第に親から離れていくが、親と完全に切り離されることはない。それと同じように、ある企業から分離独立した企業は、同じ会社から派生したほかの企業とつながり続ける。そもそも同じ文化から生まれているからだ。

ビール醸造会社にとって、製品ラインナップに「チェリービール」を加えることは難しくない。ビールに新しいフレーバーを加え、新しいラベルを印刷し、しかるべくマーケティングをおこなえばいい。こうしたことは、それまでと同じ従業員たちに担わせることができる。しかし、この会社が「フレーバービール部門」を設立し、チェリーだけでなく、バナナ風味やローズウォーター風味のビールもつくろうとする場合は、既存組織から切り離した事業部を新設することになる。言ってみれば、乳離れを進める必要があるのだ。しかし、絆が完全に絶たれることはない。人間関係は続くからだ。たとえば、バナナビール部門のベティは、長年の仕事仲間である本社部門のブルースに電話して、「ねえ、ブルース。この問題で力になってほしいんだけど」と言える。一方、企業買収により傘下に入ったビール醸造会社のアーサーには、相談できる本社の同僚がいない。

◆事業部型組織への移行のプロセス

ビジネスの世界では、事業部型組織への移行のプロセスは4つの段階にわけて説明されることが多い。(注100)

- **ステージ❶垂直統合**：最初は、事業活動の「チェーン」に沿って――たとえば、原材料調達→生産→マーケティング→販売という具合に――組織が完全に統合されている状態から始まる。ここでは、活動の調整は、業務の標準化もしくは成果の標準化により、中央でマネジメントされる。この「垂直統合」（ただし、図に示す場合はたいてい、縦ではなく、横にさまざまな活動が連なっているように描かれる）と呼ばれる段階では、「チェーン」の両端で、ほかの会社を買収したり、社内で新しい事業を育てたりする。たとえば、カヌーをつくる会社が、カヌーに用いる高機能素材のメーカーを買収したり、カヌーを販売するスポーツ用品店チェーンを買収したりするケースだ。この場合、異なる文化を統合する必要はあるかもしれないが、基本的には組織の機能面での統合は失われない。

- **ステージ❷副産物による多角化**：統合されている状態の企業がより広い市場を目指す場合、中間製品を市場で他社に販売しようとするケースもある。言ってみれば「副産物による多角化」を図るのだ。カヌー製造会社がほかのカヌー会社に、部品のひとつであるヨークを販売したり、アルミニウム製造会社がアルミ精製の過程で生じる化学物質を売ったり、輸送用トラックの空きスペースを売ったりといったパターンを思い浮かべればいい。こうしたケースでは、事業活動の「チェーン」に切れ目が生じる。それまでカヌーやアルミニウムを売っていた販売担当者が、新しい顧客を相手に、ヨークや化学物質やトラックの空きスペースを売らなくてはならなくなるからだ。それでも、組織構造のあり方は変わらない。
- **ステージ❸関連製品による多角化**：このステージへの移行は、副産物の販売が元々の製品の販売に匹敵するくらい重要になったときに始まる。カヌー会社がヨーク販売を大々的におこなうようになり、そのための専門の事業部を設け、より大きな自律性をもたせるのだ。
- **ステージ❹コングロマリットによる多角化**：事業部ごとに扱う製品やサービスが完全に差別化されているケースだ。カヌー会社が砕氷船の製造に乗り出すのは、このパターンに該当する。砕氷船は、カヌーとはまったく関係ない（経営陣の発想では、両方とも船の一種と位置づけられているのかもしれないが）。こうして、それぞれの事業部がひとつの会社として運営されるようになる。たとえば、カナダの電力会社イドロ・ケベックは、コンサルティング部門を設立して、エンジニアリングに関する卓越した知識を世界中の電力会社に提供している。

ここまでは主として、製品やサービスの多角化について述べてきた。しかし、**企業は、顧客や地域の多角化をおこなう場合もある。**たとえば、サマーキャンプ向けにカヌーを販売するようにしたり、イングランドの湖水地

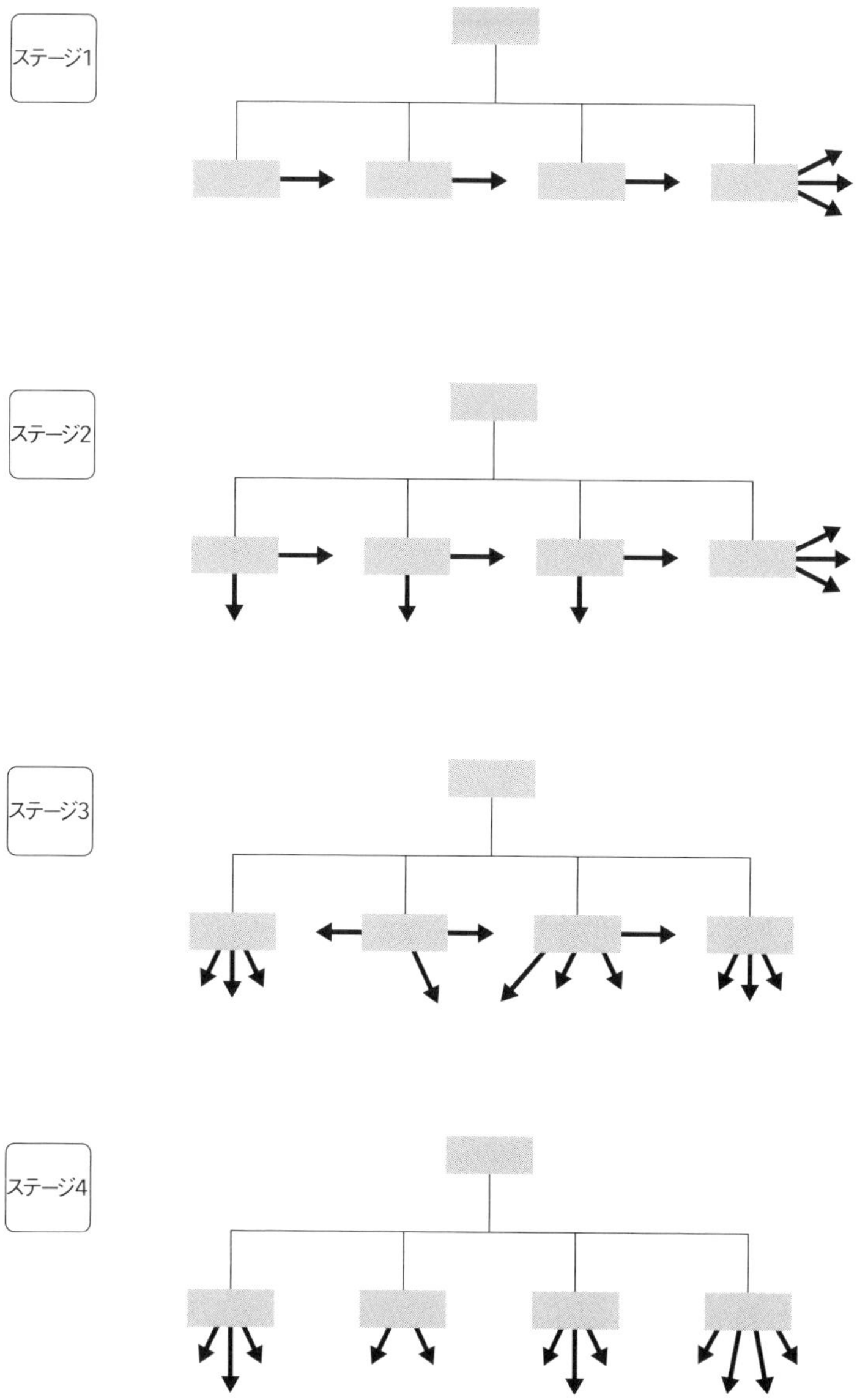
ステージ1
ステージ2
ステージ3
ステージ4

方のホテルにカヌーを販売するようにしたり、といったパターンだ。この場合、多角化の度合いは、製品やサービスの多角化に比べて限定的なものにとどまる。すべての顧客や地域に同じ製品やサービスを販売しているため、本社が一部の重要な業務機能をコントロールし続け（カヌーの販売はそれぞれの部門に委ねても、カヌーの設計は本社が決める）、その結果として組織の統合がある程度維持されるのだ。世界規模で店舗を展開するアパレルチェーンを思い浮かべれば、この点はよくわかるだろう。

事業部型組織の基本構造

真の事業部は、かなりの自律性をもって行動する。ほかの事業部はもとより、中央に位置する本社部門からも大きく独立しているのだ。主として、本社のアナリストたちによる成果のコントロールにだけ従う。アナリストたちは、目標を設定し、その達成状況をモニタリングするが、基本的にはそれぞれの事業部に介入することはない。事業部の運営は、それぞれの事業部のマネジャーが担うものとされているのだ。しかし、成績の指標が低迷し続ければ、本社部門が介入する場合もある。

事業部ごとの自律性が大きいとはいえ、いくつかの重要な機能は本社が担い続ける。❶自社内に擁する事業部のポートフォリオ管理（事業部の追加、維持、閉鎖、売却の決定）。❷事業部のマネジャーの任命と（必要な場合は）更迭。❸事業部への予算の割り振り（成長の余地が大きいとみなした事業部に予算を回し、成長の余地が乏しいとみなした事業部の予算を減らす。「ドル箱」部門が稼いだ資金をほかの部門に回すケースもある）。❹すべての事業部へのサポートサービスの提供（法務や、政府機関への対応など）。ジェームズ・オトゥールとウォレン・ベニスが連邦政府のあり方について用いた表現を借りれば、「中央が『なぜ』と『なに』を決めて、それぞれの部門が『どうやって』に責任をもつ」のである。(注101) このようなあり方を「分権化」と呼ぶべきなのだろうか。

事業部型組織は分権的と言えるのか

この問いに対しては、「イエス」と答える人が多い。しかし、この答えは正しくない。

事業部制が脚光を浴びるようになったのは、20世紀前半のことだ。業務機能別の部署によって構成されていた大企業が多角化に乗り出すと、異なる事業間で業務機能の調整（カヌーの販売と砕氷船の販売の調整など）をおこなうことが難しくなってきた。その点、事業部型組織へ移行することにより、それぞれの事業部のマネジャーたちは、みずからの担当する事業に集中できるようになった。問題は、これを分権化とみなせるのか、という点だ。確かに、意思決定権の大半を本社部門が握り続けるよりは、分権化されていると言えるかもしれない。しかし、事業部に委譲された権限の大半を、それぞれの事業部の上級幹部たちが握っているとすれば、それは分権化なのか。何千人もの人たちが働く会社で、ほんの一握りのマネジャーだけが途方もなく大きな権限を握っている状況は、分権的とは言い難い。第5章で用いた表現を使えば、**事業部型組織への移行は、垂直方向の分権化を限定的に実行しているにすぎない場合がある。**組織構造の一段階下部へ、権限を委譲しているだけなのだ。

この点は、事業部型組織の最もよく知られている例を見ればよくわかる。その実例は、「分権化」という誤った呼称で紹介されることが多い。ウィリアム・C・デュラントがいくつもの独立した自動車メーカー――シボレー、ビュイック、キャデラックなど――を寄せ集めて、ゼネラルモーターズ（GM）を設立したとき、本社部門のスタッフはほとんどいなかった。その後、1923年にGMの社長に就任したアルフレッド・スローンは、それぞれの部門のトップたちを管理する必要を感じて、事業部制を導入し、本社部門が財務面でコントロールを握るものとした。つまり、スローンはGMを分権化したのではなく、それまでよりも集権化したのである。ところが、スローンのやったことは、「分権化」という誤った言葉で表現され続けている（皮肉なことに、米国では事業部型組織を「分権的」と評することが多いのに対し、東欧のかつての共産主義諸国では、国有企業をコントロールするために同様の仕組みを用いており、西側諸国はそれを「集権的」だと呼んでいた）。

◆事業部型組織はプログラム型組織との相性がいい

理屈の上では、事業部型組織は、4つの組織類型のどのタイプで出現しても不思議でない。しかし、現実には、あるひとつの組織形態との相性がいい。

マクドナルドがアマゾンを買収したと想像してみてほしい。突飛に聞こえるかもしれないが、もしこの買収が実現すれば、ひょっとするとうまく機能するかもしれない。両社の事業の中身はかけ離れているが、いずれもプログラム型組織の性格が強いためだ。では、マクドナルドがアップルを買収する場合はどうか。こちらは、幸せな結婚生活にはならないだろう。その最大の理由は、アップルのエンジニアたちが生み出すイノベーションのアイデアと、マクドナルドのエッグマックマフィンの性格が大きく異なることにある。イノベーション志向の強いプロジェクト型組織は、プログラム型組織によるコントロールの下ではうまく機能しない。プログラム型組織では、本社部門のアナリストがエンジニアたちを厳しく指導して、効率性を追求させる結果、創造性が犠牲になる。

イノベーションを担う人たちには、拘束ではなく、自由を与えるべきなのである。

第6章の結論のひとつは、外部からのコントロールが強い組織ほど、中央集権的になり、組織構造が正式なものになるということだった。これらの要素は、プログラム型組織の主たる特徴でもある（この点は第8章で詳しく述べた）。事業部型組織でも、本社部門から基準を課されることにより、事業部の構造が正式化し、また、事業部の責任者に基準の達成が義務づけられることにより、事業部の組織が集権化される場合が多い。その結果、**事業部型組織においては、それぞれの事業部がプログラム型組織の性格を帯びやすい。**実際には、ほかの形態のほうが好ましい場合でも、そうなってしまうのだ。たとえば、プロジェクトには好不調の波がつきものだが、一定のペースで成果を向上させることを好む本社部門はそうしたことを極度に嫌う。

ジャック・ウェルチがゼネラル・エレクトリック（GE）のCEOに就任してほどなく、ウェルチに助言していた人物のひとりが本書の原型になった書籍を読んで、私に電話してきたことがあった。その人物は私にこう尋ねた——GEの事業部のなかでアドホクラシー的な性格の強い事業部をどのように扱えばいいと思うか、と。たとえば、GEのジェットエンジン製造部門は、電球製造部門に比べてアドホクラシー的と言えるだろう。この問いに対して、私が提案したのは、本社のテクノクラートたちを遠ざけておくべし、ということだった。それらの事業部をウェルチの個人的領土のように位置づければよいと、私は助言した。本社でパーソナル型組織の形態を導入して、そのような事業部を守ればいいのだ。

別のある会社は、痛い経験を通じて、こうしたやり方の有効性を思い知らされた。その会社とは、英国の複合企業ソーンEMIだ。これは、ジュールズ・ソーンによって創業された電球製造事業と、レコード会社のEMIミュージック、そしてそのほかのいくつかの事業を束ねていた会社である。この会社の幹部のひとりは、私にこう語ったことがある。「ソーンが死去したあと、どうやってこの会社を経営すればいいのか誰もわかっていないのです」。ソーンは、古典的な意味での事業部型組織ではなく、パーソナル型組織としてこの会社を経営していたように見える。**巨大な複合企業をせめて短期間でもうまく経営するためには、聡明なCEOが個々の事業を適材適所の人材にマネジメントさせる以外にないのだろうか。**

◆――コングロマリット化の弊害

少なくとも米国では、コングロマリットが成功を収めてきたとは言い難い。これまでに姿を消したコングロマリットは数知れない。成功した起業家が事業を多角化させてコングロマリットを築いたものの、やがて崩壊してしまう場合が多いのだ。

では、どうして、それにもかかわらず、コングロマリットという形態が繰り返し流行するのか。**それは、成功した企業ではしばしば、既存事業で高成長を実現する機会が不足する半面、自分たちならどんな事業でもうまく経営できると自信満々の経営幹部には事欠かないからなのかもしれない。しかも、そのような傾向は、企業がつねに成長し続けることを求める株式市場のアナリストたちによっても助長されているのだろう。**グーグルのように、ビジネス界のスーパースターとでも呼ぶべき企業に投資したいと考える投資家は多い。ベアトリス・フーズもそうした会社のひとつだった。この会社は、原点である乳業関連だけでなく、レンタカーや旅行鞄など、さまざまな分野の400もの企業を傘下に収めるようになった。しかし結局、このコングロマリットは崩壊した。ベアトリスは、乳業関連ビジネスではうまく利益を上げられたのに、どうしてほかの400の事業ではうまくいかなかったのか。そして、流行に乗ってこの会社に投資した投資家たちの期待は、どうして裏切られたのか。

コングロマリットがうまくいく例外的なケースもなくはない。たとえば、GEは、最終的に事業の整理統合をおこなうまで、長年にわたりコングロマリットとして成功を収めていた。また、コングロマリットが成功しやすい国や地域もある。アジアではとくに、うまくいっているコングロマリットが多い。たとえば、インドのタタ・グループは、目を見張るほど多くの事業を傘下に収めて成功している。これは、議決権のある株式を創業家でコントロールすることにより、株式アナリストたちの影響力を排除できているからなのか。あるいは、傑出したCEOがそれぞれの事業部のトップに適材適所の人物を選任し、その人たちにかなりの裁量を認める一方で、注意深くタタの文化を浸透させているからなのか。(注102)

一般的に、コングロマリットは、一通りの業務機能部門を揃えて単一の事業をおこなっている企業と比較されることが多い。しかし、経済発展への寄与という観点では、独立した企業――それぞれの取締役会とオーナーを擁する会社――の集合体と比較すべきかもしれない。この点で言うと、コングロマリットにはいくつかのメリットとデメリットがある。

❶**資本の効率的な配分**：コングロマリットでは、本社がそれぞれの事業の状況を詳しく把握し、傘下の事業間で迅速に資金を動かせると言われる。また、投資家もコングロマリットに投資すれば、より少ないコストで、より手っ取り早く分散投資ができるとされてきた（ただし、コングロマリットが事業を買収する場合は、割高な買収代金を支払うケースがあることは頭に入れておくべきだ）。

❷**ゼネラルマネジャーの育成**：コングロマリットの事業部のトップたちは、担当する事業のマネジメントを担う経験を通じてマネジメントのスキルを磨くことができる。しかし、マネジャーたちに独立性をもたせることにメリットがあるのなら、もっと大きな独立性を与えたほうがいいのではないか。コングロマリットでは、

事業部のマネジャーたちは本社に頼ることができ、また本社から頼られる場合もあるが、独立した企業のCEOは、自分の失敗の経験を通じてより充実した学習ができる可能性がある。ある著名な自称「コングロマリット解体人」は最終的に、解体したコングロマリットの傘下の事業を、その事業を担当していたマネジャーたちに売却することを選んだ。「その理由ははっきりしている。マネジャーたちは、自分たちのやっていることをよく理解していたからだ（注103）」

❸リスクの分散：コングロマリットを築いていくつもの事業に手を広げれば、ひとつの事業だけの場合よりリスクを分散できることは確かだ。しかし、別の意味でリスクが高まる可能性もついて回る。たとえば、コングロマリットを構成する原子力発電部門がウラン調達に関してひどい内容の契約を結び、それが原因でコングロマリット全体が経営破綻に追い込まれることもありうる。また、コングロマリットでは、ある事業が実質的に破綻していても、本社がその事業を立て直せると考えれば、現実が覆い隠されてしまう場合がある。それに対し、市場の力に委ねれば、破綻しつつある会社をもっと早期に市場から排除できる可能性がある。

❹戦略的機敏性：コングロマリットでは、事業の微調整はそれぞれの事業部がおこない、本社部門は事業のポートフォリオ管理に集中できる。しかし、本社が各事業部に対して、つねに成果を向上させ続けるよう強くプレッシャーをかけ続ける結果、事業部のマネジャーたちは、すぐには成果につながらない、リスクのある行動を敬遠しかねない。その点、独立した企業であれば、長い目で見てくれる投資家を見つけて、リスクを伴う行動を取れる可能性がある。「一部の例外はあるものの、大規模な新しい進歩は、業界の主要企業以外で起きる。その数少ない例外はたいてい、単一の商品を扱っていて、トップマネジャーたちが真の意味でのプロダクト・リーダーシップを目指している企業だ。……それに対し、事業を多角化させている企業は、小規模で漸進的な変化を継続的におこなおうとする（注104）」

まとめると、**コングロマリットの利点は、この形態を採用することで解決できるとされている問題――資本市場の非効率性や、独立した企業の取締役会の弱体性など――さえ是正されれば、もはや存在しないと言えるかもしれない。むしろ、自社の傘下にある事業の中身をよく理解できていない場合は、真の多角化ではなく、言うなれば「偽りの多角化」にしかならない。**(注105)こうしたことを考えると、経済的な観点だけでなく、社会的な観点から見ても、社会にとっては、個々の企業レベルで非効率を克服するための管理体制づくりを後押しするより、経済システムのなかで根本から非効率を是正するほうが好ましいのかもしれない。

パフォーマンス・コントロールのシステムの社会的パフォーマンス

事業部型組織においては、パフォーマンスの数値計測がなによりも重んじられる。そうしたやり方には、客観性があるようにも思える。実際、数字は嘘をつかないのでは？

実は、数字が嘘をつくことは少なからずある。数字をごまかす方法があることは、誰もが知っているはずだ。ときには、その結果として自分自身を騙してしまう場合すらある。(注106)しかも、数字は現実を正しく反映していない場合もある。(注107)こうしたことは、数値指標に頼る組織の社会的パフォーマンスに重大な影響を及ぼしかねない。

私は以前、「効率という汚い言葉について」と題した文章を記した際に、どうして「効率」という言葉が悪い印象をもたれるようになったのかを論じた。(注108)事実、「効率エキスパート」を名乗る人物の来訪を歓迎する人はまずいないだろう。では、なぜ「効率」という言葉は毛嫌いされるのか。この点を考えるために、2つの問いを検討しよう。まず、「効率的なレストラン」という言葉を聞いたとき、あなたが最初に連想するのはどのようなことか。サービスのスピードのことではないだろうか。ほとんどの人は、そうだろう（少なくとも英語圏ではそうだ。しかし、ほかのいくつかの言語では、効率性に相当する単語をもう少し異なる意味で使うこともある）。どうして、料理の質のことだと思わないのだろう。ちなみに、レストランが効率的だと聞くと、料理の質が心配になるというのは、私の父親の言葉だ。

もうひとつの問い。住宅が「効率的」だと言われたとき、あなたはどのような住宅を連想するだろうか。エネルギー効率の高い住宅を連想する人がほとんどだろう。しかし、家を買うとき、デザインや近所の学校の評判よりエネルギー効率を重んじて決める人は、どれくらいいるだろうか。

ではどうして、私たちはこのような連想をするのか。人は「効率」という言葉を聞くと、無意識に、最も数値計測しやすい要素に目が向くのだ。レストランで料理が提供されるスピードや住宅のエネルギー効率がそうだ。効率は、「数値計測可能な効率」に単純化されてしまうのである。このような傾向は、３つの深刻な問題を生む。

❶コストは概して便益より数値計測しやすいので、効率を追求すると、単なる倹約の推進になってしまうことが多い。計測しにくい便益を犠牲にして、計測しやすいコストを削減することばかりが追求されがちになるのだ。多くの国の政府が医療費や教育費を削減し、その結果として、計測しにくい医療や教育の質が低下しているのは、そのわかりやすい例だ。子どもたちが教室で本当に学んでいる内容を数値で示せる人など、どこにもいないだろう。企業のＣＥＯのなかにも、目先のボーナスを増やしたいという理由で、研究開発の予算やメンテナンスの予算を削る人たちがいる。あらゆる手段でオーケストラの効率を高めようとした学生（第１章で紹介した）も、その同類だ。

❷経済的コストのほうが社会的コストより計測しやすいので、効率を追求すると、社会問題を悪化させて

しまう場合がある。工場なりオーケストラなり学校なりの効率性を高めることは簡単だが、その代償として、空気や音楽や子どもたちの精神が「汚染」されかねない。

❸経済的便益のほうが社会的便益より計測しやすいので、効率を追求すると、金銭重視の思考様式になり、質が低下しかねない。効率を優先させると、ヘルシーな料理よりも、ファストフードを選びがちになる。

効率重視の発想と、効率改善のエキスパートには、警戒して接すべきだ。効率的な教育、効率的な医療、効率的な音楽、そして数値計測に熱中する組織にも用心したほうがいい。財務以外の指標も重視する「バランス・スコアカード」（BSC）も油断はできない。(注109) 財務以外の社会的な要素なども考慮しようという意図はよいとしても、数値計測しやすい要素を偏重する傾向があることには変わりがないからだ。「数値計測できないものは、マネジメントできない」とよく言われるが、そのようなことを言う人には、こう問い返そう――文化やリーダーシップ、そしてマネジメントという活動自体の成果を数値計測することに成功した人がいままでいただろうか、と。そもそも、数値計測を神聖なる目標のように位置づけるのではなく、数値計測という取り組みの成果を計測しようと試みた人がこれまでいただろうか。数値計測できるかどうかに関係なく、マネジメントすべきものはマネジメントすべきなのだ。

政府やNGOだけでなく、企業がおこなうことはすべて、経済のみならず、社会にも影響を及ぼす。ところが、マネジャーが数値指標にコントロールされる度合いが高いほど、みずからの行動が社会に及ぼす影響に意識が向かなくなる可能性が高い。その結果、事業部型組織では、マネジャーが社会に対して無責任とは言わないまでも、社会に及ぼす影響に無関心な状況が生まれやすい。私が思うに、この点は今日の組織が直面しているなかでとりわけ重大な問題のひとつだ。

◆──ビジネス以外の世界での事業部型組織

ビジネスの世界で新しい構造や手法が導入されると、その後、政府機関も追随することが珍しくない。事業部型組織という形態もそうだった。それに伴い、成績の数値評価を通じたコントロールも、政府機関で取り入れられるようになった。

この傾向を助長しているのは、**政府が究極のコングロマリットだということだ。**運輸、医療、教育、徴税など、さまざまな部門がひとつの政府の下に束ねられている。**そして、個々の省庁も、それぞれがコングロマリットの性格をもつ。**たとえば、どの国にもたいてい、運輸省やそれに類する省庁がある。一見すると、それでとくに問題はないように思えるかもしれないが、私に言わせれば、疑問がないわけではない。道路を走るトラックの規制と、空を飛ぶ航空機の管制と、海上を航行する船舶のパトロールは、いずれも対象が動く乗り物だという私たちの脳内の概念以外に、どんな共通点があるのか。

どうして、政府はこのような不自然な塊をつくり出すのか。もしかすると、閣僚の人数を抑えたいという事情があるのかもしれない。運輸省を3つに分割すれば、それぞれを担当する閣僚が必要になる。そして、ほかの省庁も同様に分割されれば、閣僚の数が増えすぎて、内閣はマネジメント不能の状態に陥るだろう。それよりは、個々の省庁がマネジメント不能になるほうがまだまし、ということなのかもしれない。

では、それぞれの部門をマネジメントする人物が別にいる状況で、運輸省のトップはなにをすることが役割なのか。この問いに答える前に知っておくべきなのは、組織において、やることがないマネジャーほど危険な存在はない、ということだ。マネジャーになるような人はたいてい、エネルギーに満ち溢れている。そうした人が暇をもて余せば、なにかやるべきことを見つけ出そうとする。新しい成績評価の指標を導入してみたり、互いに関係のない活動をしている部署のトップたちを集めて会議を開き、シナジーを生み出そうとしたり（実際には、シナジーなど生まれないのだが）。

政府のマネジメントに関わる問題を解決する手段として、「ニュー・パブリック・マネジメント」（＝新しい公共部門のマネジメント）――その実態は、「古い企業マネジメント」の手法にほかならないのだが――が脚光を浴びている。しかし、この手法を実践すると、ここまで述べてきたような問題の火に油を注ぎかねない。ニュー・パブリック・マネジメントの考え方によれば、政府の各部署のマネジャーたちに、（流行の言葉を使えば）「アカウンタビリティ」をもたせ、中央のテクノストラクチャーに属するアナリストたちの設定した目標を達成するよう義務づけるべし、ということになる。要するに、事業部型の組織構造を採用せよ、というわけだ。

しかし、このやり方では、問題はまったく解決しない。理由は3つある。第一に、すでに述べたように、政府機関が目指すべき目標は社会的なものであり、数値計測によって評価しにくい場合が多い。そのため、質が犠牲になりがちだ。第二に、国民に対して究極的に責任を負うのは政治家なので、政治家は自分たちが批判されることを避けるために、マネジャーたちに責任を問うことが多い。危機が持ち上がった場合には、マネジャーたちがやり玉に挙げられることになる。そして、第三に、機能不全の企業は市場で淘汰されるが、機能不全の政府機関を淘汰するメカニズムはどこにもない。その結果、問題が解決されず、ますます悪化していくことになる。

過剰な数値評価が公教育にどのような影響を及ぼしたかを考えてみてほしい。たとえば、多肢選択式のテストは、きわめて効率的であることは確かだが、子どもたちが想像力を発揮する妨げになっていないだろうか。医療の分野はどうか。英国の官僚機構のある高官は、どうして保健省はそんなに数値指標を重んじるのかと尋ねられたとき、このように答えた――「現場で起きていることがわからない以上、ほかになにができるでしょう」。いや、オフィスに閉じこもっていないで現場を訪れて、なにが起きているかを見ればいいのではないか。そうすれば、数値指標を押しつけられた結果、現場の専門職たちが本来の仕事に集中できない状況が生まれていることに気づけるかもしれない。

政府セクターだけではない。多元セクターで事業部型組織の形態を採用する場合にも、同様の問題が生じる可能性がある。**このセクターで活動している団体の多く――慈善団体、財団、ＮＧＯなど――は、社会のニーズに応えるのが役割だ。そのため、典型的な事業部型の組織形態を採用することには問題がある。少なくとも、数値指標によるコントロールをおこなうコングロマリット的な形態は好ましい結果を生まない。**それよりは、限定的な形で多角化をおこなうほうがうまくいく可能性が高いだろう。たとえば、それぞれの国に支部をもつ国際赤十字のように、地理的に多角化するくらいがちょうどいいのかもしれない。

みずからの高い評判を生かす狙いで、ほかの国にキャンパスを設ける有力ビジネススクールや、ほかの都市に新たな病院をつくる医療機関は少なくない。しかし、このようなケースで、ずっとひとつの組織の傘の下で活動させ続けるやり方は、軌道に乗ったあと現地に大きな裁量をもたせるよりも、本当に好ましいのだろうか。

はっきり言えることがひとつある。企業を政府や団体と同じように運営すべきでないのと同じように、政府や団体を企業と同じように運営すべきではない。

要するに、**事業部型組織の極限の形態と言うべきコングロマリットは、いわば断崖絶壁の突端から谷底を見下ろしているような状態にある。あと一歩前に出れば、谷底に転落して粉々になってしまう。しかし、背後には、もっと中間的な形態の安全地帯が広がっている。**関連製品による多角化や副産物による多角化、地理的な多角化であれば、コングロマリットほどの数値計測をおこなわずに、ある程度のシナジーを生み出せるだろう。

第15章

コミュニティシップ型組織

あらゆる組織は文化（もしくは文化の不在）の影響を受けるが、文化が「メンバー」に及ぼす影響力がひときわ強力な組織もある（その種の組織では、「従業員」というより「メンバー」と呼ぶほうがふさわしいだろう）。人々を同じ方向に引き寄せる力がとりわけ強く作用する組織だ。本書では、**そのような組織を「コミュニティシップ」という言葉で表現することにする。大海原に浮かぶ船（＝シップ）のように、ほかの組織から明確に切り離された状態にあり、内部では緊密なコミュニティを形成しているためだ**（図表15－1）。

コミュニティシップは、円陣を組んで幼獣を守ろうとするジャコウウシの群れのように、**安全を確保するために結束するケースもあれば**、いわば陸地の状況の変革を訴えて海上からメッセージを発するように、**自分たちの立場を生かして「布教活動」をおこなうケースもある**。ただし、コミュニティシップと「コミュニティ・オブ・プラクティス」（実践共同体）を混同してはならない。コミュニティ・オブ・プラクティスでは、共通の関心をもった人たちがつながり合い、経験を共有する。その実質は、コミュニティというより、ネットワークと言ったほうが妥当だ。

◆――コミュニティシップ型組織の基本構造

この種の組織は、調整のメカニズムとして規範の標準化に依存する傾向が強い。直接的な監督や相互の調整、あるいはそのほかの形態の標準化よりも、規範を共有することを通じて活動を調整しているのだ。**メンバーは、ルールよりも「言葉」に従う。組織内で共有されている信念や、信奉するイデオロギーがもつ引力の力が強いのである。**その信念やイデオロギーは、異教徒の改宗を目指すものの場合もあれば、気候変動に歯止めをかけるための風力発電の普及を目指すものや、スポーツの大会で優勝を目指すものの場合もある。

このような規範が存在することを別にすれば、コミュニティシップ型組織には構造らしい構造がほとんどない。複雑なルールや規制、システム、階層の類いはない。パーソナル型組織には少なくとも最高位者がいて、その人物が正式にすべてを取り仕切っている。それに対し、コミュニティシップを取り仕切るのは、ある意味では、確立された文化なのだ。その文化の下にメンバーが結集していて、職務の専門分化や部署の切り分け、地位の階層化は最小限にとどまる。

図表15-1
コミュニティシップ型組織

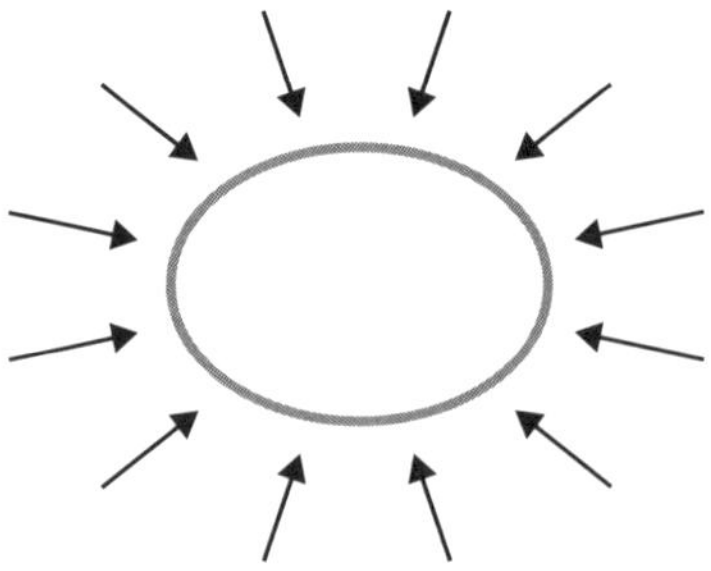

その結果、**コミュニティシップ型組織は、最も分権的な組織形態と言える。ほかのどの組織形態よりも、権力が均等に分散しているのだ。**メンバーとして迎え入れられれば、誰もが尊重されて、組織のために行動するものと期待される。規範の標準化以上のコントロールはあまり必要とされない。しかし、逆説的に聞こえるかもしれないが、**コミュニティシップ型組織は、ほかのどの組織形態よりもメンバーを強力にコントロールする。**標準化の力がメンバーの行動だけでなく、精神にも及ぶからだ。

昔ながらのイスラエルのキブツ（農業共同体）では、すべての資産を集団で所有する。自動車もほかの資産もすべて共有だ。マネジメントを担う役割も輪番制になっている。こうした共同体がコミュニティシップとしてうまく機能するのは、工業に携わる場合よりも、農業に専念する場合だ。農業であれば、メンバーは昼間に農作物の栽培と収穫をおこない、夜にみんなでさまざまなことを決めればいい。しかし、工業の場合は、もっと職務の専門分化が必要となり、より精力的なマネジメントが不可欠になる。その点、コミュニティシップ型組織のひとつである全米小児麻痺財団（ポリオ予防のためのソークワクチンの開発につながった研究を助成したことで知られる。現在のマーチ・オブ・ダイムズ）は、マネジメント層がエリート化することを防ぐために、医師が地域ごとの支部内に自分のオフィスを設けることを許していなかった。(注110)

品質についてはどうか。プログラム型組織では、アナリストが「品質コントロール」を担う。プロフェッショナル型組織とプロジェクト型組織では、それぞれの専門職やチームがみずからの仕事の質に注意を払う（ただし、このような人たちは、ほかの人たちの仕事の質を評価することには及び腰の場合もある）。それに対して、コミュニティシップ型組織では、すべてのメンバーが、すべてのメンバーのおこなうあらゆる仕事の質に関心をもつ。

コミュニティシップでは、**リーダーがコミュニティに奉仕する。**リーダーに期待されるのは、「言葉」を解釈することであって、それを変えることではない。ミツバチの巣の女王蜂は、そうしたリーダーの例と言えるかもしれない。「(女王蜂は)命令を発したりはしない。いちばん従順な働き蜂と同じように……いわば『巣の精神』におとなしく従うのだ」(注11)。しかし女王蜂は、その存在を通じて、具体的には特殊な化学物質を放出することにより、巣のメンバーをひとつに束ねて活動させる。コミュニティシップで女王蜂の化学物質に相当するのは組織文化だ。組織文化は、人間版の「巣の精神」なのである。

コミュニティシップでは、ミッションへの献身を確保するために、まず新しいメンバーを慎重に選び、そのあと、非公式のプロセスを通じて、メンバーの「社会化」ないし「教化」をおこなう。たとえば、宗教団体に新たに加わる人は、その団体での好ましい振る舞い方について長期間にわたる学習の期間を経験することになる。昔ながらの日本企業でも、新入社員に対して同様のことをおこなっている。そうした期間を終えたあとは、わざわざメンバーへの正式な「エンパワーメント」をおこなう必要はない。メンバーは自然に、その団体への強い参加意識をいだくからだ。ただし、メンバーはつねに、「正しい」振る舞いをするよう念押しされるし、みずからのほかのメンバーに対してそうした念押しをする。

コミュニティシップは、組織の規模が小さいほど存続しやすい。規模が小さいうちは、メンバー同士が直接関わり合うことにより、多くのことがおこなわれるためだ。組織の規模が大きくなり、そうした接触が難しくなると、コミュニティシップは、アメーバのように分裂する場合が多い。いくつかの事業部にわかれるのではない。元の組織のレプリカのように、自己完結した組織がいくつか出現するのだ。イスラエルのキブツも、ある程度の規模に拡大すると、そのような選択をするのが一般的だ。

お手本のようなコミュニティシップ型組織

私は昔、インドのNGO「ミラダ」の活動現場を何度か訪ねたことがある。「農村の貧しい女性たちの

自助グループ」という形で、「地域の人たちのための組織」をつくることを目指してきた団体だ。(注112)

私たちが訪ねた際に目の当たりにしたものは、具体的な活動の面でも、その背後にある精神の面でも、ほぼ毎回同じだった。20人に満たないくらいの村の女性たち——みんながそっくりのサリーを身につけている——がひとりの家に集まり、まるでひとつの塊のように床に座っている。これほど一体感のある集団は、ほかで見たことがない。私たちも床に座り、まずは女性たちに自由に話をしてもらい、その言葉に耳を傾けた。女性たちのエネルギーと情熱、誇りと好奇心と自信には、いつも目を見張らされた（一方、村の男性たちは、家の外で手持ち無沙汰にぶらぶらしていて、ときどき中の様子を覗いたりしていた）。

女性たちの話によると、ミラダは彼女たちに、どのように自主的に組織をつくり、生活を改善するための行動を起こし、子どもたちを教育し、妊娠と出産を乗り切り、小規模なビジネスを始めればいいかを教えてくれたという。女性たちにとっては、自分の名前の書き方を学ぶだけでも大きな意味があった。書類にサインできるようになれば、銀行から融資を受けて、牛を購入できる可能性があったのだ。

この種の集まりはたいてい、ひとりの女性がミラダで研修を受けたあと、自分の村に戻って立ち上げていた。そして、村のもうひとりの女性がミラダで帳簿のつけ方を教わる。それでも、研修を受けた女性だけでなく、いつもすべてのメンバーが強い参加意識をもって臨んでいた。

女性たちの話が終わると、私たちが質問を投げ掛けた。ひとりが熱心にメモを取っている。そのメモをどうするのかと尋ねると、あとで細かく検討するのだという。家を留守にして女性たちの集まりに参加していることを、夫はどのように思っているのか——この点を尋ねたところ、それまであまり発言していなかった女性が口を開いた。いわく、最初は集まりに出掛けるのが怖かったけれど、牛を飼って収入を得られるようになると、夫が背中を押してくれるようになったとのことだった。

インドの農村の女性たちがひとつの塊のようになって床に座っていた姿は、いまも私の脳裏にくっきり焼きついている。これこそ、コミュニティシップのお手本と言える。

◆――コミュニティシップ型組織の類型

以上の記述からも推察できるように、**コミュニティシップ型組織が最もよく見られるのは多元セクターだ**。このセクターの団体では、政府なり民間なりの所有者によるプレッシャーが存在しないため、ミッションの追求が最優先されやすい。その点は、ここまで宗教団体、農業共同体のキブツ、そしてインドのＮＧＯのミラダの例を通じて見てきたとおりだ。ただし、ときには、民間企業や政府機関も、コントロールを免れて、崇高なミッションを追求しているケースがある。ミッツ・ノダは、第二次世界大戦後に日本企業が目覚ましい成功を収めた要因について、次のように述べている。日本企業は「チームワークと集団的意思決定、終身雇用、一律の昇給とボーナス支給」を重んじることにより、「一方通行のリーダーシップではなく、集団としての取り組みを後押ししている」とのことである。(注113)

コミュニティシップは、３つの種類にわけることができる。**改革型のコミュニティシップは、直接的に世界を変えようとする**。目指す目標は、気候変動対策を推し進めることの場合もあれば、ある国の政府を打倒することの場合もあるだろう。**改宗型のコミュニティシップは、メンバーのほうを変えようとする**。したがって、アルコール依存症者が断酒するための自助グループである「アルコホーリクス・アノニマス」は改宗型、社会のアルコール消費をなくすことを目指す「女性キリスト教禁酒同盟」は改革型ということになる。**隠遁型のコミュニティ**

シップは、自分たちを外の世界から切り離そうとする。独自の生活様式の追求を目指すのだ。アルコール関連の例で言えば、飲酒が蔓延している邪悪な世界との関係を絶とうとするのがこのタイプの集団だ。一部のカルト教団もこれに該当する。隠遁型は、コミュニティシップのなかで最も閉鎖性が強い。メンバーの行動をコントロールすることだけを目指しているからだ。

イスラエルのキブツは、改革型のコミュニティシップとして誕生した。自分たちの祖先が暮らしていた土地に入植し、社会主義的理念とともに、新しい国家の樹立に貢献しようとしていたのだ。しかし、ユダヤ人国家の建設前は敵対的な環境で生きざるをえず、自分たちを守るために隠遁型の性格ももつようになった。そして、国家建設後は、改宗型の側面も併せ持つようになった。新しい移住者を迎え入れることを目指して活動し、既存の集団の規模が大きくなりすぎたときは、新しいキブツを分離独立させた。ただし、キブツは、建国初期のイスラエルで絶大な影響力をもったが、キブツのメンバーが国の人口の1割を超えたことは一度もなかった。イスラエルの経済発展が進むと、多くのキブツは工業分野への転換を余儀なくされたが、それに伴い、純粋な社会主義とコミュニティシップの性格を次第に失っていった。

◆――コミュニティシップ型組織の長所と短所

コミュニティシップは、よくも悪くも魅力的な組織形態だ。このカテゴリーには、世界で屈指の胸躍らされる活動をおこなっている団体も含まれるし、人権を踏みにじっている悪しき団体も含まれる。強い信念が浸透しているために、ときには目を見張る成果を上げる一方で、ときには目を覆うほど悪辣な行動を取ってしまうのだ（近年のポピュリスト的な政治運動を見れば、この点は理解できるだろう）。**コミュニティシップは、私たちを鼓舞する半面、私たちを隷属させる場合もある。しかも、この両方が一緒くたになっているケースもある。**本章冒頭の図では、コミュニティシップを表現するために、内側に向けられた多くの矢を描いた。そうした数々の矢は、組織を守る光輪のようでもあるが、組織が圧壊する可能性も示唆している。

孤立と同化の狭間で

事業部型組織が断崖絶壁の突端に位置しているとすれば、**コミュニティシップ型組織は、狭い尾根の上を歩いているようなものだ。孤立することを避けつつ、しかし同化することも避けながら、ミッションに向けて前進しなくてはならない。**

とくに、隠遁型のコミュニティシップは、メンバーに奉仕しようとすると、次第に孤立していく傾向があるかもしれない。しかし、完全に閉鎖されたシステムとして存在し続けられる組織はない。どんな組織も、外部の影響をまったく受けないわけにはいかないのだ。少なくとも、ときおり新しいメンバーを迎えることは不可欠だ。とはいえ、外の世界との結びつきを重んじすぎれば、世界と同化する危険が出てくる。外の世界と接しすぎて、いわば「汚染」されてしまうのである。これが過度に進行すると、その組織は生き延びることはできたとしても、もはやコミュニティシップとは呼べなくなる。

群衆の知恵と集団浅慮の狭間で

コミュニティシップ型組織の長所と短所を理解するうえで参考になる2つの理論がある。いずれもよく知られている考え方だが、内容は相反するものだ。ジャーナリストのジェームズ・スロウィッキーは、著書『「みんなの意見」は案外正しい』（邦訳・角川文庫）でこう記している。「適切な環境の下では、集団は目を見張るほどの知性を発揮する。その集団のなかの最も賢い人たち以上に賢明な判断をくだせる場合も多い」[注114]。いわゆる「群衆の知恵」が発揮されるのだ。一方、心理学者のアーヴィング・ジャニスの著書『集団浅慮』（邦訳・新曜社）では、緊密に結びついた集団のメンバーがしばしば創造性と独自性を失い、自立した思考を実践できなくなる現象について論じている。[注115]こうした現象は、「集団浅慮」（グループシンク）と呼ばれる。コミュニティシップでは、この両方がよく見られる。

文化を変える

「企業が文化をもつのではない。企業は文化なのである。だからこそ、文化を変えることは途方もなく難しい」と、カール・ワイクは喝破した。[注116]これは、企業に限ったことではない。世界を変えたいと心に決めているけれど、自分たちの大切にしている「言葉」を変えるつもりは毛頭ないコミュニティシップ型組織の文化を変えるのは、並大抵のことではない。

強力な文化は、その文化を揺るがす可能性のある政治的活動を抑え込む傾向がある。そのような文化がある組織では、メンバーが個人的な同盟を築いたり、予算を独占しようとしたり、同僚の問題点を内部告発したりすることは避けるべきこととされる。もちろん、自身が好む戦略の選択肢を採用させようとする行動は見られる。それに、「君臨のゲーム」はコミュニティシップでも珍しくない。文化をめぐり、ほかのメンバーより上に立とうとする人があらわれるのだ。

また、「言葉」の解釈について対立が持ち上がることもある。そうした対立は、ときとしてかなり過熱する。自分のほうが「純粋」だと、双方が言い張って譲らなくなるのだ。しかし、対立はあくまでも組織内にとどめるべきだとされる。この種の組織のメンバーは、外部の人たちからどう見られるかに細心の注意を払う。たとえば、ユダヤ教の聖典の解釈をおこなう学者たちは、互いの間で激しく意見を戦わせるが、外の世界に対しては結束して対峙するのである。

第16章 政治アリーナ型組織

「昨晩、乱闘を見に行ったんだけど、そうしたらアイスホッケーの試合が始まったんだ」というのは、コメディアンのロドニー・デンジャーフィールドがよく口にした定番のジョークだ。アイスホッケーの試合で乱闘が多いことをネタにした冗談だが、どのような組織も対立と無縁ではない。目指す目標が人によって違ったり、馬が合わない人同士がぶつかり合ったり、影響力をもっている人たちがもっと有利な取引をまとめようとしたりする結果として、対立が生じる。対立が激しく燃え上がれば、組織全体が政治に飲み込まれても不思議でない。どんなに高度にプログラム化されたプログラム型組織であっても、どんなに確固たる地位を築いている起業家であっても、どんなに強固な基盤をもった文化であっても、挑戦にさらされることがある。それは、優位に立とうとする勢力の行動によって生じる場合もあれば、組織を取り巻く基礎的な条件が変わったために生じる場合もある。

対立が充満している組織は、「政治アリーナ」とでも呼ぶべき状態になる（図表16-1）。バケツの中でひしめき合う大勢のカニたちが互いに対してツメを振り上げているような感じだ。**組織のいたるところで政治的ゲームがおこなわれるようになり、正式な権限はことごとく、取り除かれたり、一時的に機能しなくなったり、政治的**

な目的のために利用されたりする。大きな争点をめぐって組織を二分する対立が持ち上がる場合もあれば、影響力を振るう多くの人たちが参戦して、大勢が入り乱れる大乱戦の状態になる場合もある。

政治が大混乱に陥り、ついには内戦になる国家があることは、誰もが知ってのとおりだ。ビジネスの世界でも、ある家族経営の企業で、兄が製造、弟が販売を取り仕切っていたが、兄弟の仲が悪くなり、互いに口を利かなくなったケースを聞いたことがある。その会社がその後どうなったかは、ご想像のとおりだ。

対立は、じわじわと激化していく場合もあれば、短期間で燃え上がる場合もある。たいてい、さまざまな対立が次から次へと持ち上がる。あからさまな敵意をぶつけ合う展開よりも、対立がくすぶり続けるほうが長引きやすい（あなたの国の議会を思い浮かべれば、納得がいくだろう）。ただし、どのような組織でも、長期にわたり全面的な政治アリーナであり続けることはできない。

その例外は、安定的に予算を確保できる政府機関や、市場を独占している企業など、特異な恵まれた環境にあり、対立による損害に耐えることができる組織だけだ。私は以前、自分たちの大学の経済学部内で長引いていた左派と右派の対立を仲裁する委員会のメンバーに選ばれたことがある。そのとき、状況を把握するために、対立している教員たちの研

図表16-1
政治アリーナ型組織

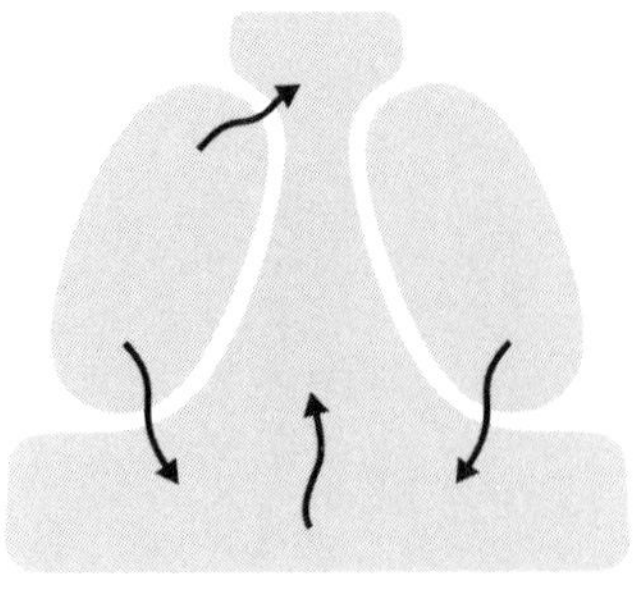

究室を訪ねてみた。すると、対立の中心人物のひとりは、研究室のドアに、学部内の対立について書かれた新聞記事の切り抜きをデカデカと張っていた。その新聞はすっかり黄色く変色していた。それくらい、対立が長期化していたのだ。

本章の記述は手短に済ませたい。理由はいくつかある。ひとつは、この組織形態の場合、構造について論じる必要がないことだ。**政治アリーナ型組織には構造がない。**少なくとも、正式な構造は存在しない（ただし、政治にも非公式の構造はある。さまざまな政治的ゲームの類型がそれに該当する）。**ほかの6つの組織形態では、調整のメカニズムのいずれかが重要な役割を果たしているが、政治アリーナの場合は、いずれの調整のメカニズムも大きな役割をもたないことが特徴だ。**戦いのなかでは、調整の出番はなくなるのだろう。

もうひとつの理由は、政治アリーナの弊害については、少なくとも利点に比べればすでによく知られていることだ。そのため、本章では、この組織形態の利点のみを論じる。そして、3つ目の理由は、政治アリーナの形態が一時的なものである場合が多いことだ。ひとつの段階という性格が強いのである。組織形態の移行過程で政治アリーナが果たす役割については、第19章で論じる。

◆——政治アリーナ型組織の長所

組織論の分野で最もよく発せられる問いは、「どうすれば、この組織を変えられるのか」というものかもしれない。この問いに対して、「組織をもっと政治的にする」という答えは聞いた記憶がない。しかし、**組織で確立されている権限や専門知識や文化が変革を抑え込んでいる場合は、政治こそが前進への道なのかもしれない。**そのような組織は、組み立て直す前に、まずいったん解体しなくてはならないからだ。このようなケースでは、政治アリーナが救世主になるのだ。

政治がときに激しい分断を生むことは、誰もが知っている。過度に強力な文化の圧力により、組織が圧壊することがあるように、過度に激しい政治の圧力により、組織が分解することもある。しかし、見落としてはならないのは、激しい政治が組織の圧壊を防ぐだけでなく、分解も防ぐ場合があることだ。第13章では、組織における政治の利点について論じた。以下では、政治的対立により激しい分断が生じることの利点を2つ指摘したい。

第一に、**既存の権力秩序がいわば耐用年数を過ぎても存続し続けている場合は、政治アリーナで政治的対立が燃え盛ることにより、その体制を取り除ける可能性がある。**正規の権力が非生産的な結果を生むようになり、過剰なコントロールや、時代遅れの専門知識、現場と隔絶したリーダーシップ、意義を失った文化などがまかり通っているケースでは、ときとして、激しい対立を通じてしか既存の権力を倒せない。

つまり、政治アリーナで行使される力は非公式なものだとしても、この組織形態は、ひとつの正規な影響力行使のシステムから、別の正規な影響力行使のシステムへ移行するための懸け橋の役割を果たせる可能性をもっている。あらゆる社会に潜んでいるアナーキスト（無政府主義者）たちは、その社会で多くの人が閉塞状態にあるときに、革命を焚きつける。それと同じように、あらゆる組織に潜んでいる政治の力は、変革が必要だとわかっているにもかかわらず、それが一向に前進しないときに、変革を後押しできるのかもしれない。

第二に、**政治アリーナの形態を経ることを通じて、機能不全に陥っている組織の崩壊を加速させられる可能性がある。**小規模な組織が深刻なトラブルに見舞われれば、たいていは組織が消滅することになる（企業であれば破綻する）。ところが、規模の大きい組織は、株主や経営者や労働組合など、組織の存続に向けて動く有力な利害関係者が大勢いる場合がある。そうした勢力は、たとえば政府に働き掛けて、支援を引き出そうとしたりする。

しかし、社会全体の利益を考えれば、このような組織は、早く退場するに越したことはない。政治的に行動する人たちは、動物の死骸に群がる腐肉食動物のように、機能不全状態の組織が抱え込んでいる資源の有効な再利用を促進する面があるのだ。

私自身は、組織内政治は好きでないし、政治アリーナ型組織で働きたいとも思わない（一度、その種の組織の雰囲気を味わっただけで十分だ）。それでも、このタイプの組織は、ほかの形態の組織と同様、社会で有益な役割を果たしている。その点は認めざるをえない。読者にもそのことを理解していただけたと願っている。組織内政治は愉快なものではないかもしれないが、ときに私たちの役に立っているのだ。

本章までで、7つの力と7つの組織形態についての議論を終える。次章以降では、これらがどのように機能しているかを見ていく。

第VI部

組織類型の枠を超えて作用する力

「世界には2種類の人間がいる。世界に2種類の人間がいると思っている人と、そう思っていない人である」とは、よく言われる言葉だ。この言葉が正しいかどうかはわからないが、私が確実に知っているのは、世の中に、ランパー（一括派）とスプリッター（細分派）がいるということである（この区別を最初に唱えたのはチャールズ・ダーウィンだ[注117]）。ランパーはものごとを総合し、スプリッターはものごとを分析する。ランパーは、ものごとの共通点に着目してカテゴリーを見いだそうとし、スプリッターは、ものごとの違いに着目して塊を切り分けようとするのだ（そして、スプリッターたちはときに、ランパーたちを批判の刃で切り裂くこともある）。

読者はお気づきのことと思うが、私は無類のランパーだ。本書でも組織形態の7つの塊を論じてきた。本書の原型になった著作は、スプリッターたちから批判を浴びた。組織のあり方を大きなくくりで分類しすぎているというのである（ある研究者にいたっては、その私の本と、関連するダニー・ミラーの著作について、「マギロマニア」という言葉を使って揶揄した。私とミラーの出身大学であるマギル大学の名前にちなんだ表現だ[注118]）。しかし、実務家であるマネジャーたちは、大きなくくりで論じることにもっと好意的だった。実務の現場では、理論を細かく分類することにこだわる暇はなく、日々の仕事を続けなくてはならないからだ。

大きなくくりで分類することが完璧な方法だと言うつもりはないが、このアプローチには利点がある。複雑な状況を単純化できるし、ものごとを整理したいという私たちの欲求にも応えることができる。そして、組織について素早く容易に理解することが可能になる（ただし、言うまでもなく、誤った理解をする場合もあるのだが）。目の前の組織がいずれかの組織形態におおよそでも当てはまれば、その組織のマネジメントをおこなう際に参考になる。たとえば、問題が持ち上がったときに、どこに原因があるかを知るためのヒントを得ることができるのだ。そもそも、私たちは、ものごとを大きなくくりで論じずには生きていけない。言葉は、そうしたくくりを表現するためのものという性格をもっている（この点は、「ランパー」「スプリッター」「マギロマニア」といった言葉にも言えることだ)。人類は、言葉を使ってものごとを大きなくくりで論じていなければ、いまも洞窟で狩猟採集生活を送っていただろう。**ものごとを明確にし、それを理解し、問題の原因を診断して解決するための処方箋を見いだすには、大きなくくりが不可欠なのである。**

したがって、必要な場合は、大きなくくりに基づく分類にものごとを当てはめて考えればいい。しかし、問題は、そうした分類にうまく当てはまる場合ばかりではないということだ。細かく切り分けることの利点と、大きなくくりで考えることの限界も理解しておかなくてはならない。ものごとを白と黒に分類しようと思っても、どうしてもその中間に、さまざまな濃度のグレーの領域が生まれる。そこで、以下では、**大きなくくりで考えるだけでなく、細かく切り分ける発想も取り入れて、分類に修正を加える必要がある**ことを指摘したい。**組織を形づくるさまざまな力が現実の組織に及ぼす影響も見落としてはならないのだ。**実際、本書でも、組織形態に関して数々の変則的とも思える現象に言及してきた。スポーツ界における究極のプログラム型組織と言うべきフットボールでも、プレーヤーには専門職としての徹底的なトレーニングが求められるし、プロジェクト型組織でも、極端な変動を防ぐためにコントロール役の人物が必要とされる。

しかし、言うまでもなく、これらは「変則的」な現象などではない。これが組織の本質なのである。現実の組織では、さまざまな力の影響により、そうしたことが当たり前のように起きているのだ。**図表Ⅵ-1**は、本書で繰り返し示してきたひし形の図を再掲したものだが、今回は3つの要素を新たに盛り込んだ。

以下の3つの章では、その3つの要素をそれぞれ取り上げる。第17章では、ひとつの力が絶対的な影響力をもつ純粋型の組織よりも、それとは別の力がいわば「錨《いかり》」の役割を果たして暴走を防いでいる組織のほうが好ましいことを指摘する。

第18章では、あらゆる形のハイブリッド型の組織について論じる。組織内に複数の組織形態が共存していて、

図表VI-1
組織類型の枠を超えて作用する力

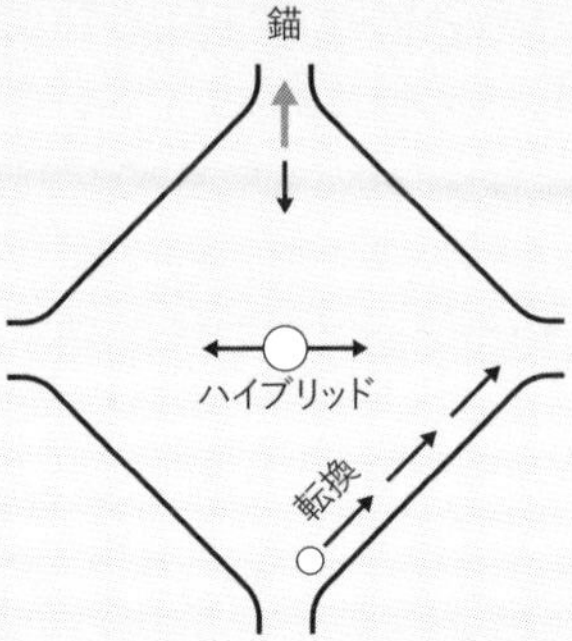

それらの間になんらかの動的なバランスが保たれているケースである。もっとも、組織はずっと同じ状態のまま変わらないわけではない。そこで、第19章では、組織のライフサイクルのなかで組織形態が転換を重ねるプロセスを検討する。そのような転換は、ひとつの力、もしくは複数の力の組み合わせが強力になり、既存の力に取って代わる結果として起きる。

これらの3つの章では、ひし形の図の内側の領域に光を当てることになる。4つの組織形態(図では上下左右の4つの頂点で表現されている)に、さまざまな力がどのような影響を及ぼすかを見ていく。

第17章

暴走を防ぐ「錨」の役割

ここで、読者のみなさんに残念なお知らせがある。本書で紹介してきた7つの組織形態どおりの組織は、実世界に存在しない。そもそも存在すべきでもない。そのような組織が実世界に存在しないのは、組織形態の類型があくまでも紙や画面の上の言葉や図にすぎないからだ。それらは、現実を描写したものではあるけれど、現実そのものではないのだ。また、存在すべきでないというのは、実世界のどの組織にも微妙な違いや複雑な側面、矛盾した要素があり、そうした点を無視すべきでないからだ。といっても、この本を放り出すのは待ってほしい。説明しよう。

図表17－1は、すでにお馴染みになったひし形の図を再掲したものだが、ひとつの力だけを示してある。ほかに競合する力が存在しないため、ひとつの力の影響力が強まり、組織がいわば外の世界に押し出されようとしている。コントロールが利かなくなるのだ。プログラム型の効率性追求が強まりすぎて、顧客も働き手も発狂しそうになったり、プロフェッショナル型で専門技能の熟達ばかりが重視されすぎるあまり、効率性がおろそかになって失敗を犯したりする場合がある（病院では、手術の技能が不足していることだけでなく、不潔なシーツを使って

いることも患者の命を奪う原因になりうる)。つまり、どの組織形態でも、それを極限まで推し進めた純粋型には重大な欠点があるのだ。

だとすれば、不完全であることは歓迎すべきことなのかもしれない。**どの組織形態もみずからの破滅を招く種子を宿していることを考えると、主たる力とは別の力が存在して、その力がいわば「錨《いかり》」の役割を果たして暴走を防げるほうが、純粋型よりも好ましい。**

世の多くの組織は、組織形態のいずれかの類型にかなり当てはまるが、実世界でうまく機能するためには、それが過剰になりすぎないように注意すべきだ。したがって、完璧な分類ができないことを理由に組織形態の類型を考えるのをやめにする必要はなく、類型化の限界をしっかり認識すればいい。

以下ではまず、4つの組織形態がひとつの力にだけ支配された場合に、どのようにコントロールが利かなくなって暴走するかを論じた研究を紹介する。そのあと、そうしたことが起きる理由に議論を進める。その理由をひとことで言えば、主たる力が組織を「汚染」(コンタミネート)して、ほかの必要な力が影響力を発揮することを妨げるからだ。そこで、ほかの競合する力によって主たる力の影響力を弱める「封じ込め」(コンテインメント)が重要になる。

図表17-1

ひとつの力に支配されている組織形態

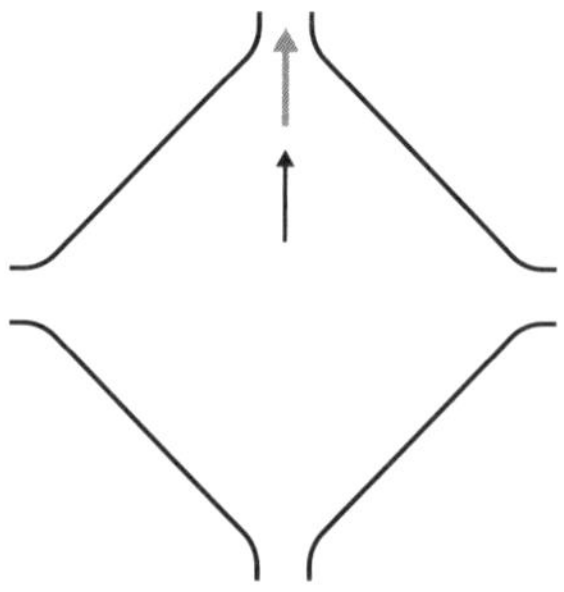

◆——「エクセレント」の落とし穴

前出のダニー・ミラーは、著書『イカロス・パラドックス』（邦訳・亀田ブックサービス）で、成功した企業がコントロールを失って暴走する4つのパターン——いわば「エクセレント」（卓越していること）の落とし穴——を論じている。(注119) その4つのパターンは、本書で取り上げてきた4つの組織形態の類型と親和性が高い。

- **パーソナル型組織**：「想像力旺盛なリーダーと、高い創造性をもつ計画・財務スタッフがマネジメントを担い、強い成長志向をいだいていて、起業家精神に富んでいる**建設者型組織**は、**冒険への道**を進むことにより、直情的で強欲な帝国主義者型組織に変貌し、よく知りもしないビジネスに乗り出して大混乱を生み出し、リソースに過度の負担をかけるようになる」
- **プログラム型組織**：「比類なきマーケティング能力と、知名度抜群のブランド、そして巨大な市場を擁する**セールス部員型組織**は、**切り離しへの道**を進むことにより、目的意識を欠いた官僚主義的な**漂流者型組織**に変わり果て、セールスを崇拝する結果としてデザインがおろそかになり、退屈で一貫性のない『どこにでもあるような商品』を続々と送り出すようになる」
- **プロフェッショナル型組織**：「高い技能をもったエンジニアと緻密なオペレーションを特徴とし、几帳面に品質を大切にする**職人型組織**は、**集中への道**を進むことにより、融通が利かず、細かいことに偏執的にこだわる**専門バカ型組織**になり、視野の狭いテクノクラート的な文化の下で、完璧ではあるけれど求められていない商品を送り出し、顧客の離反を招いてしまう」

- **プロジェクト型組織**：「傑出した研究開発部門と、柔軟性のあるシンクタンク機能、そして最先端の製品を誇る**パイオニア型組織**は、**発明への道**を進むことにより、地に足のつかない理想に走る**現実逃避型組織**に変わり、混沌を好む科学者たちのカルト教団的な支配の下で、救いようがないくらい突飛な未来志向の大発明を目指して、資源を無駄にしてしまう（注120）」

なお、ミラーとマンフレッド・F・R・ケッツ・ド・ブリースの共著『神経症組織』（邦訳・亀田ブックサービス）では、本書で取り上げている4種類の組織形態がどのような症状に陥りやすいかを論じている（注121）。

◆「汚染」の危険と「封じ込め」の効用

特定のひとつの組織形態をもつことの利点は、調和と一貫性が生まれること、そして環境に適した組織のあり方を採用できることにある。それぞれの組織形態がほかの組織形態とは異なる文化をもっているのだ。組織の構造とプロセスが明確なので、関係者は自分の業務をおこないやすい。

しかし、組織にとって不可欠な部門や部署がその組織形態に適合しない場合は、どうなるのか。たとえば、プログラム型組織でも、社内の研究所は新製品開発に取り組まなくてはならない。こうしたケースでは、しばしば「汚染」（コンタミネーション）とでも呼ぶべき現象が起きる。そのような部門や部署がほかの部門や部署から同調を強いられるのだ。**組織内で不適合が生じやすいことは、純粋型の組織の大きな弱点と言える。この問題は、**

組織を機能不全に陥れかねない。その組織において支配的な力がそれ以外の力を「誤り」と位置づけ、排除してしまうのである。アドホクラシー的な組織のなかで官僚型の部署であることも、官僚型の組織のなかでアドホクラシー的な部署であることも、非常に過酷な経験だ。

こうした問題を回避するために、プログラム型組織では、研究施設を郊外に設けることがある。本社との物理的な距離を離せば、本社によるコントロールから守られると期待しているのだろう。しかし、放射線は鉛で遮断できるが、強い意志をもったテクノクラートを阻めるものなどあるのだろうか。本社の管理者が郊外の研究施設を不意に訪ねる。時刻は午前9時。「みんなどこにいるんだ？　ここで働く敏腕たちは、8時半に仕事を始めることができないのか？　わが社では、ほかのみんなは8時半から働いているぞ」と、管理者は不満を述べることになるかもしれない（実は前日、この研究施設の面々は、新しいソフトウェアの開発に苦戦して、夜中の2時まで会社で働いていたかもしれないのに……）。

もちろん、組織が一貫性を生み出すうえでは、「汚染」はやむをえない代償だという考え方もあるだろう。実際、あらゆるメンバーに、それぞれに適したやり方を認める組織など存在しない。てんでばらばらの状況を許して混乱に陥るくらいなら、明確性を確保することに徹したほうがいいのではないか。そのとおりかもしれない。しかし、そのためには「封じ込め」が不可欠だ（図表17-2）。**ひとつの力による「汚染」は、純粋型の組織になんらかの破滅の種子を植えつけかねない。そこで、ほかの力がその力を「封じ込め」る必要がある。ほかの力が「錨」の役割を果たして組織をつなぎとめ、暴走することを防がなくてはならないのだ。**

そうした「錨」の役割はどのタイプの力でも担うことができるが、それぞれの組織形態ごとに、この役割を最も果たしやすいタイプの力がある。パーソナル型組織とプロジェクト型組織の場合、個人の力や野放図な創造性が行き過ぎることを防ぐのに最も適しているのは、効率かもしれない。これらの組織が暴走するのを抑え込む存在としては、テクノクラートが最適だ。一方、プログラム型組織とプロフェッショナル型組織、さらには事業部型組織とコミュニティシップ型組織では、組織内で決められている手順や、職種ごとの標準的な手法、目標や信念が過度に融通の利かない状況をつくり出しかねない。このような組織では、適応のための協働が有効な対抗力になりうるかもしれない。この場合は、創造性を発揮することを役割とするチームをいくつか設けるほど有効な方法はないだろう。

また、**文化と対立も「錨」の役割を果たせる場合がある。**病院であれば、強力な文化の力により、医師たちに協働を促せるかもしれない。新興企業であれば、内部告発という形の対立により、最高位者の暴走に歯止めをかけられるかもしれない。ひし形の図のすべての要素に目を向けることが重要だ。４つの角に位置する組織構造の要素ばかりでなく、ひし形の内側に潜む力も生かすことを考えるべきなのだ。

図表17-2

ひとつの力によって封じ込められている組織形態

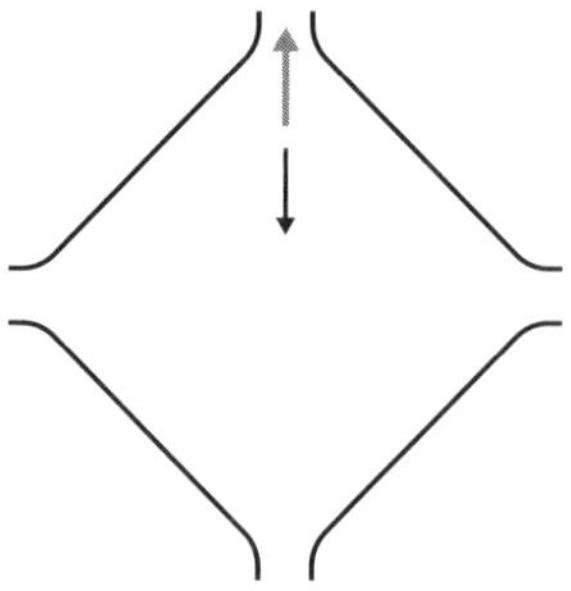

第18章

ハイブリッド型の素晴らしい世界

生物学者たちによれば、真に興味深いことの数々が起きるのは境界線上の場所だ。森と野原、海と陸の接する場所のことである。そのような場所では、生命体がダイナミックな環境にさらされることにより、無数の種類の生命体が出現する……しかし、そうした場では緊張も生まれる。牧草地の植物は、森林地帯に近づくにつれて、次第に厳しい環境に直面するようになる。日照も不足してくるし、土壌の質も変化する……要するに、境界地帯にはきわめて多くの生命体が存在する可能性がある半面、それぞれの生命体が自力で生き残りのために戦わなくてはならないのだ。(注122)

――レイ・ラファエル『境界――未開地での人間の生態系』

組織が有効に機能するためには、複数の力が共存しなくてはならない場合もある。そのような組織では、どの力が優勢かがころころ変わることもあるだろう。それでも、全体として見れば、それらの力の間で動的なバラン

スが取れていなくてはならない。言ってみれば、複数の力がぶつかり合う境界線上で活動することが求められる。本書の枠組みに沿って言えば、**複数の組織形態のハイブリッド型である必要があるのだ。**

私は長年、学生たちに本書の原型になった著作を読ませたあと、グループ単位で地元の組織の訪問調査をさせていた。実地調査が終わると、学生たちにいくつもの問いのリストを渡して（第11章に示したようなものだ）、調査した組織をいずれかの組織形態、もしくはそのハイブリッド型に分類させた。すると、学生たちのグループの半分近く（合計123のグループのうち57）は、自分たちが調べた組織をハイブリッド型と描写した。学生たちが挙げたハイブリッドの類型は、すべて合わせると17種類に上った。私が現役マネジャーたちを対象にしたワークショップで、みずからの組織をいずれかの組織形態、もしくはハイブリッド型に分類するよう求めた場合も、同様の結果になる。特定の組織形態（ほとんどの場合はプログラム型組織）を選ぶ参加者も多いが、いちばん多い回答（たいてい全体の半分前後）はハイブリッド型なのである。

組織類型の種類は、あまり増やしすぎないほうがいいだろう。7つくらいがちょうどいい。しかし、ハイブリッド型の組み合わせ方の種類を限定する必要はない。複数の類型をどのように組み合わせてもいい。本書ではすでに、いくつかのハイブリッド型の類型を取り上げてきた。「管理的アドホクラシー」「軽快な官僚組織」「パーソナル型のコングロマリット」「プロフェッショナル型のプロジェクト型組織」などである（国際NGOの「国境なき医師団」は、プロフェッショナル型のプロジェクト型組織の典型だ）。それでも、**ハイブリッド型の組織は、大きく2つのタイプにわけることができる。ひとつは、ブレンド型。組織全体で複数の組織形態の性格が混ざり合っているパターンだ。そしてもうひとつは、寄せ集め型。組織内のさまざまな部門や部署が異なる組織形態を採用しているパターンである。**

◆ブレンド型のハイブリッド

よく見られるハイブリッドのパターンは、個人のリーダーシップと、ほかの強力な要素がブレンドされたものだ。たとえば、オーケストラでは、トップダウンのパーソナル型組織の性格と、ボトムアップのプロフェッショナル型組織の性格がブレンドされている。専門的な訓練を受けた演奏家たちのスキルと、指揮者の個人的なリーダーシップが混ざり合っているのだ。また、スティーブ・ジョブズがトップに立っていた頃のアップルでは、強い意志をもった個人的なリーダーシップと、多くのプロジェクトの取り組みがブレンドされていた。

原子力発電所や警察など、安全を守るために高度な信頼性が求められる組織では、専門職がしっかりした訓練に裏打ちされた専門性を発揮することと、機械のように厳格なルールを浸透させることがブレンドされる必要がある。(注123)

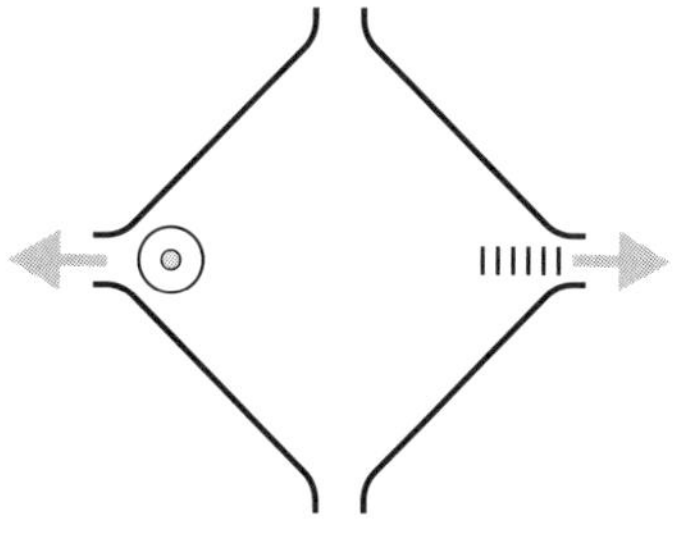

◆寄せ集め型のハイブリッド

一方、部署や部門によって異なる組織形態が採用されている——いわば内部で「分化」が見られる——パターンのハイブリッドも多い。たとえば、大手銀行であれば、大衆向けのリテール部門ではプログラム型の組織を、投資銀行部門では個々の顧客のニーズに応えるためのプロジェクト型の組織を築いているケースが多い。コンサルティング会社では、幹部人材紹介事業はプロフェッショナル型の性格が強く、コンサルティング事業はプロジェクト型の性格が強い場合もあるかもしれない。

7つの組織形態のうち2つを組み合わせるとすれば、全部で21通りの組み合わせパターンがある。3つ以上を組み合わせる場合は、その種類はさらに増える。以前、私が4種類の組織形態について講演をおこなったときのこと。講演のあと、アップルでマネジャーをしている人物から声をかけられた。その人物いわく、アップルでは、プロダクトデザイン部門はプロジェクト型、マーケティング部門と研修部門はプロフェッショナル型、製造部門はプログラム型の要素が大きい。そこに、CEOのスティーブ・ジョブズが加わると、アップルは、パーソナル型とプロジェクト型とプロフェッショナル型とプログラム型のハイブリッドということになるのだ！　同様に、製薬会社も、研究部門ではプロジェクト型、開発部門ではプロフェッショナル型、製造部門では（高度に自動化が進展していない限りは）プログラム型の性格が強いだろう。

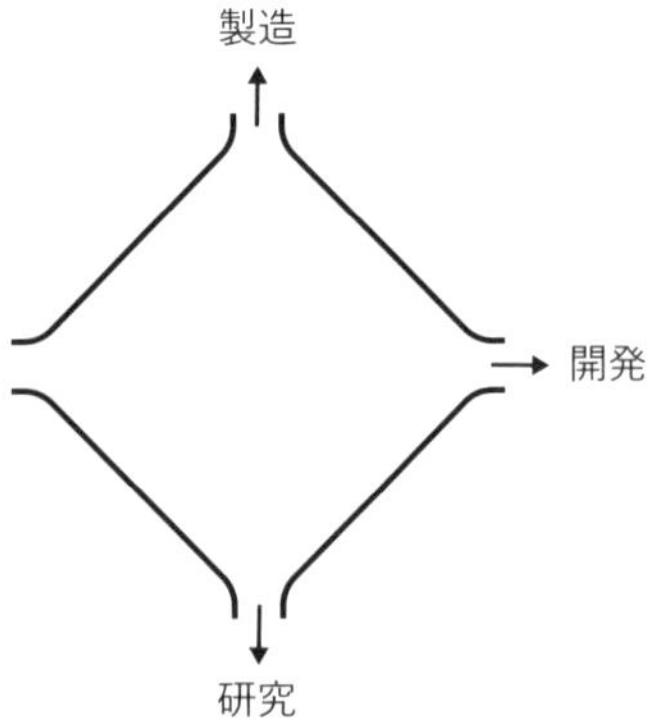

サーカス・エンターテインメント企業のシルク・ドゥ・ソレイユは、きわめて特異な組織だ。この会社がおこなう公演は、誰もが想像するとおりプロジェクト型の色彩が強い。私たちの幹部向けMBAプログラムの受講生のなかに、シルク・ドゥ・ソレイユで曲芸師のトレーニングに責任をもっている人物がいた。この受講生はレポートでこう記した。「マネジャーは……表計算ソフトによって創造性がつぶされることを防がなくてはならない……創造的な思考がいかに壊れやすいか（を理解しなければ、この仕事は長く務まらない）」

しかし、この職場で必要とされるのは、プロジェクト型の要素だけではない。公演を実際におこなうのは、プロフェッショナル型の要素をもった熟練のパフォーマーたちだし、公演の開催に伴う退屈な仕事を一手に引き受けるのは、プログラム型の要素が大きいサポート部門のスタッフたちだ。そして、シルク・ドゥ・ソレイユと言えば、創業者であるギー・ラリベルテの存在を忘れるわけにはいかない。大道芸人だったラリベルテは、サーカスのあり方に大変革を起こすことにより、大富豪に仲間入りした。シルク・ドゥ・ソレイユのアイデアは、この人物が個人で生み出したのである。

◆協力、競争、そして「裂け目」

ハイブリッド型の組織では、純粋型の組織と異なり、「汚染」が起こらない。さまざまな力が互いに歯止めを掛け合うからだ。しかし、その代わりに、**ハイブリッド型の組織には裂け目が生じる。異なる力が接する境界の断層線上で対立が生まれるのだ。**

フェデリコ・フェリーニ監督の映画『オーケストラ・リハーサル』は、オーケストラの団員たちが反乱を起こして指揮者を追放したまではよかったが、指揮者なしではオーケストラが機能しないことを思い知らされるというストーリーだ。同じことはオーケストラだけでなく、輝かしい成果を生み出そうとするほかのハイブリッド型の組織にも当てはまる。**別々の方向を向いているプレーヤーたちが、競争への志向を克服して、協力し合う必要があるのだ。**製薬会社でも、研究所の研究員たちが開発部門の

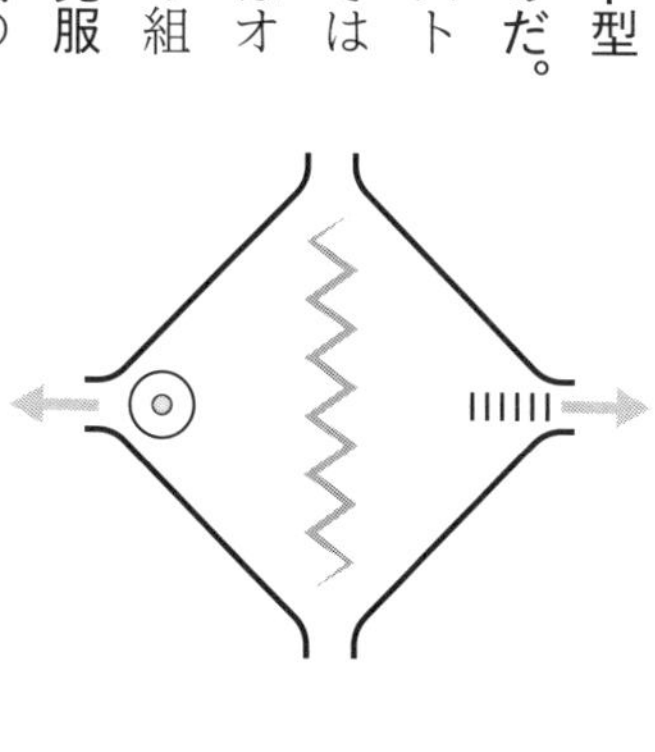

専門職たちと衝突し、開発部門の人たちがマーケティング部門の人たちとぶつかり合うようでは困る。

ここまでの「汚染」と「裂け目」についての議論から導き出せる重要な結論は、**組織がどの程度有効に機能できるかは、どれくらい矛盾をマネジメントできるかにかかっている**ということだ。異なる力が競い合うことによって対立が生じている場合は、そこから目をそらすのではなく、その状況をしっかり見据えて、対立を緩和しなくてはならない。その際、直接関わる人たちの相互の調整によって対立を和らげることができれば理想的だ。

第19章 組織のライフサイクルと組織形態の変遷

多くの組織は、ほとんどの期間、同じ構造を維持し続ける。組織構造が変わらないまま、既存のミッションに向けて活動するのだ。たとえば、オーケストラは、指揮者が交代しても、パーソナル型とプロフェッショナル型のハイブリッドであり続ける可能性が高い。しかし、組織の世界に聖域はない。たいていの組織はときおり、ほかのいずれかの組織形態へ、あるいはハイブリッド型の形態への転換を経験する。組織の置かれた状況が原因でそうするほかないケースもあれば、主体的にそれを選択するケースもあるし、それを強制されるケースもある。本章では、組織形態の転換に関してよく見られるパターンを、組織のライフサイクルの観点で論じる。

そうした転換の主な特徴をまとめると、以下のようになる。

- 転換は、急速に進む場合もあればゆっくりと進む場合もあるし、完全に進む場合もあれば部分的に進む場合もある。恒久的に変わる場合もあれば、一時的に変わるだけの場合もある。パーソナル型組織から創業者がいなくなれば、過飽和状態の液体を刺激すると突然凝固するのと同じように、ごく短期間で、そして恒久的にプログラム型組織に転換することもありうる。生物の種が進化するプロセスさながらに、**組織も「断続的平衡」を経験する可能性がある。安定した期間が長く続くなかで、ときおり急激な変化が起きるのだ。**その一方で、ゆっくりと漸進的に変化が進むケースもある。組織形態の移行過程で一時停止したり、新旧の組織形態の間を揺れ動いたりするのだ。たとえば、成長している大量生産企業を率いる創業者は、少しずつスタッフ部門のアナリストたちにコントロールの権限を譲っていくかもしれない。

- 転換は、❶当然のこととして予想されるものの場合もある。新しく設立された学校は、早い段階でパーソナル型組織からプロフェッショナル型組織へ移行するだろう。その一方で、❷影響力をもつ特定の勢力により、転換を強いられる場合もある。たとえば、政府が公立学校に対して、プロフェッショナル型ではなく、プログラム型の性格を強めるよう求めるかもしれない。また、❸想定外の外的な混乱が原因で、転換が促される場合もある。教員のストライキがきっかけで、学区を統括する教育長に権力を集中させるようなケースだ。
- 転換は、円滑に進む場合もあれば、対立を伴う場合もある。そして、どちらのケースでも、好ましい結果になる場合もあれば、悪い結果になる場合もある。パーソナル型組織の創設者が退けば、プログラム型組織への移行は比較的円滑に進むだろう。しかし、転換の過程で対立が持ち上がる場合もある。その転換が必要とされているものであれば、対立を伴ったとしても、最終的には好ましい結果をもたらすだろうが、転換が必要なものでなければ、悪い結果をもたらすことになる。

◆——組織構造のライフサイクル・モデル

組織構造のライフサイクルは、いくつかの段階にわけることができる（ただし、あくまでもそのような段階を経る傾向があるということであって、すべての組織がそのとおりの段階を経て進むわけではない）。具体的には、以下のとおりだ。

❶誕生：組織はたいてい、スタートアップとして誕生し、その段階ではパーソナル型組織の形態を取る。

❷青春：まだ歴史が浅いうちは、（少なくとも部分的には）パーソナル型組織の性格を保つ。創設者が組織にとどまり続ける間は、この状態が続く。

❸成熟：ほとんどの組織は、成熟するにつれて、その組織を取り巻く環境に最も自然に適合する組織形態に落ち着く。

❹中年：成熟した組織の安定した状態は、突然の転換によって崩れることがある。その転換は、内部関係者が主導する場合もあれば、影響力をもつ外部勢力により押しつけられる場合もあるし、環境の変化により突き動かされる場合もある。

❺老い：停滞期に入った組織――言うなれば「中年の危機」に陥っている組織――は、ほかの組織構造に移行することによって再生できる可能性がある。ひとりのリーダーに権力を集中させて、プログラム型組織の立て直しを図るような一時的転換の場合もあれば、官僚的な組織にアドホクラシーの要素を取り入れるような恒久的転換の場合もある。

❻死：最終的に、組織はいわば「自然死」を迎える場合もある。たとえば、資金が尽きるケースなどがこれに該当する。しかし、きわめて規模の大きい組織は、政治的アリーナの形態を経なければ、崩壊させられない場合もある。

◆――誕生――パーソナル型組織としてのスタートアップ時代

たいていの組織は、最初はパーソナル型組織として設立される。理由はいくつかある。

第一に、新しい組織では、ほぼすべてをゼロから生み出さなくてはならない。誰かが資金を調達し、人員を集めて施設をつくり、さらには、新しい構造と文化、そして(最初に定められていなかった場合は)新しい戦略を軸に、これらの要素すべてを統合する必要がある。その結果として、組織を設立した最高位者は、正式な権限に加えて、絶大な非公式の影響力をもつ。この状況は、その人物が舵取り役であり続ける限り続く。

第二に、草創期の組織では、直接的な監督が最も自然な調整のメカニズムとなる。新しい組織で働く人たちは、最高位者に指示を仰ごうとする傾向があるためだ。相互の調整は、人々が互いのことをよく知るようになるまではあまり見られない。また、さまざまな標準化による調整も実践されにくい。基準が確立されるまでには、ある程度の時間を要するからだ。

第三に、新しい組織は、起業家的傾向をもった最高位者を必要とし、また、そのような人物を引き寄せる。そして、人々はそうした起業家的な人物に引きつけられる。その人物は、新しいものを築くことに情熱を燃やし、夢想家的、もっと言えばカリスマ的な傾向をもっていることが多い。このタイプの人たちは、新しいものを自分の思うままに動かしたがり、既存の組織にあるような数々の制約に縛られることを嫌う。誰になんと言われようと、自分の好きなように行動するのだ。ときとして、このような環境で活動することは、関わる人すべてにとって胸躍る経験になる。

「起業家」という言葉は一般に、スタートアップ企業の創業者について用いられる言葉だが、近年はビジネス界だけでなく、多元セクターの「社会起業家」も増えている。また、政府セクターで新しい組織を立ち上げる「公的起業家」とでも呼ぶべき存在もいる。いずれの形態にせよ、新しいNGO、新しい地域コミュニティ団体、新しい協同組合、新しい政府機関はすべて、スタートアップ企業と同じ理由により、当初は強力なリーダーを必要とする。

◆青春——パーソナル型組織の性格を部分的に維持する

個人によるリーダーシップ、すなわちパーソナル型組織の性格は、創設者の下で組織が成長していく間、少なくとも部分的には維持される場合がある。なんだかんだ言っても、その組織は創設者のスタイルとビジョンを軸に形づくられているからだ。

それに、設立時から働き続けているスタッフは、その人物への忠誠心を持ち続ける可能性がある。その人物に恩義を感じている場合もあるだろう。そうしたスタッフたちにとって、創設者は自分を雇ってくれた人物であり、その人物に対して強い個人的な親近感をいだくことが多い。しかも、新しい組織を立ち上げるような人物は、概して強い意志の力をもっている。こうした理由により、創設者はかなり強い支配権を長く握り続けるケースが多い。アマゾンやアップル、全米トラック運転手組合など、強力なリーダーの下で大きく成長した企業や労働組合、その他の組織は数知れない。

◆成熟――自然な構造に落ち着く

ほとんどの組織は、成熟するにつれて、その組織を取り巻く環境に最も自然に適合する形態に落ち着く。この例は枚挙にいとまがない。病院がプロフェッショナル型組織の性格を強めていったり、オーケストラがパーソナル型とプロフェッショナル型のブレンド型に移行していったりといったケースだ。

もちろん、かならず組織形態が変わるわけではない。組織が成長しても、引き続きパーソナル型の形態が最もしっくりくる場合もあるからだ。大手小売チェーンでは、分析重視の「プロフェッショナル」なマネジメントよりも、トップが直接指導するアプローチで迅速に判断をくだすほうがうまくいくかもしれない。実際、200店を擁する小売チェーンでも、ひとつの店舗のマネジメントを200倍にすることで有効に経営できたりする。この場合は、CEOが数店舗に定期的に足を運ぶことにより、チェーン全体と接点を持ち続けられる可能性がある。

パーソナル型組織からの脱却

しかし、現実には、個人が強いリーダーシップを振るって牽引する方法では、次第にうまくいかなくなるケースのほうが多い。リーダーが現場に深く関わってマネジメントするアプローチは、マイクロマネジメントと化し、最高責任者が細かいことに忙殺されかねない。また、逆に(マイクロマネジメントならぬ)「マクロマネジメント」をおこなうようになる可能性もある。最高責任者が細部に関わることを面倒に感じ、高い場所から見下ろすように、地に足のつかないマネジメントをするのだ。成功した起業家が「自分にはどんなビジネスでも経営できる」

と思い込んで、事業を多角化した挙げ句、経営に失敗して名声を失うのは、この落とし穴に陥った結果だ。

そのため、**大半の組織は、成熟するにつれて大きな方向転換を遂げ、パーソナル型組織から脱却する。**まずハイブリッド型の形態を経てから（図表19－1の1本目の矢）、ほかの形態へ移行する（2本目の矢）場合もある。

- **プロフェッショナル型組織への転換**：パーソナル型からプロフェッショナル型への移行は、かなり短期間で進むことがある。たとえば、総合病院が開院した場合。開院初日から、病院を設立した最高責任者に加えて、高度な訓練を受けた専門職たちが集まってくる。こうした医療の専門職たちは、施設と機器類が整えば、ただちに業務を開始できる。そのため、自然な転換は、組織が誕生した直後から始まる（創設者が健在な間は、暫定的にパーソナル型とプロフェッショナル型のハイブリッド型になるかもしれないが）。
- **プログラム型組織への転換**：最もよく見られるのは、プログラム型への転換かもしれない。ビジネスの世界ではとりわけ、このパターンが目立つ。起業家が創業した会社は多くの場合、大量生産・大量サービスを手掛けるようになるためだ。前述したように、この転換

図表19-1
自然な形態に落ち着く

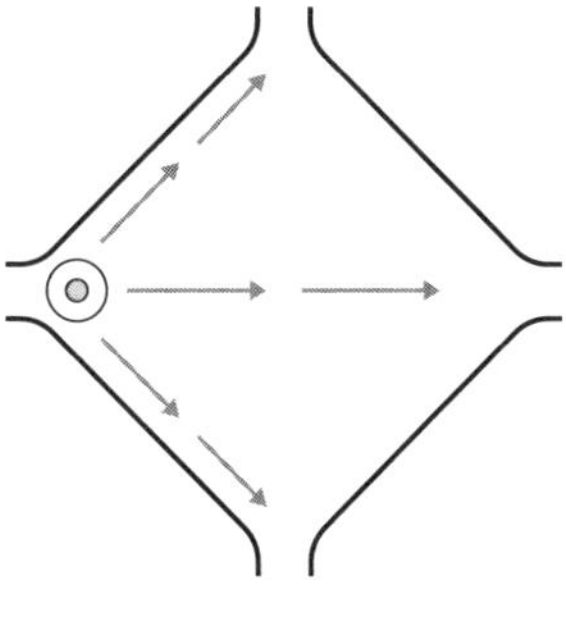

はかなり円滑に進む場合もある。創業者の代わりに、プロフェッショナルのマネジャーを舵取り役に据えれば、すんなり会社が機能することが多い。しかし、企業の創業者などの創設者が退くことを拒めば、政治的ゲームを経ないと転換を遂げられない場合もある。誰かが取締役会に対して内部告発をおこなったり、反乱を起こしたりすることになるかもしれない（歴史上、多くの専制政治家を権力の座から追い落とすために、大衆運動が必要だったことを思い出してほしい）。

- **プロジェクト型組織への転換**：プロフェッショナル型への転換と同様、プロジェクト型への転換も、比較的短期間に進む場合が多い。とくに、その組織がなんらかのプロジェクトとともに誕生した場合には、その傾向が強い。建築設計会社の発足時に、最初の設計の依頼を受注していたようなケースがそうだ。しかし、プロジェクトに取り組むチーム内の、さらには複数のチーム間での協働を促進するために、強力な最高責任者が必要とされる場合は、転換が完了するまでに長い期間を要する可能性もある。
- **コミュニティシップ型組織への転換**：多元セクターの団体が強力なミッションとともに出発した場合、リーダーである創設者は、より平等性の高いコミュニティシップへの移行を進め、権力を手放さなくてはならない可能性がある。しかし、その過程で対立が持ち上がることもある（国境なき医師団のケースが有名だ）。

◆中年――突然訪れる転換

ここまで論じてきた転換は、組織の自然なライフサイクルの一環として起きるものだった。しかし、転換は突然訪れる場合もある。そのようなケースでは、転換が影響力をもつ勢力によって推し進められたり、環境の変化によって突き動かされたりする。よく見られるパターンをいくつか以下に挙げるが、そのなかには、好ましい転換もあれば、好ましくない転換もある。

多角化により、事業部型組織へ転換する

成長を加速させることにご執心の最高位者の下、成功を収めている企業が事業を多角化させて、事業部型への転換を遂げることがよくある。こうした選択をする企業が非常に多いため、それがあたかも自然なことだという印象があるかもしれない（一部の研究者やビジネスメディアがそのような印象をつくり出していることは間違いない）。しかし、私はあくまでも、この種の転換を「突然」のものと位置づけたい。多角化は必然ではないからだ。

まず、成功している企業のなかにも、「おおむね本業に専念」している会社は少なくない。自動車大手のゼネラルモーターズ（GM）はその一例だ。（注124）また、第14章で述べたように、全面的な多角化を実行してコングロマリットになった企業は往々にして、やがて破綻したり、再び事業の整理統合を推し進めたりする羽目になっている。それよりは、事業部型への部分的転換にとどめたほうが好ましい結果につながりやすいように見える。たとえば、ビジネスの世界では、副産物による多角化や関連製品による多角化（パナソニックなど）、多元セクターでは、地理的多角化（国際赤十字など）が功を奏する場合がある。

自動化もしくはアウトソーシングにより、官僚組織をアドホクラシーへ転換する

前述したように、官僚的性格の強いプログラム型組織では、オペレーションのかなりの部分が自動化もしくはアウトソーシングされて、プロジェクト型組織（アドホクラシー）として機能する管理部門だけが残る場合もある。自動化された生産施設などの設計および維持管理や、アウトソーシング先との交渉に関するプロジェクトだけお

こなえば済むようになるのだ。

イノベーション志向のアドホクラシーから、プロフェッショナルなメリトクラシーへ転換する

プロジェクト型組織のなかでも業務的アドホクラシーは、成熟すると、プロフェッショナル型組織の平穏な環境へ移行しようとする場合がある。科学系の研究員やコンサルタントなどのエキスパートたちは、キャリアの早い段階では、チームで革新的な仕事に取り組める職場に魅力を感じるかもしれない。そうした職場にはチャンスがいたるところに転がっていて、未来は明るいように思える。そこで、このような人たちはプロジェクト型組織をつくったり、そのような組織に加わったりする。しかし、自分自身と組織が年齢を重ねるにつれて、嗜好が変わってくる場合がある。プロジェクトに取り組むことの興奮は、不安の原因にもなる。プロジェクトの成功と失敗に伴う浮き沈みの激しさが精神に課す負担はあまりに大きい。そのため、顧客の依頼によってプロジェクトをおこなう業務的アドホクラシーは、自分たちのスキルを制度化して、安定したプロフェッショナル型組織に転換しようとする場合があるのだ。

そのような転換の是非をめぐり、組織内で戦いが始まるケースも少なくない。「変化はもう十分だ」と、プロフェッショナル型のメリトクラシーを志向する人たちは主張する。「いくつかの成功例に着目して、それを調整して多くの顧客のニーズに応えればいい」。それに対して、プロジェクト型のアドホクラシーを志向する人たちは、そうしたやり方に魅力を感じない。「その課題はもう終わったじゃないか。新しい創造的な課題に挑むべきだ」と考える。

前者の勢力が主流になれば、その組織はプロフェッショナル型組織へ移行し、後者の勢力が主流になれば、その組織はプロジェクト型組織であり続ける。しかし、どちらの勢力も主導権を握れなければ、組織が2つにわか

れる可能性もある。前述したように、コンサルティング会社が2つの部門にわかれて、片方が単発の契約でプロジェクトに取り組む一方で、もう片方がこれよりも標準化された幹部人材紹介サービスを提供するといったパターンもありうる。病院の医師たちも、個人レベルで同様の2種類の活動を並行しておこなう。標準化されている診療業務は個人単位で実践し、道筋が決まっていない研究活動はチームで取り組むのである。ただし、現実には、前者が後者を「汚染」して、医療関連研究の多くは、研究とは名ばかりで、医薬品の「開発」と製薬業界が呼ぶ活動に終始している。たとえば、既存の医薬品を新しいタイプの患者たちに試すだけにしがちなのだ。

これとは逆の、プロフェッショナル型からプロジェクト型への転換は、可能性がないわけではないが（どのような方向の転換も不可能ではない）、プロジェクト型からプロフェッショナル型への転換に比べれば数は少ない。**プロフェッショナル型組織は、高度なスキルに裏打ちされていて、しかも権力が分散しているため、最も安定していて、最も長続きする組織形態なのだ。**ビジネス界を代表する大企業の顔ぶれは数十年もあればかなり入れ替わるが、歴史ある大学の多くは、設立から何世紀も経っていても揺るぎない地位を確立し続けている。(注125)

プロジェクト型からほかの形態への転換のなかで、特筆すべきものがひとつある。プロジェクトの成果として、きわめて大きな可能性をもった新製品を開発できた場合、開拓者としての不安定な日々を捨てて、その新製品を有効に活用する道を選ぶ可能性がある。大量生産をおこなうプログラム型組織に転換して、リッチになろうとするのだ。

官僚組織への転換を強いられる

前述したように、影響力をもつ外部の勢力や、内部のアナリストたちはしばしば、**そうすべきでないにもかかわらず、プログラム型ではない組織をプログラム型組織へ転換させようとする。**これは、「唯一で最善の方法」

が存在するという発想が最も大きな害を生み出すパターンと言えるだろう。

企業が株式を上場させると、その会社にどのような組織形態が適しているかに関係なく、株式市場のアナリストたちが一斉に、制度や仕組みの正式化を要求し始める。「貴社の組織図を見せてください」などと言うのだ。また、パーソナル型組織である企業の創業者が大企業に会社を売却すると、親会社のアナリストたちがたちまち同様の行動を取る。「この戦略プランニングのツールを使ってください！」といった具合だ。これでは、会社売却後にＣＥＯとして会社に残った創業者たちがほどなく辞めてしまうケースが多いのも不思議でない。

政府セクターの政府機関や多元セクターの団体は、株式を発行したり、身売りしたりといったことはない。それでも、多くは資金拠出者に依存している。そして、資金拠出者の組織にもスタッフ部門のアナリストがいて、テクノクラート的なコントロールをする気で満々だ。「数値計測をおこなわなければ、どうやってマネジメントしろと言うのですか」と主張するのである。

しかし、小規模なパーソナル型組織に組織図は不要だし、プロフェッショナル型組織に数値指標を導入する必要もない。数値指標を押しつければ、プロフェッショナル型組織で働く専門職たちは、仕事への集中を妨げられるだけだ。そして、どうしてこれらの組織が揃いも揃って、戦略プランニングの作業に付き合わなくてはならないのか。**組織の世界には、きわめて窮屈なテクノクラート的管理主義がはびこっていて、それが社会を「汚染」しているのである。**

◆老い――生き残りのための刷新

どのような組織も、いずれ想定外の事態に見舞われることを覚悟しておかなくてはならない。この点は、どんなに安定していて強固な組織構造をもっている組織にも言えることだ。たとえば、企業であれば、新しいライバル企業が参入して会社の存続が脅かされるかもしれない。政府であれば、思わぬ感染症の流行により大混乱に見舞われることもありうる。そこで、健全な組織は、歴史を重ねるなかでみずからを再活性化させていく。必要に応じて、組織を刷新する方法を見いだすのだ。ただし、それがどれくらい容易かは、組織形態によって異なる。

プロジェクト型組織は、既存の組織形態のままで、絶えず自然に刷新を重ねる。そもそも、手掛けるプロジェクトのひとつひとつが異なるからだ。カナダ国立映画庁が長編作品の制作に乗り出したように、ひとつの新しいプロジェクトが組織全体に新しい戦略をもたらす場合もある。

プロフェッショナル型組織は、現場の実務レベルではきわめて高い適応力を示す場合がある。医療の現場では、診療手順が絶えず更新されている。しかし、権力が分散していて、職業団体から非常に多くの基準を課されているために、組織全体では、必要な刷新を成し遂げることが著しく難しい可能性がある。

パーソナル型組織がどの程度の適応力をもつかは、最高位者次第だ。あらゆる劇的な変化を（権力システムそのものを改めることを別にすれば）歓迎する人もいれば、いっさいの変化を拒む人もいる。

コミュニティシップ型組織は、あらゆることが神聖視されている場合が多い。この種の組織の熱心なメンバーは、刷新に対して強硬に抵抗する可能性がある。転換を受け入れるくらいなら戦うという覚悟を固めているのだ。ときには、激しい対立が持ち上がり、政治アリーナに移行する場合もある。しかし、孤立が原因で組織の存続が危うくなれば、大海原に浮かぶ船のような存在であるコミュニティシップも、言ってみれば岸に近づかなくてはならなくなる。文化を和らげて、ほかの組織形態に移行する必要が出てくるのだ。

しかし、刷新への抵抗が最も強いのは、なんと言ってもプログラム型組織だろう。この種の組織では、そもそもすべてがきっちり決められている場合が多いうえに、なんらかの問題が持ち上がったときの解決策として好まれるのはたいてい、ものごとをいっそうきっちり決めるというアプローチだからだ。より念入りに計画をつくり、より徹底的に数値計測をおこない、ますますルールを増やして、いわばルールずくめにしようとする。しかし、合理性を強化しても刷新にはつながらない。フレデリック・テイラーの「科学的管理法」の時代に始まり、今日にいたるまで、「唯一で最善の方法」とみなされてきたアプローチは、組織の刷新に関しては「唯一で最悪の方法」なのかもしれない。

どうやって組織を変革すべきかについては、膨大な数の著作が発表されている。その多くは、停滞しているプログラム型組織をどのように刷新するかを論じたものだ。それらの著作で示されている方法論は概して、プログラム型組織をほかの形態に転換することを目指す。たとえば、**「職務拡大」はプログラム型組織をプロフェッショナル型組織に、「イノベーション志向のチームワーク」はプログラム型組織をプロジェクト型組織に、「立て直し」はあらゆる形態の組織を一時的にパーソナル型組織に近づける。**このそれぞれについて見ていこう。(注126)

職務拡大を通じて、働き手の能力を向上させる

プログラム型組織は、働き手の熟達度を向上させることにより、プロフェッショナル型への転換を遂げることができる。そのプロセスは、3つのステップを経て進む（図表19-2）。

まず、業務コアで働く人たちの**職務範囲の拡張**をおこなう。たとえば、コールセンターの職を設計し直し、ひとりひとりのスタッフがそれまでより幅広い問い合わせに回答するようにする。次に、**エンパワーメント**により、実務を担う人たちがみずからの仕事をコントロールするための権限を強める。たとえば、勤務シフトをみんなで相談して決められるようにしてもいい。そして、そのあとは**スキルの増強**により、実務の担い手たちの能力を高

める。そうやって、働き手のスキルを専門職に近づけていくのだ。すると、それに伴い、組織構造もプロフェッショナル型に近づく。

コールセンターのオペレーターたちは、しかるべきトレーニングを受けさせれば、単に台本どおりの返答をするだけでなく、顧客の抱えている問題を顧客と一緒に解決できるようになる。ちなみに、新型コロナのパンデミックは、多くの働き手が職務拡大を経験するきっかけになった。在宅勤務の人たちは、マネジャーから直接的に監督されにくいためだ。

チームワークを通じて、イノベーションを後押しする

イノベーションをもっと実現する必要がある組織は、既存の組織構造がどのようなものかに関係なく、3つのステップを経てプロジェクト型組織に近づくことが有効だ。(注127) 図表19-3は、プログラム型組織からの転換を例に、その3つのステップ

図表19-2
職務拡大の3ステップ

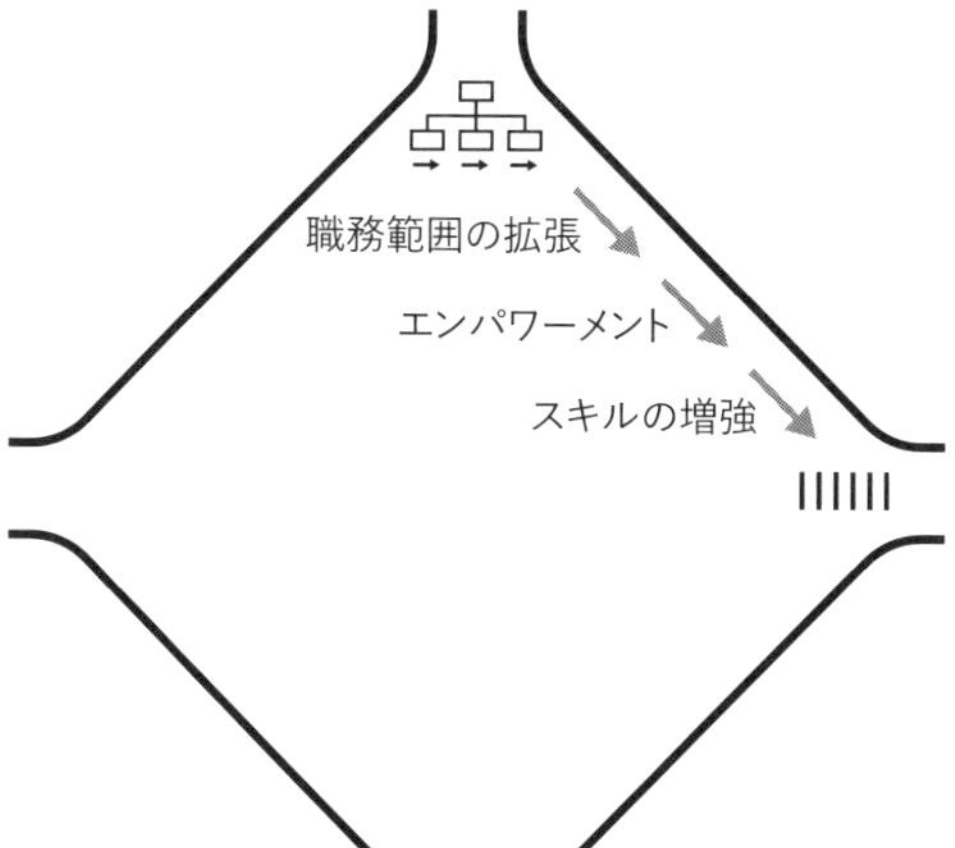

をまとめたものである。この種の転換が試みられることが最も多いのは、おそらくプログラム型組織だからだ。

まず、イノベーションのプロジェクトを担う**独立した部署**を設ける。製造企業が新製品開発を進めるために、研究所を設置するようなケースだ。この新しい部署が組織をいわば「汚染」し始めれば、さらに一歩進めて、正規の組織構造の上に**アドホクラシー的なチーム**を上乗せする。そのチームのメンバーは、既存のさまざまな部署から呼び集める。(注128) エンジニアリング、製造、マーケティングなどの部署にいる創造性ある人たちと、場合によっては社外の顧客も一緒になって、旧来の部署の垣根を越えて協働し、新製品をつくり上げるのだ。

そして最後に、組織内で幅広くイノベーションを実践するために真の大きな変化を起こしたい場合は、組織構造全体に**イノベーションの文化を浸透**させればいい。それにより、誰もがアイデアを

図表19-3
協働的イノベーションの3つのステップ

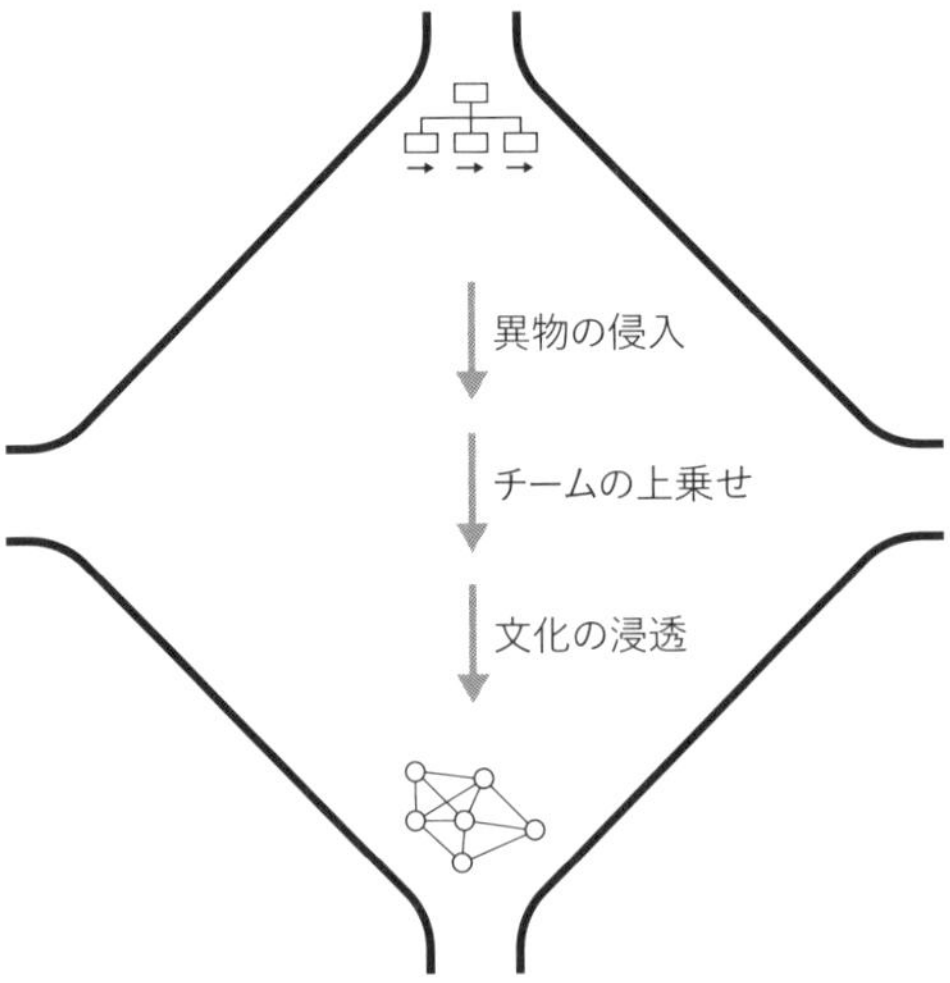

持ち寄れるようになる。日本企業における「カイゼン」はその例だ。トヨタ自動車では、「社員を2本の腕の持ち主ではなく、知識労働者と位置づけている……経験に裏打ちされた知恵が……業務の最前線に存在しているのだ」[(注129)]。しかし、きわめて徹底したプログラム型組織では、この最後のステップは口で言うほど簡単ではない。

新しいテクノロジーが登場して製品のあり方が根本から変わったとき、既存のメーカーが新規参入企業に打ち負かされるケースが多い理由は、この点にある。新規参入企業はたいていプロジェクト型組織で、イノベーションを担う部署を既存の組織と別につくる必要がそもそもない。イノベーションの精神がすでに全社に浸透しているのだ。一方、プロフェッショナル型組織は、このような強みをもっていない。プロフェッショナル型組織の構造は、ときにプログラム型組織以上に強く固まっている場合すらある。

ようやく実現した協働

私は以前、カナダのモントリオールの大病院を何カ月にもわたって調査したとき、全部で19回もの委員会会議に同席した。医療幹部委員会、看護幹部委員会、マネジメント幹部委員会、そして理事会の会議である（理事会は、院内の縦割りの部署それぞれの代表者が集まる委員会だ）。この病院では長年、救命救急センターの患者過多が危機的な状況になっていた。ほぼすべての会議でこの問題が話し合われていたが、状況は改善しないままだった。

救命救急センターの危機は、医療部門の問題でもなければ、看護部門の問題でもなく、マネジメント部門の問題でも、理事会の問題でもなかった。それは、病院の問題だった。ところが、縦割りのすべての部署を代表する人たちが集まる理事会の会合は、長いこと開かれていなかった。やがて、ついに政府が介入し、救命救急センターの問題が解消されなければ、病院の予算を大幅に削減すると言い渡した。それを受けて、医療部門、看護部門、マネジメント部門の代表を集めた臨時委員会が設置された（委員長は、看護部門のナンバー2が務めた）。すると、ほどなく問題は解決された。プロフェッショナル型組織の上に、シンプルなプロジェクトをひとつ上乗せしただけで、きわめて大きな成果が得られたのである。(注130)

個人のリーダーシップによる立て直し

大々的な刷新が必要な組織は、一時的にパーソナル型組織へ転換することが最も多い。新しい最高責任者が組織を立て直せるようにするためだ。図表19-4は、プログラム型組織からの転換を例に、立て直しの3つの種類を示したものである。この種の転換を目指すことが最も多いのも、おそらくプログラム型組織だからだ。

こうしたことが起きるのは、草創期の組織が個人のリーダーシップに依存するのと同じ理由だ。いずれの場合も、調整のメカニズムとして最も手っ取り早く、最も一貫性が強いのは、直接的な監督である可能性がある。新しい最高責任者を迎えて、既存のルールを一時停止し、その人物が必要な変革を実行できるようにする。そして、変革が完了すると、状況が許すようであれば元の組織形態に戻す場合もある。たとえば、刷新されたプログラム型組織として再出発する。その際、もはや組織のあり方に適合しなくなった「救世主」がお払い箱になるケースもある。(注131)

このような立て直しには3つの種類がある。表面的なものから深層的なものへと順に並べると、実務レベルの転換、戦略レベルの転換、文化レベルの転換である。

❶実務レベル：現場の業務を刷新することにより、組織をうまく機能させることが狙いだ。あるCEOは、英国のトラック製造企業を立て直すために、工場労働者の待遇に注意を払った。すると、この会社の生産性は

目を見張るほど改善し、CEOは大きな称賛を浴びた。実務レベルの転換は、ほかの2つのタイプより実行しやすい。戦略やシステムにはほぼ手をつけずに済むからだ。しかし、これは最も脆弱な転換にとどまる。変革は表面的なものにすぎず、新たな危機に直面した途端に、変革の装飾が剥がれ落ちかねない。

❷戦略レベル：組織のポジションを変えたり、まったく新しい戦略上のパースペクティブ（視点）を取り入れたりする。企業が新しい製品ラインを加えたり、政府機関がそれまで無料だったサービスを有料化したりするケースがこれに該当する。

❸文化レベル：最も大掛かりな刷新は、輝きを失った文化を刷新するというものだ。「企業が文化をもつのではない。企業は文化なのである」というカール・ワイクの言葉を別の章で紹介したが、その意味では、まったく新しい文化をつくり上げるより、以前存在した好

図表19-4

立て直しの3つの形態

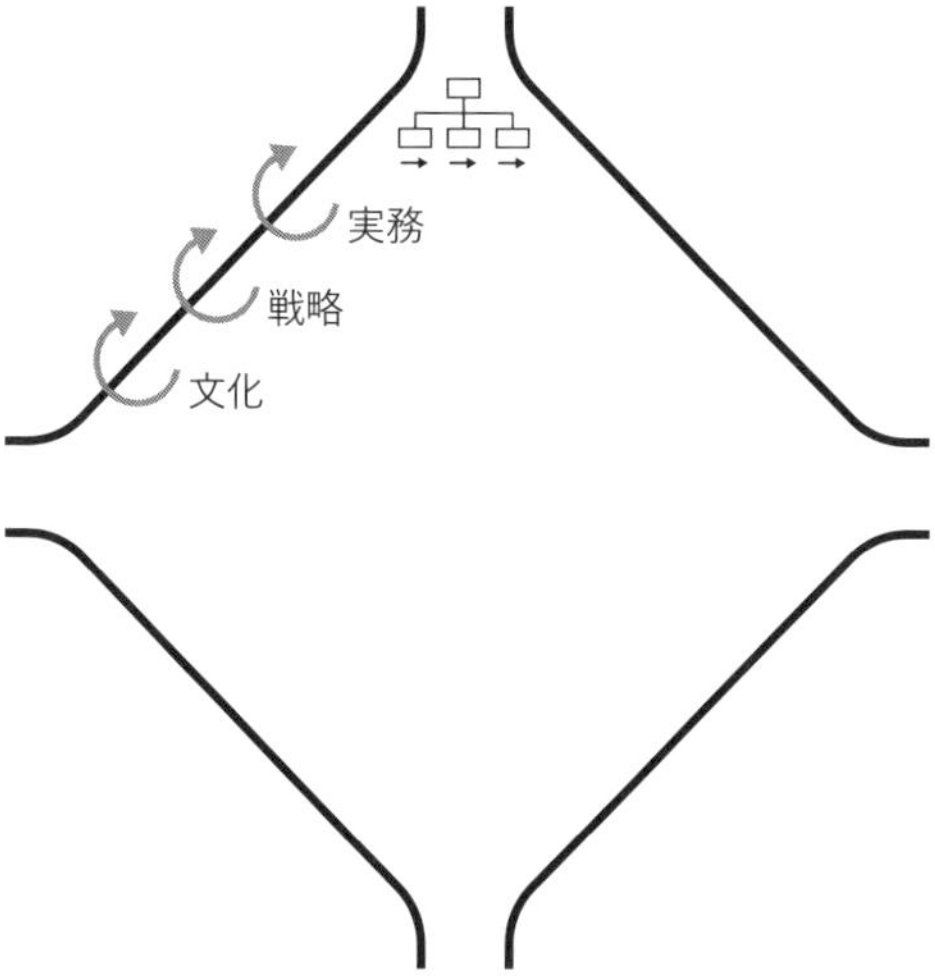

ましい文化を修復するほうが簡単なのかもしれない。私が知っている企業のひとつは、衰退しつつあったが、少なくともベテラン社員の心のなかには、かつて成功をもたらした文化の名残がまだあった。この会社は、タコが足を再生するように、その古き良き文化の痕跡を足掛かりに会社を立て直すことができた。

プログラム型組織以外の刷新

立て直しがおこなわれるのは、プログラム型組織だけではない。パーソナル型組織は、新しい最高位者を迎えることにより、立て直しを図る場合がある。すでに、ひとりの人物に権力を集中させる構造が出来上がっているためだ。実際のところ、いったん引退した創業者が返り咲いて、後継者の下で傾いた会社を立て直すケースは珍しくない。

プロフェッショナル型組織で働く専門職たちは概して、誰の言うことも聞きたくない。ましてや、突然どこかからやって来て指図しようとする最高責任者に従うことには抵抗を感じる。そこで、可能であれば、プロフェッショナル型組織の構造の上に、プロジェクトチームを上乗せするアプローチが選ばれる場合もある（前述した病院の救命救急センターのケースはそのわかりやすい例だ）。しかし、直面している危機がきわめて深刻なときは、政治的ゲームを棚上げして新しい最高責任者を迎え、その人物が問題を解決して、すべての人に恩恵をもたらせるようにする必要があるかもしれない。

プロジェクト型組織を立て直すプロセスも、これと似ている。ただし、プロジェクト型組織は変化することに慣れているので、誰かが立て直しに乗り出すまでもなく、自発的に刷新がおこなわれる場合も多い。

刷新における政治の役割

最後に、以上のことがいずれもうまくいかず、**その組織が自力で刷新できない場合は、政治的ゲームによって強引に変化を起こすほかないかもしれない。**たとえば、既存の文化に異を唱えたり、時代遅れのルールを無視したり、仕事の邪魔になる数値計測を拒んだりといった行動が必要とされる。とくに、「反乱のゲーム」や「内部告発のゲーム」「陣営間対立のゲーム」などが実践されることが多い。しかし、問題があまりに深刻化していて、これらの方法でもうまくいかない場合、その組織はライフサイクルの最後の段階を迎えることになる。私たち人間と同じように、組織にも最期のときがやって来るのだ。

◆死――自然死と政治的な死

不死鳥が500年おきに焼け死んで、その都度、その灰のなかから蘇るように、破綻した組織も蘇ることが可能なのか。そもそも、そのような組織は蘇るべきなのか。ビジネス系のメディアは劇的な復活の物語を好んで取り上げるが、実際には、万策尽きて、そのまま消えていく組織のほうがはるかに多い。**破綻しつつある組織の立て直しに成功する例は、不死鳥さながらに伝説の世界の話なのかもしれない。**

人間だけでなく、組織も老いて衰えていく。歴史を重ねるにつれて、部署と部署の結合部の柔軟性が失われたり、さまざまな回路が阻害されたり、構成要素が変質したりし始める。このような組織が内向きになり、閉鎖的なシステムを採用して自己防衛に走れば、一部の利害関係者の利益は差し当たり守られるかもしれないが、社会全体にとっては好ましい結果をもたらさない。

生命維持装置につながれた組織

たくさんの病んだ組織がそれまでに築いた富と政治的影響力のおかげで命をつなぎ続けることは、本当に好ましいことなのか。ビジネスの世界は、言ってみれば老年医学的なコンサルティングで溢れ返っている（歴史を重ねた「高齢」の企業ほど、コンサルティングに費やせる資金をふんだんにもっていることを考えれば、これは当然のことなのかもしれない）。その量は、小児科的なコンサルティングや産科的なコンサルティングとは比較にならないくらい多い。動脈硬化を起こしているプログラム型組織を「アジャイル」（俊敏）にし、いわば「巨象を踊らせる」ために、多大な努力が費やされているのだ。

しかし、機械を俊敏に動かしたり、巨象のような巨大企業を無理やり踊らせたりする必要があるのだろうか。前述したように、機械は一般に、特定の目的を担うためにつくられる。もし機械が必要なくなったり、効率的でなくなったりすれば、機械を改修するよりも、それを撤去して、部品をリサイクルするのが普通だ。同じことは、アジリティ（俊敏性）をもつことが役割のプロジェクト型組織はともかく、プログラム型組織にも当てはまる。

残酷なことを言っているように聞こえたかもしれないが、ご理解いただきたい。私は、この類いの会社がやってきたことに対する「お返し」をしているだけだ。病んでいる会社が思いやりのある会社であることは、めったにない。この種の会社が倒れたあとの灰の中から生まれる新しい会社——より若く、よりエネルギーに満ちているだろう——に比べれば、そう言わざるをえない。経済学者のヨーゼフ・シュンペーターも、経済における「創造的破壊」の意義を高らかに訴えていたではないか。（注132）それに、こうした賞味期限切れの組織は、どっちみちいずれ死を迎える可能性が高い。それなのに、どうしてわざわざ延命して苦痛を長引かせ、出費を増やすのか。そのような組織が長く患い続けるより、いわば突然死を迎えたほうが生産的なのではないか。

健全な社会を維持するためには、フレッシュな新しい組織がひっきりなしに生まれて、疲弊した古い組織に取

って代わらなくてはならない。言い換えれば、**私たちが関心を払うべきなのは、個々の組織を刷新することではなく、さまざまな組織によって構成される社会を刷新することなのだ。**その点、小さな組織は、概してあまり注目を集めることもなく、比較的すぐに死にいたる。そして、それらの組織がもっていた資源は、早期にほかの組織のために活用される。

問題は、大きな組織だ。規模の大きい組織は、命をつなぐための政治的な力をもっている場合が多い。所有者や経営幹部たちがそれを強力に後押しする（この人たちは、普段は「企業が政府による干渉を受けない自由な経済」を礼賛しているはずなのに、このときばかりは平気で主張を変える）。そして、選挙で選ばれた政治家たちも、政治的立場の違いに関係なく、それに手を貸す。まとまった数の雇用がいきなり失われることを恐れて、実質的に破綻している大企業を救済しようとするのだ。実際には、小規模な企業破綻によって日々失われている雇用のほうがはるかに多いのだが。

政治アリーナとしての最期

大規模な組織は、末期の日々におこなう政治的活動によって寿命を延ばせるかもしれないが、最終的には政治的活動によって倒される場合もある。影響力をもつさまざまな勢力が腐肉をあさる動物さながらに、残されたものの分捕り合戦を展開する結果、組織が政治アリーナと化し、政治的ゲームに飲み込まれてしまうのだ。こうして、またひとつ偉大な老舗組織が倒れる。しかし、さまざまな組織が存在している雑然とした世界は、なにごともなかったように続くのだ。

さて、次章以降は死者の世界から生者の世界へ、俊敏に生き続ける組織の世界へ話を戻そう。

第VII部

7つの類型を超えて

私たちはときどき、誰かから問いを投げ掛けられて、ハッとして思わず動きを止めてしまうことがある。アラン・ノエルが私に発した問いも、そのような問いだった。

ＨＥＣモントリオール（モントリオール高等商業学院）の教員になる前にマギル大学の博士課程で学んでいたアランは、本書の原型となった著作の初期の草稿に目を通して、こう述べた――**私はここで紹介されているピースを使って、ジグソーパズルをつくっているのでしょうか。それとも、レゴの作品をつくっているのでしょうか。**つまり、ジグソーパズルのように、いくつかの決まった形に組み立てることが想定されているのか、それとも、レゴのブロックのように、まったく新しい形をつくり上げることが想定されているのか、というわけだ（レゴのブロックは、元々はそのような性格のものだった。ジグソーパズルの立体版のような商品を続々と送り出すようになるまでは）。

私はこの問いをきっかけに、それまではジグソーパズル型の思考をしていたが、今後はレゴ型の思考をすべきだと思うようになった。特定の組織形態の類型にもハイブリッド型にも当てはまらない「特異例」に着目することにより、組織形態の枠にとらわれずにものを考える機会が得られる可能性があると考えたのだ。そこで、私は「レゴ」という名前をつけたファイルを用意して、どの類型にもハイブリッド型にも当てはまらない事例を

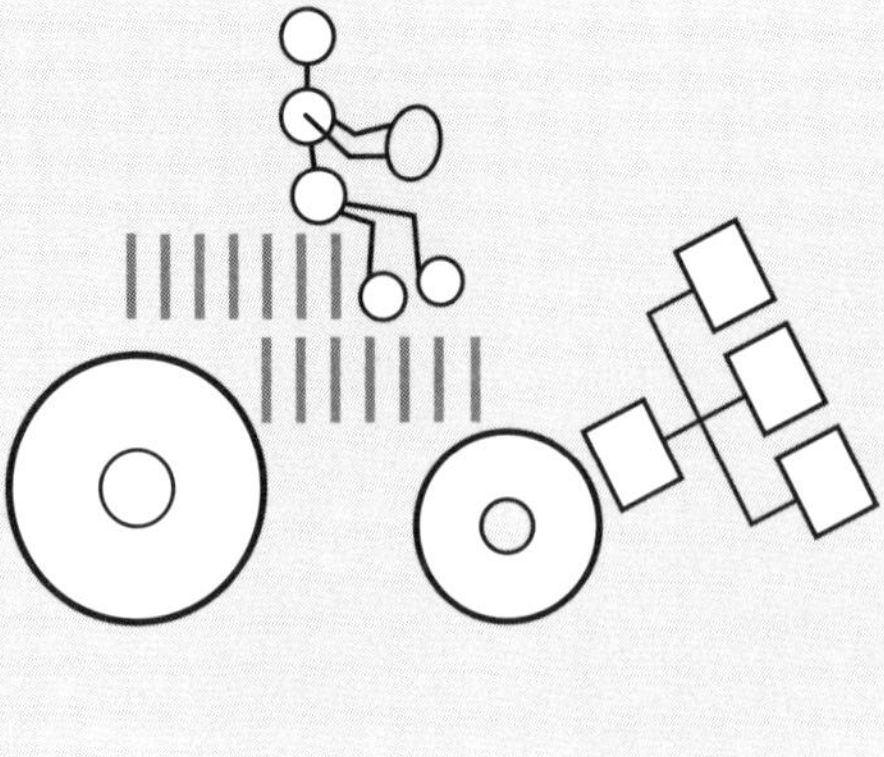

収集し始めた。本書の締めくくりとして、そうした枠にはまらないケースに光を当てる。組織形態の種類を7つに限定する必要などないのだ。

思考停止から遊び心へ

私の手元の辞書によれば、「puzzle」（パズル）という英単語のひとつの意味は、「理解することが難しい謎」だ。そうだとすると、ジグソーパズルは真の「パズル」とは言えない。ジグソーパズルを完成させるには手間がかかる場合もあるが、理解することが難しいわけではないからだ。具体的に言うと、ジグソーパズルは――

❶ピースがあらかじめ用意されている
❷それぞれのピースの形がはっきり決まっている
❸ピースを正しく組み合わせれば、ぴったりはまる
❹完成させるべき絵柄は、パズルの箱に印刷されている

ジグソーパズルは、思考停止状態でも完成させることができる。謎を解くために頭を使う必要がない。それに対し、真のパズルの特徴は――

❶ピースは自分で見つけるなり、つくるなりしなくてはならない
❷ひとつひとつのピースの輪郭ははっきりしない
❸ピースがぴったりはまることはほとんどない。結合させなくてはならない場合が多い

❹パズルの箱は見当たらず、完成させるべき絵柄は、ピースとその組み合わせから自分で描き上げなくてはならない

このようなパズルを解くためには、**思考停止に陥らずに、遊び心を発揮する必要がある。前例のない新しい構造をつくり上げるために、創造的に考えるつもりでいなくてはならない。**この点は、組織に関しても、それ以外のものごとに関しても言えることだ。そこで、この第Ⅶ部は、７つの類型を超えた組織づくりをテーマにする。第20章では、どのようにして組織が境界線を開放するのかを論じ、第21章では、組織構造をデザインするプロセスをどのようにして開放するのかを見ていく。

第20章 外へ向かう組織

「アウトワードバウンド」（outward bound）という英語の言葉は、元々は本国の港を出港してほかの国の港を目指す、つまり「外国行き」の船舶を表現する言葉だった。その後、子どもたちに自然の中での冒険の機会を提供するNGO「アウトワードバウンド」の名称として知られるようになった。以下では、近年多くの組織が取っている行動を言い表すものとしてこの言葉を用いる。

「バウンド」（bound）という英単語には、2つの正反対の意味がある。ひとつは、「〜へ向かう」という意味。これが開放的な意味合いだとすれば、逆に閉鎖的な意味合いの語義もある。「ある場所や状況に縛りつけられている、もしくはある場所や状況によって縛られている」（オックスフォード英語辞典）という意味だ。本章では、**それまで組織の境界線に縛られていた組織が、最近は組織の外へ向かうようになった**現象について論じる。

本書の冒頭で紹介した7歳児の問いを改めて考えてみたい。「ねえ、『組織』ってなに？」という問いだ。たとえば、「アップルってなに？」と聞かれたら、どう答えるだろう。アップル社で働く人たちのことだと答えたとして、7歳児がアップルストアの床を掃除する男性を見て、「あの人もアップルなの？」と言ったら？　「いや、あの人は契約社員だよ」と答えれば、子どもの頭の中に疑問符が湧いてくるだろう。アップルの製品のことだと答えればどうか。「そのスマートフォンがアップルなら、どうしてそのなかに入っている小さなもののことはアップルじゃなくて、アプリと呼ぶの？」と、7歳児が言うかもしれない。「それは、アップルがプラットフォームだからだよ」と答えれば、子どもは、「それはコンサート会場の演壇《プラットフォーム》みたいなもの？」と言うかもしれない。

近年は、多くの組織で内と外の境界線が曖昧になり始めている。清掃業務は内から外へ、アプリは外から内へ移行している。しかも、学者やメディアがそのような現象を曖昧な言葉で説明して、混乱にますます拍車をかけているケースが少なくない。本章では、この点を整理してみたい。第1章で述べたように、この本の原型になった1979年の書籍*The Structuring of Organizations*の副題は*A Synthesis of the Research*（研究の総合）というものだったが、本書では、私が組織と関わってきた半世紀の経験を総合することを目指してきた。しかし、本章は例外だ。組織構造に関する近年の重要と思われる展開を総合して論じたい。（注133）

これまでの組織は、内に向けて閉ざされたものだった。「多角化」と称する戦略を推進していながらも、内と外の境界線はきわめて強固だったのだ。しかし、近年は、さまざまな新しい仕組みが登場して、組織が外に向かって開かれ始めた。本章では、その6つの形態を取り上げる。「外へ伸びるネットワーク」「契約によるアウトソーシング」「提携による合弁事業」「部外者を参加させるプラットフォーム」「共通の目的に向けた合同」「テーブルを囲む寄り合い」である。

20世紀終盤には、組織内に存在する垣根を壊すことを趣旨とするプロジェクト型組織の形態が好まれるようになったが、**21世紀の世界では、組織と組織の間の垣根を壊すための仕組みが隆盛を極めている。**ありとあらゆる壁が崩れ落ちつつあるのだ。

◆――垂直統合と多角化により境界線が確立されているパターン

20世紀の多くの期間、大企業の戦略として最も目立っていたのは、垂直統合と多角化だった。その戦略を既存の境界線の枠内で推進していたのである。

垂直統合により、事業活動の「チェーン」が長くなり、上流方向では納入業者を、下流方向では顧客を取り込むようになった。これらの要素を自社の境界線の内側に引き込むようになったのである。たとえば、自動車メーカーがバッテリー製造会社を買収したり、社内に販売代理店網を築いたりするようなケースだ。ヘンリー・フォードはこの戦略を極限まで推し進めた。「帝国の垂直統合を完結させるために、鉄道を買収し、16カ所の炭鉱と70万エーカーの……森林を獲得し、製材所を建設し、スペリオル湖そばの鉱山から鉱石を運び出すために五大湖の輸送船群を購入し、さらにはガラス工場まで傘下に収めた[注134]」のだ。

事業の多角化に乗り出す企業は、異分野の企業を買収して社内に取り込んだり、自社内で新しい事業を立ち上げたりしてきた。自動車メーカーの本田技研工業(ホンダ)が実践してきたことは、この後者のパターンと言える。ホンダは、自動車の専門知識を生かして、ほかの種類の乗り物――船外機、芝刈り機、四輪バギーなど――も製造するようになった。しかし、いずれの場合も、組織の境界線は明確だった。新しい

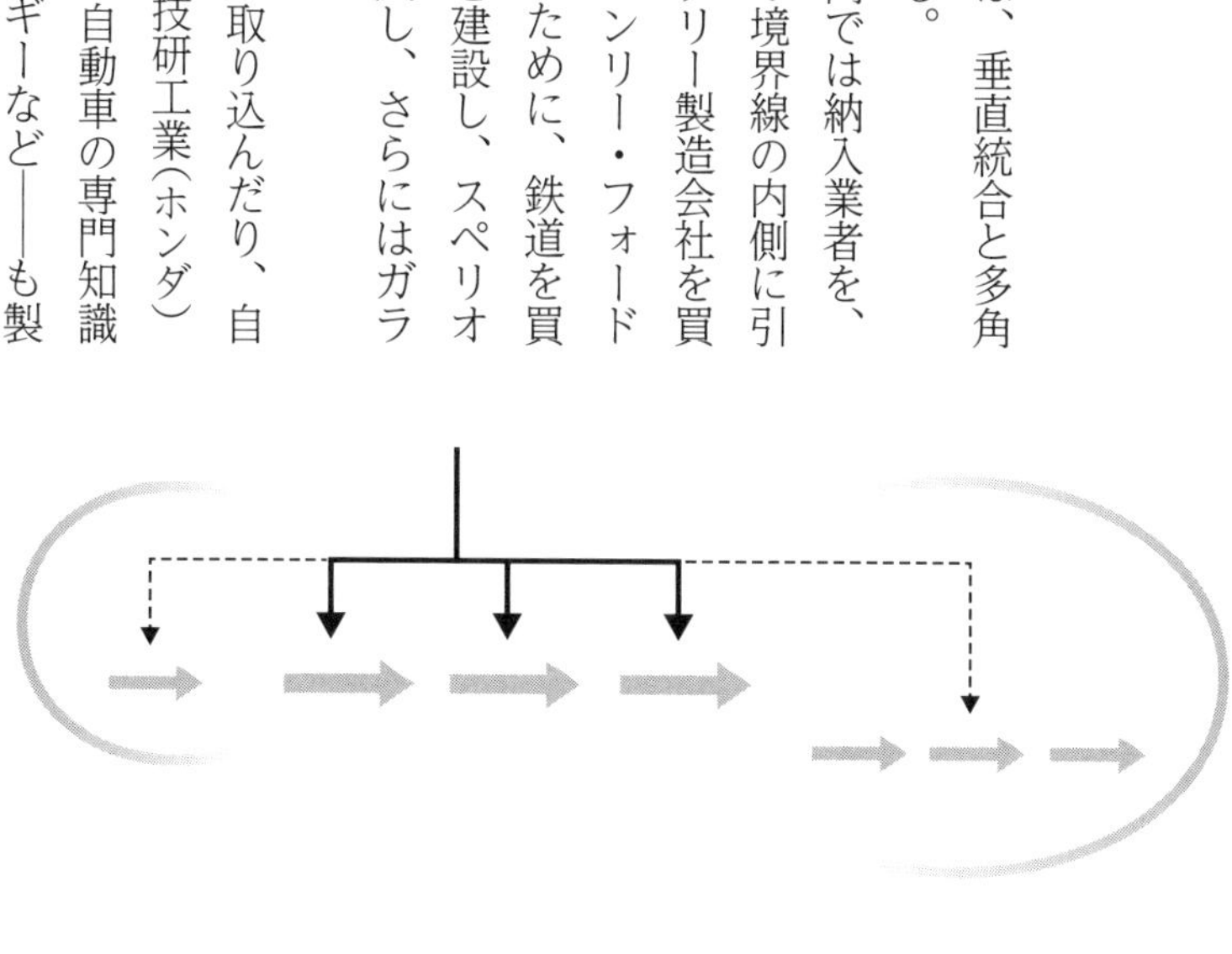

活動に携わる人たちは、既存の組織階層を通じて指揮命令を受けていたのだ。言ってみれば、ヘンリー・フォードの下にあるものはすべて、フォードの一部だった。すべてが一目瞭然だった。

　しかし、時代は大きく変わった。

◆外へ伸びるネットワーク

　ネットワークづくり自体は、別に目新しいことではない。私たちは、私生活と同様、組織における生活でも、コミュニケーションを円滑にするために、組織内だけでなく、組織外でもネットワークづくりをおこなう。**昔と変わったのは、新たにソーシャルメディアが登場したことにより、ネットワークづくりの範囲が大きく広がったことだ。**ときには、隣家の住人とつながるより、世界中の同僚とつながるほうがはるかに簡単だったりする。米国のボストンで働くソフトウェアエンジニアのチームは、勤務時間が終わると、そこで作業を切り上げ、インドのバンガロールのチームにバトンタッチし、バンガロールのチームは自分たちの勤務時間が終わるまで作業をおこない、そのあとは再びボストンのチームに続きを委ねる――こんな具合に、異なる時間帯で働くチームがいわば「非同時的」に目を見張るほど円滑につながり合うことも可能になった。（注135）

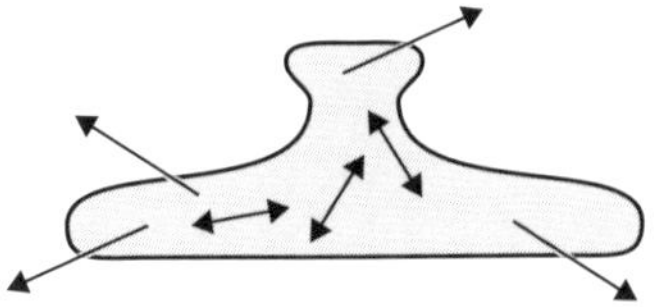

　ネットワークづくりは、正式な制度に基づいている必要はない。相互の調整をおこなうために、自然発生的にネットワークが形成される場合もある。それに対して、外へ向かう組織が採用するほかの5つの形態はすべて、

ある程度正式な制度を通じて実現する。そのうちの2つは契約に基づくもの、1つはルールに基づくもの、残る2つはメンバーを特定することに基づくものである。

◆契約によるアウトソーシング

アウトソーシングを始めると、組織の境界線は曖昧になり始める。アウトソーシングは、垂直統合とは正反対の性格をもつ。それまで組織内でおこなっていた活動を、契約により外部の組織や個人に発注するのだ。たとえば、今日、ほとんどの企業はオフィスの清掃業務をアウトソーシングしているし、幹部人材の採用に関して専門の人材仲介会社に依頼している場合も多い。このようなケースでは、清掃会社や人材仲介会社は、社内に存在してはいないが、まったくの外部に存在するわけでもない。これらの会社は、契約に基づき、交渉により合意した期間、定期的に業務をおこなう。

以前、私はある工場を訪ねたとき、ブルーの制服を着ているのは自社の従業員で、グリーンの制服を着ているのは従業員ではない、と説明されたことがある。グリーンの制服の人たちは、同じような業務をおこなっているけれど、ほかの会社から給料を受け取っていた。この場合、境界線を示すものは制服の色だけだ。

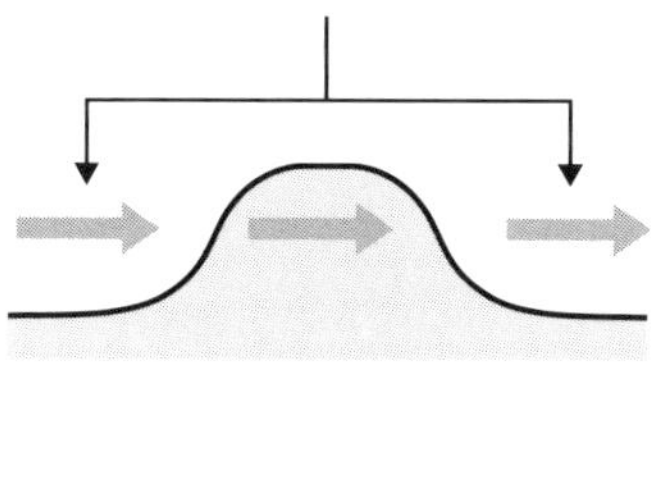

ある種のアウトソーシングは、かなり前からおこなわれていた。[注136] たとえば、ほとんどの組織は昔から、法務サービスを契約により外部に委ねてきた。建設業界でも、アウトソーシングが大々的に実践されてきた。「コント

ラクター」と呼ばれる建設会社が、その名のとおり建物を建設する契約（コントラクト）を獲得して、電気配線、配管、足場の設置などの個別の業務は「サブコントラクター」と呼ばれる下請け業者に発注する場合が多い。この点では、映画制作も似ている。映画制作会社は、どのような映画をつくるかを決めて、あとは社外の映画監督や脚本家、俳優、映像編集者などの力を借りて映画を制作する。

近年のアウトソーシングの隆盛をもたらした一因が（ヘンリー・フォード流の）垂直統合の行き過ぎにあったとすれば、今度は振り子が反対方向に振れても不思議ではない。小売店が店舗の維持管理に関わる業務を外注することと、商品の調達を（たとえばアマゾンなどの）外部の業者に任せることとは、まったく性格が異なる。映画づくりのプロセスでは、大掛かりなアウトソーシングが成功しているかもしれないが、ほかのタイプの組織で同様のことをおこなえば、組織の根幹部分が空洞化しかねない。ここで重要なのは、その組織のコア・コンピタンスを見極めることだ。これは、手放せば組織の生き残りが危うくなるような能力のことである。建設会社で言えば、契約を獲得する能力と下請け業者を選ぶ能力がそれに該当するだろう。(注137) しかし、ときには、思いがけない要素が自社のコア・コンピタンスだったと知って驚かされる場合もある。航空大手のエア・カナダは、まさにそのような経験をしたと言えるかもしれない。同社は、「アエロプラン」と名づけたポイントプログラムを立ち上げて成功を収めていたが、その業務を独立した部署に委ね、のちにその事業を売却したが、最終的に買い戻すことになったのだ。

言うまでもなく、アウトソーシングは、ビジネスの世界に限った現象ではない。多元セクターでは、私が所属する大学でも事務スタッフの多くを契約職員に転換して久しい。私に言わせれば、その結果として大学の文化が弱体化してしまった。また、政府セクターでも、かなり前からアウトソーシングが活発におこなわれている。単に、それをアウトソーシングと呼んでいないだけだ。行政機関が提供すべきサービスの非常に多く、それも内部でも実行できる業務の多くがアウトソーシングされてきた。行政機関と契約を結んで、そうしたサービス（たとえば、貧しい人たちに食料を提供するサービスなど）を担うNGOも多い。最近では、「ニュー・パブリック・マネジメント」（第14章で詳しく取り上げた）の名の下に、行政サービスのアウトソーシングが過剰になっている面もあるかもしれない。米国の一部の州にいたっては、刑務所の運営まで民間企業にアウトソーシングしている。

指摘しておくべきなのは、本章で取り上げるほかのいくつかの形態にも言えることだが、アウトソーシングは、組織をプロジェクト型に近づける作用をもつということだ。その理由は、自動化が組織をプロジェクト型に近づけるのと同じだ。内部でおこなう活動を減らす結果、管理業務がプロジェクト的性格を帯びるのである。たとえば、内部の業務機能をマネジメントするのではなく、外部のアウトソーシング先と交渉することが役割になる。

◆──提携による合弁事業

境界線がさらに曖昧になり、独立した組織同士が提携し、特定の製品やサービスを設計、開発、販売するパターンもある。一時的に提携して合弁事業をおこなうのだ。たとえば、「参加する企業がイノベーションの分業を実践し、少なくとも2つ以上の企業を経てアイデアがイノベーションから商業化まで進む」ようなケースだ。（注138）

コンパクトカーの「スマート」は、自動車業界における興味深い例と言える。この車種の開発は、自動車大手のメルセデス・ベンツグループと、なんと時計メーカーのスウォッチグループの合弁事業として出発したのだ。新型コロナウイルスのワクチン開発では、製薬大手

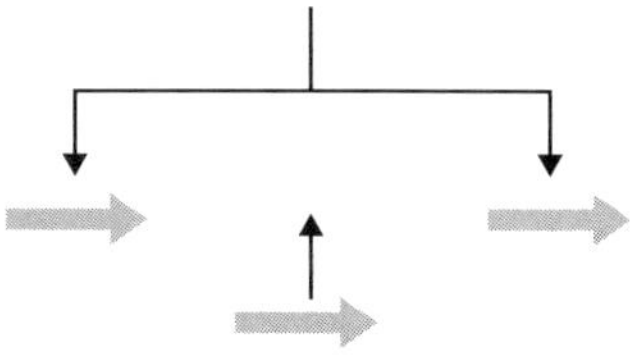

のファイザーと、夫婦コンビの小規模企業の合弁事業により、画期的な成果が実現した。[注139] また、最近の長編映画を見ると、大勢の「プロデューサー」が名を連ねているケースが非常に多い。

この仕組みも、採用されるのはビジネス界だけではない。「合弁事業」（ジョイントベンチャー）という言葉はビジネスの世界で好まれるが、政府セクターと民間セクターの間の合弁事業は、「ＰＰＰ」（＝public-private partnership）という言葉で呼ばれることが多い。ただし、この言葉で呼ばれているものは、実際には、政府セクターと多元セクターのパートナーシップ（＝public-plural partnership）だったりする。また、政府セクターと多元セクターと民間セクターのパートナーシップ（＝public-plural-private partnership）も珍しくない（「ＰＰＰＰ」という呼び名はまだ目にしたことがないが）。たとえば、地方自治体と民間企業とＮＧＯが手を組んで、地域の大気汚染を改善することを目指すようなケースだ。

◆部外者を参加させるプラットフォーム

アウトソーシングの裏返しが、インソーシングとでも呼ぶべき形態だ。**組織がプラットフォームの形を取り、部外者に利用させるパターンである。**プラットフォームにおける販売業者と購入者の間の調整、そしてときにはそのプラットフォーム上で出会ったユーザー同士（オンラインオークションサイトのイーベイなどのケース）の調整は、相互の調整によっておこなわれる場合が多い。そうしたやり取りは、たいていオンラインでおこなわれる。

オープンソースのソフトウェアや、オンライン百科事典のウィキペディアは、プラットフォ

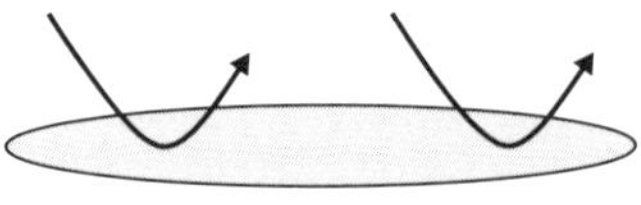

ームの典型と言える。ウィキペディアで「オープンソースソフトウェア」（OSS）の項を見ると、「著作権者は、あらゆる利用者に対して、目的を問わず、ソフトウェアとソースコードの使用、調査、変更、配布を認める」という説明がある。

私は、ウィキペディアの従業員ではないし、メンバーでもない（そもそも、ウィキペディアにメンバーはいない。ウェブサイトにはこんな記述がある。「どうすれば、ウィキペディアのメンバーになれますか？――どうぞご自由にご利用ください」）。こうした点を考えると、私はウィキペディアの内部にいるとは言えない。では、私はウィキペディアの外側にいることになるのか。そうとも言い切れない。私はいつでも好きなときに、ウィキペディアの内側に入ることができるからだ。いまこの瞬間に、それをおこなうこともできる。

そこでさっそくウィキペディアにアクセスして、「プラットフォーム型組織」を調べてみた。すると、「『プラットフォーム型組織』のページは見つかりませんでした。ページをつくるよう依頼することができます」というメッセージが表示された。いくつかのルールに従えば、私自身がページをつくることもできる（ただし、別のプラットフォームであるフェイスブックは、利用者に課すルールが不適切なものだった場合にどのような事態が起きるかを思い知らされることになった）。こうしたことは、スーパーマーケットのような組織ではありえない。もし、私が近所のスーパーマーケットを訪れて、こんなことを言ったとしたら……と想像してみてほしい。「おたくの店のシーフード売り場にエビのブラックタイガーが置かれていなかったので、商品ラインナップに加えておいた。明日、買いに来るよ」

ウィキペディアは、多元セクターの組織であり、特定の所有者は存在しない。この組織は、民間の所有物でもなければ、政府の所有物でもない。それは「共有財産」と呼ぶべきものだ。海と同じように、誰でも利用することができる（ウィキペディアは、利用者から寄付を募って資金を調達している）。一方、フェイスブックは、ほかの多くのプラットフォームと同様、株主の私有財産だ。しかし、世論形成に及ぼす影響がきわめて大きいために、共有財産、もっと言えば公的財産のように扱われている。旧来の境界線がここでもぼやけているのだ。

ウィキペディアのような組織の境界線は、どうなっているのか。マーク＝デーヴィッド・シーデルとキャサリン・スチュワートは、この種の組織形態を「新しいコミュニティのアーキテクチャー」（「Cフォーム」）と呼び、以下の特徴を指摘している。「❶メンバーとメンバー以外の境界線が流動的で非公式である、❷ボランティア労働を大々的に取り入れている、❸情報に基づくプロダクトを提供している、❹知識の共有が大掛かりに実行されている」(注140)

もっと旧来のビジネスに近い分野では、以前、アメリカン航空がIBMとの合弁事業により、「SABRE」というプラットフォームを立ち上げたことがある。これは、「膨大な数の旅行代理店などが……完璧な調整を通じて……航空チケットとホテルとレンタカーの予約をおこなうことを可能にするもの」だった。また、知ってのとおり、アップルは、スマートフォンのiPhoneをひとつのプラットフォームと位置づけ、あらゆる種類の組織がそこでアプリを提供できるようにした。(注141)

モリエールの有名な戯曲に登場する紳士がふと気づくと、自分がいつの間にか散文で話していたことに思いいたるように、考えてみれば、私たちは実は昔からプラットフォーム型の組織を利用してきた。たとえば、農家がスペースを借りて消費者に農作物を販売するフードマーケットや、投資家が株式を売買する株式市場などは、その例だ。(注142)医師のなかには、勤務先の病院を、自分が医療行為をおこなうためのプラットフォームと位置づけてきた人も多いだろう。また、自社をプラットフォームに転換することにより、利益を上げようとしている企業もある。たとえば、配車サービス大手のウーバーは、ドライバーが登録して乗客を探すためのプラットフォームと見られることを好む。もっとも、私に言わせれば、これは奇妙だ。私の目には、ドライバーを社内に抱えないためのアウトソーシングの仕組みを見いだしたタクシー会社にしか見えない。

◆──共通の目的に向けた「合同」

「合同」は、（アウトソーシングとは対照的に）いくつかの組織が一緒になって、自分たちのために共通の機能を実現することを目指す「インサービス」の一形態である。たとえば、いくつかの病院が合同を形成して、納入業者との価格交渉を有利に進めようとする場合がある（このケースは、プロフェッショナル型組織が集合体を形成していると言えるだろう）。同様に、企業は商業会議所をつくり、地域の観光振興などを目指す（ユーラン・アーネとニルス・ブリュソンは、こうした団体を「メタ組織」と呼んでいる（注143））。

合同は、プラットフォームと似ているが、違うのは、ユーザーがみずからメンバーとしてそのプラットフォームをつくることだ。特定の組織がすべてを取り仕切ることはない。そして、合同はしても、統合はしない。それぞれの組織は、完全に独立した存在であり続ける。こうした集まりの中心には、活動にまとまりを生み出すための少人数のスタッフが存在する場合もある。そのスタッフのリーダーは、メンバーである組織から期間限定で選ばれることが多い。一国単位で活動する小規模な会計事務所が合同して、互いに国際業務を提供し合うのもこのパターンだ。そうした国ごとの会計事務所がグローバルな大手会計事務所を形成し、ひとつの法人の形を取る場合は、事業部型組織に近くなる。以上のような性格をもつため、この形態を表現

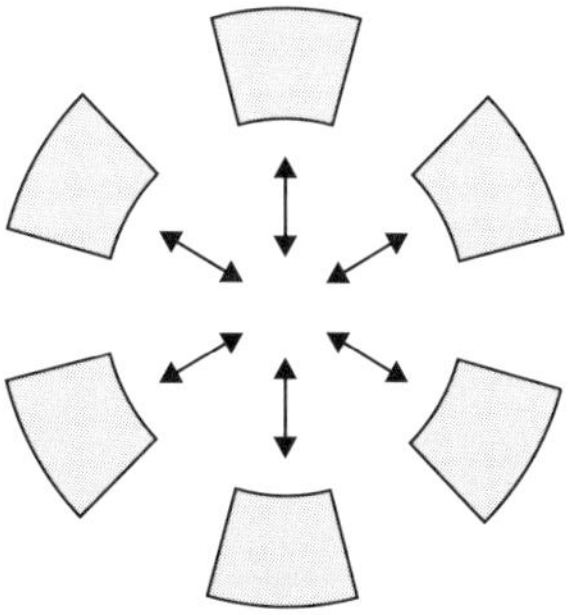

する図はドーナツ状になっていて、中央部ではなく、周辺部に実質があるように描いてある。

◆——テーブルを囲む寄り合い

寄り合いは、アウトソーシング、合弁事業、プラットフォーム、合同に比べれば緩やかな結びつきではあるが、これも組織が外へ向かって境界線を開くパターンの一形態だ。合同と似ているように見えるかもしれないが、明確な違いがある。寄り合いでは、**決まったメンバーが便宜上の理由で集まる。なんらかの機能を実現するために合同するのではなく、共通の関心事のために寄り合いをつくる。**この形態を表現する図は、メンバーが集まってテーブルを囲む姿を描いたものだ。比喩的な意味にとどまらず、現実にメンバーが定期的に集まって、共通の関心事について議論する場合も多い。国際政治の分野では、このような集まりをよく目にする。G20やG7などの会合はその例と言えるだろう。それに対して、NATO（北大西洋条約機構）は、軍事機能を備えた合同と呼ぶべきものだ。

「コンソーシアム」「チェンバー」「アライアンス」「アセンブリー」など、この種の団体を言い表すために用いられる言葉は多いが、そのいくつかは合同に関しても用いられる場合がある。ビジネス界の業界団体の類いは、共通の関心事を話し合うために集まっているのか、それとも共通の利益のためにロビー活動をおこなう目的で集まっているのか。多くの場合は、両方の性格をもっているだろう。また、同業の大手企業が定期的に集まって「ただおしゃべりをするだけ」の寄り合いだという建前になっているが、実際には、談合のための合同の隠れ蓑にな

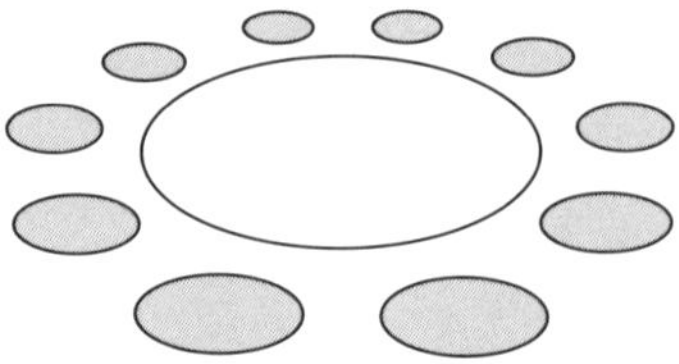

っているケースはないだろうか。

◆組織形態の類型と境界線の開き方

本章で論じてきた6つのパターンは、すべての組織形態の類型およびハイブリッド型の形態で見られる。しかし、境界線を外へ開くパターンが見られやすい組織形態と、そうでない組織形態がある。

プログラム型組織とパーソナル型組織、コミュニティシップ型組織では、あまり見られない。これらの組織はコントロールを維持しようとする傾向があるため、ある種のアウトソーシングと寄り合いを別にすれば、境界線を外に開くことは比較的少ない。それに対して、プロジェクト型組織は、おそらく境界線を開きやすい。このタイプの組織は、本章で紹介したすべてのパターンを通じて外へ向かうだけでなく、ほかの組織を内側に取り込む場合もある。他社の従業員を社内のチームに迎えたりするのだ。

同様に、プロフェッショナル型組織でも、本章の6つのパターンすべてがしばしば見られる。このタイプの組織の境界線はたいてい外へ広く開かれていて、そこで働く専門職たちは多くの場合、さまざまな場所で、ときには国境も超えて、ネットワークを形成したり、合弁事業をおこなったり、合同したり、寄り合いをつくったりする傾向がある。大学教員がメディアのインタビューを受けるとき、国外滞在中であるケースが少なくないことにお気づきだろうか。この点も大学のこのような性格を裏づけるものと言えるだろう。また、大学という組織自体も、ありとあらゆる形で外の世界と関わろうとしている。たとえば、複数の大学が一緒になって、新たに合同の大学院プログラムを設置したりするケースもある。

マネジメント教育の境界線を開く

第3章で述べたように、マネジメントとは実践の行為であり、ある程度のアートと、かなりの量のクラフトで構成されているが、サイエンスの要素は限られている。このうち、マネジメントのアートの要素は生まれもっての才能であり、教えることはできない。一方、クラフトも教えることはできないが、主に実地の職務経験を通じて学ぶことができる。サイエンスは分析という形で教えることができるが、それはマネジメントとは言い難い。では、マネジャーの育成は、実地での非公式なメンタリングとコーチングにすべて委ねるべきなのか。そうとは限らない。教育のプロセスを外に向けて開くことは可能だ。

一般的なMBAプログラムは、自己完結的な性格が強い。境界線はかなり強固だ。たいていひとつのスクールで、もっぱらそのスクールの教員によって教えられている。そして、大半の授業では、大教室に何列も並んでいる座席に、学生たちが教員と向かい合う形で着席し、教員が講義をおこなったり、ケーススタディ——その対象は学生たちが直接知らない会社だ——についての議論を主導したりする。カリキュラムは、マネジメント経験をもたない、もしくはその経験がきわめて乏しい学生を対象に、マーケティング、財務などの業務機能ごとの科目を寄せ集めたものになっている。そのような性格上、マネジメントのクラフトの要素よりも、分析の要素に重きが置かれることになる。

私は1996年、マネジメント教育のあり方を変えるために、ほかの研究者たちとともに、新しいプログラムを発足させた。それが「IMPM」（国際マネジメント実務修士課程）である。マネジメント教育をマネジャー育成に転換させたいと考えたのだ。具体的には、旧来型の教育を超えて社会的学習をおこなうことを通じて、マネジメント教育の境界線を開き、現役マネジャーである参加者たちの経験を取り入れるものとした。教室にいくつもの丸テーブルを並べて、少人数のグループごとにテーブルを囲んで学習に取り組む。半分の時間は、教員が素材を提供し、もう半分の時間は、教員から提供された素材に照らして、参加者の個人的な経験についてみんなで検討する。

世界の5つのスクールがIMPMのパートナーとして参加しており、参加者はそれぞれのスクールで10日間ずつ学ぶ。それぞれのスクールは、ひとつのマネジメントのマインドセット（思考様式）を担当する。ランカスター（イングランド）のスクールは、振り返りのマインドセット（自己のマネジメント）。モントリオール（カナダ）のスクールは、分析のマインドセット（組織のマネジメント）。バンガロール（インド）のスクールは、広い視野のマインドセット（文脈のマネジメント）。横浜（日本）のスクールは、協働のマインドセット（関係のマネジメント）。リオデジャネイロ（ブラジル）のスクールは、行動のマインドセット（変革のマネジメント）である。

IMPMに、特定の科目のコースは存在しない。その代わりに、さまざまなタイプのセッションがいくつも用意されている。それぞれのセッションは、短い場合は1時間くらい、長い場合は1日程度だ。この点で、IMPMは、プロフェッショナル型組織より、プロジェクト型組織の性格が強い。たとえば、「フレンドリー・コンサルティング」という活動では、参加者が自分の関心事についてほかの参加者からアドバイスを受けることができる。また、スクールでの取り組みは、参加者の各自の職場における活動によって補完される。参加者がペアをつくり、互いの職場を訪ねて1週間近く過ごし、観察してコメントする「マネジャー交換留学」をおこなったり、参加者がIMPMで学んだことをもとに、自分の職場で変化を起こすために「インパクトチーム」をつくったりする。

IMPMでは、本章で紹介してきた仕組みを駆使して、マネジメント教育の境界線を外に向けて開いていると言えるだろう。具体的には以下のとおりだ。

・IMPMでは、5つのスクールが合弁事業を築いているとみなせる（ひとつのスクールがプログラムの一部をほかのスクールにアウトソーシングしているのとはわけが違う）。また、5つのスクールは、マネジメント教育を進化させるという共通の目的に向けて合同しているとも言える。

・一方、教員による教育のかなりの割合は、学習者自身の学習にアウトソーシングされている。学習者は、「学生」ではなく「参加者」として、丸テーブルでの議論のテーマ、フレンドリー・コンサルティングで取り上げる題材、職場でのインパクトチームの活動の中身を自分たちで決めるのだ。

・その結果として、IMPMは、マネジメント教育のイノベーションが花開くプラットフォームとして機能している。IMPMで生まれたイノベーションとしては、すでに述べた点に加えて、特徴的な座席配置も挙げることができる。たとえば、ときどき、丸テーブルを囲むグループのメンバーのうちのひとりを「基調傾聴者」に指名して、ほかのメンバーが議論する間、ひとりだけ後ろ向きに着席させ、発言せずに議論に耳を傾けさせる。そして、そのあと、教室全体で議論する際、それぞれのグループの基調傾聴者だけを集めて、教室の中央に小さな輪をつくって着席させ、話し合わせる。ほかのメンバーは、基調傾聴者たちの輪を取り囲むようにして座る。そして、外側の輪の人たちは、内側の輪の人たちの議論につけ加えたいことがあれば、内側の人の肩を叩いて交代してもらう。こうして、教室の議論が続く。

・IMPMは教育のプラットフォームとして、見学を歓迎している。見学者たちには、学んだことを自分のスクールに持ち帰って応用してもらいたいと考えている。また、私が所属するマギル大学は、HECモントリオールとともに、IMPMと同じ趣旨のEMBAプログラムを設けている（この場合のEMBAは「エグゼクティブMBA」ではなく、「経営管理を超えたマネジメント教育＝Educating Managers Beyond Administration」の意味と考えてほしい）。また、マギル大学はIMHL（国際医療リーダーシップ修士課程）

というプログラムも設置した。このような社会的学習をマネジャーたちの職場で実践するのを助けるために、「コーチング・アワセルブズ」も設立された（私もそのパートナーになっている）。コーチング・アワセルブズでは、マネジャーたちが職場で少人数のグループをつくり、学習素材をインターネットからダウンロードし、その活用方法を自分たちで考えて、みずからの組織を改善する。ここでは、マネジャー育成の境界線を組織開発に向けて開いていると言えるだろう。(注144)

本章の記述が後押しになって、あなたが自分の人生で、自分の組織で、そしてさまざまな組織の間で、境界線を開き、これまで何世紀にもわたって私たちを悩ませてきた難題を解決することを願っている。次の第21章では、それを実現する方法について論じる。

第21章 組織デザインのプロセスを開放する

本書の締めくくりである本章では、組織デザインのプロセスを開放することについて論じたい。その際、頭に入れておくべき点がいくつかある。

カスタマイズは欠かせない

まったく同じ人間は2人といない。したがって、まったく同じ組織も2つとない。組織は、それぞれが唯一無二の存在である人間たちが集まって形づくられるものだからだ。そのため、組織の構造はすべて、ひとつひとつの組織に合わせてカスタマイズする必要がある。程度の差こそあれ、カスタマイズは不可欠だ。少なくとも、その組織のメンバーの特異性に合わせた調整が必要となる。本書の第Ⅱ部では、組織デザインの構成要素を紹介した。第Ⅲ部では、それらの要素をジグソーパズルのように組み合わせてつくられる組織形態の4つの類型について論じた。そして、第Ⅳ部・第Ⅴ部では、パズルのピースをさらに増やし、7つの力と3つの類型を検討した。第Ⅵ部では、「錨」「ハイブリッド」「変遷」に着目して、類型の隙間の領域に光を当てた。本章では、言ってみればジグソーパズルではなく、レゴを組み立てる方法を考える。**レゴのブロックを組み立てるように、それぞれの組織に合った形でピースを組み合わせて構造をつくり上げる**方法を見ていく。

傑出した組織論研究者のハーバート・サイモンは、著書『システムの科学』（邦訳・パーソナルメディア）でこう記している。「状況をより好ましいものに変えるために行動の道筋をつくり出そうとする行為は、すべてデザインと呼ぶことができる」(注145)。この定義によれば、デザインをおこなう人のなかには、建物をデザインする建築家や、プロダクトをデザインするエンジニアだけでなく、担当科目のコースをデザインする教育者や、組織構造をデザインするマネジャー、さらには本の構成をデザインする著者も含まれる。このような人たちは、どうやってデザインをおこなっているのか。そのやり方は、一般にイメージされているものとは異なるかもしれない。

デザインの4つのアプローチ

私はジーン・リエトカとの共著論文「デザインのとき」で、組織デザインの4つのアプローチを指摘した。(注146)

- **定式型アプローチ**：制約なしに実験をおこなうのではなく、既存の原則に沿って行動する。
- **ビジョン型アプローチ**：デザインをおこなう人の想像力に依存し、その結果として新しい機会に迅速に対応しやすい。
- **会話型アプローチ**：デザイナーだけでデザインをおこなうのではなく、デザインの成果とともに生きていくことになる人たちの知見も取り入れる。
- **進化型アプローチ**：状況が変化したり、問題が持ち上がったり、機会が出現したりするのに合わせて、デザインのプロセスがつねに適応し続ける。

定式型アプローチは、遊び心に欠けていて、ものごとに機械的に反応する性格が強い。これだけでは、カスタマイズされたデザインを生み出すには不十分だ。一方、ほかの3つのアプローチには、遊びの要素がある。それぞれ想像力や会話や適応力を駆使して、力と組織形態、文化と対立、効率と熟達、集権化と分権化、クラフトと創造性のあり方を見いだそうとするのだ。本書ではここまでミツバチから多くのことを学んできたが、実はひとつ重要な例外がある。ミツバチより別の昆虫に学ぶべきケースもあるのだ。

ハエはミツバチより優れたデザイナー

「ガラス瓶の中に数匹のミツバチと同じ数のハエを入れる。そして、瓶を横倒しにして、瓶底を窓にくっつけて置く。すると、ミツバチたちは窓から外に出ようと悪戦苦闘し続け、しまいには疲労か空腹で死んでしまう。それを尻目に、ハエたちはすべて、2分もしないうちに、瓶の口（こちらは開いている）から外に飛び出していく。

ミツバチたちを破滅に導いたのは……知性だった……。ミツバチたちは、捕らわれの場所からの出口はかならず、最も強い光が差している場所にあると思っているらしい。そして、そうした考え方に従ってきわめて論理的な行動を取る結果として死んでいくのである……。

ミツバチたちにとって、ガラスは神秘的な物体だ……高い知性をもっていればいるほど、この謎の物体はいっそう受け入れ難く、理解し難い。それに対して、脳ミソの軽いハエたちは、論理などお構いなしに……瓶の中をひたすら飛び回り、シンプルな選択肢の先にしばしば待っている幸運と巡り合う……必然的に、容易に外の世界に出られる出口を見つけ、自由を取り戻せるのだ」[注147]

この逸話の教訓はこうだ――**構造をデザインする際も、ミツバチ的な行動よりも、ハエ的な行動がもっ**

と必要なのである。

「通路を舗装する」のはほどほどに

デザインについて、こんな例を通じて考えてみてはどうだろう。チェコの首都プラハに、ある公園が設けられている。あなたの町にも似たような公園があるかもしれない。その公園は、専門知識をもったデザイナーたちによって定式型アプローチで設計された。デザイナーたちは、来園者が通行すべき通路をいくつか設計して、道を舗装した。そのうちのひとつは、交通量の多い道路から橋へ人々を導くもので、S字形にくねったルートになっていた。しかし、プラハ市民は、デザイナーたちの定式どおりの設計に従わなかった。人々は状況を自分たちでコントロールし、通路を無視して直線ルートで道路と橋の間を行き来するようになったのだ。こうして、人々が芝生の上を歩くうちに、芝生が踏み固められて道が出来上がった。人々の通路が形づくられたのである。

ここから明らかなように、**デザイナーには、2種類の人たちがいる。ものごとを本当によく理解している人たちと、理解していると思い込んでいるだけで、好ましくない結果を生み出してしまう人たちである。**手術室で手術が始まろうとしているときに、執刀医に対して「もう少し下をお願いできますか」などと言う患者はいない。患者よりも外科医のほうがよく知っているからだ。しかし、建築設計士や教師やマネジャーが自分の知識を過信すると、好ましいデザインをつくり出す妨げになりかねない。デザインのプロセスから利用者の経験が排除されてしまうからだ。

もちろん、なかには自分が「知らない」ということをよく知っている建築設計士もいる。そのような人たちは、人々に公園内を自由に歩かせる。こうしたアプローチは、ビジョン型と位置づけることもできる。プロセスが利用者のビジョンに開かれているからだ。また、会話型のアプローチという性格もある。利用者の思いに耳を傾けるからだ。そして、このアプローチは進化型でもある。人々が通行し続けるなかで、道のあり方が絶えず変わっていくからだ。

こうしたことはすべて、組織のデザインにも当てはまる。**知識のあるデザイナーがほかのみんなのために組織構造をデザインするのではなく、その組織構造の下で生きていくことになる人たちがデザインのプロセスに参加すべきだ。人々が実践を通じて組織構造を設計することが望ましい。学習することにより、人々が自分たちに最も適した道を見いだすべきなのだ。**

サリーとサムは、あるプロジェクトを始めたいと考えて、上層部に対する代表者役をシルヴィーに依頼する。要するに、シルヴィーに実質的なマネジャーになってもらおうというわけだ。プロジェクトがうまくいき、軌道に乗り始めると、いよいよ、正式な組織構造を決める、いわば通路を舗装する必要が出てくるかもしれない。しかし、あまりかっちりと決めすぎないほうがいい。よりよい道をつくり直すために、いつ舗装を剥がさなくてはならなくなるか、誰にもわからないからだ。

デザインは創発的であるべきだ

組織デザインでは、最初から完璧なデザインを目指すべきではない。最初の一回で決定版をつくろうとするケースが多いが、そのようなやり方は、利用者がデザインを改変したり、誤りを修正したりする余地をなくしてしまう。ブラジルの首都ブラジリアの都市設計をおこなった人たちは、この過ちを犯した。そのことに不満をいだく市民は、いまも少なくない。同様の例をもうひとつ挙げると、私は以前、建築家のフランク・ロイド・ライトが設計した邸宅に数日滞在したことがある。そのとき聞いた話によると、邸宅に暮らす女性は、その邸宅を嫌っているとのことだった。家の中の家具にいたるまで、なにも変更できないからだ。しかし、その邸宅はいまも建築界では高い評価を受けている。そこに一度も住んだことのない建築家たちは、その邸宅が大好きらしい。「建築は凍れる音楽である、という古い言い回しがある。しかし、組織の場合、一瞬たりとも凍りつく瞬間はない」と、横山禎徳は「建築家が見た組織デザイン」と題した文章で記している。(注148) **組織には、創発的な戦略だけでなく、創発的な組織構造も必要だ。まずは細々と用心深く始めて、そこから経験を重ねながら進めていくことが望ましい。**別の言葉で言い換えると、戦略と同様に、組織構造も計画するのではなく、学習していくようにすべきなのだ。横山はこうも記している。「あまり自明のこととは思えないかもしれないが、より賢明なアプローチは、新しいデザインを意図的に不完全にしておくというものだ。その空白を実体験に埋めさせるのである」(注149)

組織デザインの核心に関わる難題

ここに、組織デザインの核心に関わる難題がある。それは、組織構造の安定性が必要とされるなかで、どのようなときに構造を変えるべきなのか、というものだ。すべての組織構造は、最終的には安定した状態になることが期待される。そうでなければ、構造とは呼べない。しかし、どれくらいの期間、その構造が持続すべきなのか。そして、その構造はどれくらい強く固定されるべきなのか。組織は絶えず変化している。少なくとも、非公式な変化はつねに続く。それでも、しばらくの間は組織構造を固定しなくてはならない。そうしないと、新しいメンバーを採用したり、道具類を購入したり、コンピュータのプログラミングをおこなったり、といったことができなくなり、組織の人々の活動に支障が出る。**人々は構造を必要とし、その一方で柔軟性も必要としている。問題は、この2つの要素が互いにぶつかり合うことだ。**

プログラム型組織は、できる限り長い期間、組織構造を維持しようとする傾向がある。やがて、もうそれ以上の緊張に耐えられなくなってはじめて、新しい組織構造へと跳躍する。プロフェッショナル型組織は、プログラム型にも増して組織改編がおこなわれにくい。組織の構造のかなりの部分がそれぞれの職種の性格によって決まっているからだ。一方、パーソナル型組織とプロジェクト型組織は、それに比べて組織構造が変わりやすい。パーソナル型の場合は最高位者の意向により、プロジェクト型の場合はプロジェクトの入れ替わりにより、組織構造が変わる。

デザイン・ドゥーイング

近年は、「デザイン・シンキング」（デザイン思考）が大人気だ。有名なデザインコンサルティング会社のＩＤＥＯは、自社のウェブサイト上の「デザイン・シンキングとは？」と題したコーナーで、デザイン・シンキングとは、以下の段階を経て進む「繰り返しのプロセス」だと記している。その段階とは、ユーザーの気持ちになること、ユーザーのニーズと問題を見いだし、ユーザーを理解すること、前提を問い直して革新的な問題解決策のアイデアを編み出すこと、試作品づくりの発想で実際に解決策をつくり出す作業に着手すること、そしてその解決策を実際に試してみること、である。(注150)

このプロセスは、「デザイン・シンキング」（思考すること）と呼ばれているが、実際には「デザイン・シーイング」（見ること）に基づく「デザイン・ドゥーイング」（実行すること）の性格が強いように思える。定式型のアプローチよりも、会話型と進化型の側面が大きいのだ。紀元前２１８年、第二次ポエニ戦争で、カルタゴの部隊を率いたハンニバル将軍も、この精神を実践していたと言えそうだ。ハンニバルは、ゾウを連れてアルプスを越える必要に迫られたとき、こう述べたとされている。「道はきっと見つける。そうでなければ、道をつくる」

「組織らしくない組織」を解き放て

いよいよ、ここまでこぎつけた。本書の冒頭で掲げた「組織ってなに？」という問いに対して、斬新な答えを思いついた7歳児がいる。(注151)私の娘スージーは7歳だったとき、私が本書の原型になった著作のためにさまざまな図をスケッチしているのを見ていたのだろう。あるときいきなり、一枚の絵を描いた。私はその絵をたまたま保管していた。それがここで役に立つとは、なんという偶然だろう。組織を理解するための私たちの旅の締めくくりに、その絵を紹介したい。

あなたは、この絵がなにに見えるだろう。これは、心理テストのロールシャッハ・テストのようなもの。なにに見えるかは、あなた次第だ。私には、事業部のなかに事業部が入れ子状に入っていて、それぞれのリーダー層が切り落とされており、不死鳥のような鳥が飛び立とうとしているように見える。不死鳥がこの組織を解き放って、「組織らしくない組織」に変えようとしているのだ。(注152)これが未来の組織のあるべき姿なのだろうか。

このように解き放たれた「組織らしくない組織」が近い

出所：Artist Susan Mintzberg, at 7

将来に出現するかは、私にも確かなことは言えない。しかし、本書を通じて、読者が組織づくりの固定観念から解放されて、将来よりよい組織をデザインできるようになっていてほしい。あなたが組織づくりをおこなうときは、アルフレッド・ノース・ホワイトヘッドの聡明な言葉を頭に入れておこう。「シンプルなものを求めよ。そして、それを疑え」。これでおしまい！

144. 「コーチング・アワセルブズ」で取り上げるテーマのなかで本書の内容と関わりがあるものとしては、「コミュニティとして組織をはぐくむ」「組織におけるサイロとスラブ」「バーチャルなチーム」「組織における政治的ゲーム」「マネジメントのスタイル――アートとクラフトとサイエンス」などがある。

◉第21章

145. Simon, *The Sciences of the Artificial*, 55.

146. Jeanne Liedtka and Henry Mintzberg, "Time for Design," *Design Management Review* (Spring 2006).

147. Peters and Waterman, *In Search of Excellence*, 108, from Gordon Siu https://ejstrategy.wordpress.com/2011/04/19/sbb-bees-and-flies-making-strategy/.

148. Yoshinori Yokoyama, "An Architect Looks at Organization Design," *McKinsey Quarterly* no. 4 (Autumn 1992): 126.

149. Yokoyama, "An Architect Looks at Organization Design," 122.

150. "How Do People Define Design Thinking," IDEO, https://designthinking.ideo.com/faq/how-do-people-define-design-thinking (accessed August 30, 2021).

151. ユヴァル・ノア・ハラリもこのように述べている。「マイクロソフトとは、同社が所有している建物のことでもなければ、雇用している人々のことでもないし、奉仕している株主のことでもない。それは、立法者と法律家がつくり上げた精巧な法的フィクションである」。Yuval Noah Harari, *21 Lessons for the 21st Century* (Spiegel & Grau, 2018), 248［『21 Lessons』（河出文庫）］.

152. 「組織らしくない組織」（unstitution）を名乗る会社のリンクトインのページを参照。www.linkedin.com/company/unstitution.

130. 病院における「ケア」「キュア」「コントロール」「コミュニティ」の機能の分離について論じた次の文献も参照。Glouberman and Mintzberg, "Managing the Care of Health and the Cure of Disease," （とくに第1部と第2部）; またMintzberg, *Managing the Myths of Health Care*も参照。

131. この点については、自動車メーカー、フォルクスワーゲンの歴史に関する私たちの研究に詳しい。Henry Mintzberg, "Patterns in Strategy Formation," *Management Science* 24, no. 9 (May 1978): 934–948. Mintzberg, *Tracking Strategies* （とくに第2章）も参照。

132. Joseph Schumpeter, *Capitalism, Socialism and Democracy* (Harper & Brothers, 1942) ［『資本主義、社会主義、民主主義』（日経BPクラシックス）］.

◉第20章

133. 参照した研究の一部を挙げる。Groth, *Future Organizational Design*; Filipe M. Santos and Kathleen M. Eisenhardt, "Organizational Boundaries and Theories of Organization," *Organization Science* 16, no. 5 (September–October 2005): 491–508; Henry Chesbrough, "Business Model Innovation: It's Not Just About Technology Anymore," *Strategy & Leadership* 35, no. 6 (November 2007): 12–17; M.D.L. Seidel and K. J. Stewart, "An Initial Description of the C-form," *Research in the Sociology of Organizations* 33 (November 2011): 37–72; Phanish Puranam, Oliver Alexy, and Markus Reitzig, "What's 'New' about New Forms of Organizing?" *Academy of Management Review* 39, no. 2 (2014): 162–180; Annabelle Gawer and Michael Cusumano, "Business Platforms," in *International Encyclopedia of the Social & Behavioral Sciences*, 2nd ed. (Elsevier, 2015); Michael G. Jacobides, Carmelo Cennamo, and Annabelle Gawer, "Towards a Theory of Ecosystems," *Strategic Management Journal* 39, no. 8 (May 2018): 2255–2276; and Andrew Shipilov and Annabelle Gawer, "Integrating Research on Interorganizational Networks and Ecosystems," *Academy of Management Annals* 14 no. 1 (January 2020): 92–121. これらの文献をここでまとめて記したのは、本章で取り上げる形態のいずれかひとつにだけ関わるものではない場合が多いためだ。

134. Carol W. Gelderman et al., "Henry Ford," in Encyclopaedia Britannica, www.britannica.com/biography/Henry-Ford, 2022.

135. Groth, *Future Organizational Design*, 166.

136. Victor-Adrian Troacă and Dumitru-Alexandru Bodislav, "Outsourcing. The Concept," *Theoretical and Applied Economics* 19, no. 6 (2012): 51–58.

137. C. K. Prahalad and Gary Hamel, "The Core Competence of the Corporation," *Harvard Business Review* (May–June 1990): 79–91 ［「コア・コンピタンス経営」『DIAMONDハーバード・ビジネス・レビュー』2007年2月号］; 次の文献も参照。 C. K. Prahalad and Gary Hamel, *Competing for the Future* (Harvard Business Review Press, 1996) ［『コア・コンピタンス経営』（日経ビジネス人文庫）］.

138. Henry W. Chesbrough and Melissa M. Appleyard, "Open Innovation and Strategy," *California Management Review* 50, no. 1 (Fall 2007): 22.

139. 夫婦コンビの小規模企業とは、ビオンテック社のこと。同社は、CEOのウール・シャヒンと、妻のオズレム・テュレジが中心になって設立した会社だ。Ludwig Burger and Patricia Weiss, "Behind Pfizer's Vaccine, an Understated Husband-and-Wife: 'Dream Team,'" *Reuters*, November 9, 2020.

140. Seidel and Stewart, "An Initial Description of the C-form."

141. この種のプラットフォームのユーザーは、サプライヤーではなく、「コンプリメンター」（補完者）と呼ぶべきだという指摘がある。Shipilov and Gawer, "Integrating Research on Interorganizational Networks and Ecosystems."

142. ブノワ・デミルとグザビエ・ルコックは、「あるタイプの法的契約、すなわちオープン・ライセンスに基づくバザール型ガバナンス」に言及している。Benoît Demil and Xavier Lecocq, "Neither Market nor Hierarchy nor Network: The Emergence of Bazaar Governance," *Organization Studies* 27, no. 10 (October 2006): 1447.

143. Göran Ahrne and Nils Brunsson, "Organizations and Meta-organizations," *Scandinavian Journal of Management* 21, no. 4 (2005): 429–449.

PART VI

117. Charles Darwin to J. D. Hooker, August 1, 1857.

118. この言葉をつくったレックス・ドナルドソンは、次の文献で、コンフィギュレーション理論（一括派的な考え方）への批判を長々と展開している。Lex Donaldson, "For Cartesianism: Against Organizational Types and Quantum Jumps," in *For Positivist Organisation Theory: Proving the Hard Core* (Sage, 1996). 次も参照。Harold D. Doty, William H. Glick, and George P. Huber, "Fit, Equifinality, and Organizational Effectiveness: A Test of Two Configurational Theories," in the *Academy of Management Journal* 36, no. 6 (1993). また、Doty, Glick, and Huberの研究の長所と短所を指摘した次の文献も参照。Tommy Krabberød, "Standing on the Shoulders of Giants? Exploring Consensus on the Validity Status of Mintzberg's Configuration Theory after a Negative Test," *SAGE Open* 5, no. 4 (October 2015).

◉第17章

119. Danny Miller, *The Icarus Paradox: How Exceptional Companies Bring about Their Own Downfall* (HarperCollins, 1992)［『イカロス・パラドックス』（亀田ブックサービス）］.

120. Miller, *Icarus Paradox*, 4.

121. Danny Miller and Manfred F. R. Kets de Vries, *The Neurotic Organization: Diagnosis and Revitalizing Unhealthy Companies* (HarperCollins, 1991)［『神経症組織』（亀田ブックサービス）］.

◉第18章

122. Ray Raphael, *Edges: Human Ecology of the Backcountry* (Alfred A. Knopf, 1976), 5–6.

123. 次の文献では、「官僚型アドホクラシー」（bureau-adhocracy）について論じている。 Arlyne Bailey and Eric H. Nielsen, "Creating a Bureau-Adhocracy: Integrating Standardized and Innovative Services in a Professional Work Group," *Human Relations* 45, no. 7 (1992): 687–710.

◉第19章

124. Thomas J. Peters and Robert H. Waterman, *In Search of Excellence: Lessons from America's Best-Run Companies* (HarperCollins, 1982)［『エクセレント・カンパニー』（英治出版）］.

125. トム・ピーターズとロバート・ウォーターマンの大ヒット作『エクセレント・カンパニー』は、おそらく強力な文化を維持することによって、長く傑出した存在であり続けていた例外的な企業を紹介している。しかし、この本で取り上げられたことがそれらの企業の運の尽きだったのかもしれない。同書の刊行後ほどなく、紹介された企業の一部は、運命が暗転した。この点については、ビジネスウィーク誌の記事"OOPS!" (November 5, 1984）に詳しい。また、大学の組織構造の安定性については、私の共著論文 "Strategic Management Upside Down" を参照。同論文では、マギル大学の150年間について研究した。

126. プログラム型組織が事業部型組織に移行しても、その構造はあまり変わらない。それよりも、既存の構造の延長線上にあると考えたほうがいい。一方、文化と対立は、この3つの変化を後押ししたり、そのきっかけをつくったりする要因と位置づけられている。

127. 社内ベンチャーについては以下を参照。Robert Burgelman, "A Process Model of Internal Corporate Venturing in the Diversified Major Firm," *Administrative Science Quarterly* 28, no. 2 (June 1983): 223–244; and Edward Zajac, Brian R. Golden, and Stephen M. Shortell, "New Organizational Forms for Enhancing Innovation: The Case of Internal Corporate Joint Ventures," *Management Science* 37, no. 2 (February 1991): 170–184.

128. 2つ目と3つ目のステップについては、次の文献を参照。O'Reilly III and Tushman, "The Ambidextrous Organization".

129. Emi Osono, Norihiko Shimizu, and Hirotaka Takeuchi, *Extreme Toyota: Radical Contradictions That Drive Success at the World's Best Manufacturer* (John Wiley & Sons, Inc., 2008), 98［『トヨタの知識創造経営』（日本経済新聞出版社）］.

［『多角化戦略と経済成果』（東洋経済新報社）］.

101. O'Toole and Bennis, "Our Federalist Future," 79.

102. タルン・カナとクリシュナ・パレプは、新興国でコングロマリットが成功を収めている理由として、コングロマリットがこれらの国々でしばしば欠けている制度上のサポート体制を提供していることを挙げている（Tarun Khanna and Krishna Palepu, "Why Focused Strategies May Be Wrong for Emerging Markets," *Harvard Business Review* [July–August 1997]［『経営戦略論』（ダイヤモンド社）所収］）。一方、J・ラマチャンドラン、K・S・マニカンダン、アニルバン・パントは、米国以外でコングロマリットが成功している理由について、別の要素を挙げている。それは、コングロマリットのグループ企業がそれぞれ取締役会をもって法的には独立しているものの、「所有と経営が強く関わり合って」いて、ときには親会社がグループ会社の株式を大量に保有し、取締役も送り込んでいる場合があることである（J. Ramachandran, K. S. Manikandan, and Anirvan Pant, "Why Conglomerates Thrive [Outside the U.S.]," *Harvard Business Review*［December 2013］［「コングロマリット経営を再評価する」『DIAMONDハーバード・ビジネス・レビュー』2014年5月号］）.

103. Alfred D. Chandler, *The Visible Hand: The Managerial Revolution in American Business* (Harvard University Press, 1977), 82［『経営者の時代』（東洋経済新報社）］.

104. Joseph L. Bower, "Planning within the Firm," *The American Economic Review, Papers and Proceedings of the 82nd Annual Conference* (May 1970): 186–194.

105. Sumantra Ghoshal and I published an article titled "'Diversifiction and Diversifact': What a Difference an 'a' Can Make," *California Management Review* 3 (Fall 1994).

106. あなたが自転車で山を上り、そのまま下って戻ってきたとしよう。この場合、あなたは下りと同じだけ上ったと言えるだろうか。そうとは言い切れない。なるほど、距離で言えば、上りと下りは同じだ。でも、要した時間は、上りのほうが格段に多かったはずだ。自転車で山を上るとき、あなたにとって大きな意味をもつのは、距離なのか、時間なのか。

107. 深く考えずに数値計測にいそしむと、いかに恐ろしい結果が次々と生まれかねないかは、第二次世界大戦時の英国空軍省における統計と計画について論じたイーリー・デヴォンズの著作が見事に描き出している。Ely Devons, *Planning in Practice: Essays in Aircraft Planning in War-Time* (Cambridge University Press, 1950), chapter 7.

108. Henry Mintzberg, "A Note on That Dirty Word Efficiency," *Interfaces* 12, no. 5 (October 1982): 101–105, https://www.jstor.org/stable/25060327.

109. Robert S. Kaplan and David P. Norton, "The Balanced Scorecard—Measures That Drive Performance," *Harvard Business Review* (January–February 1992): 71–79［「新しい経営モデル：バランス・スコアカード」『DIAMONDハーバード・ビジネス・レビュー』2003年8月号］.

◉第15章

110. D. L. Sills, *The Volunteers* (The Free Press, 1957).

111. Maurice Maeterlinck, *The Life of the Bee* (Cornell University Press, 1901), 32.

112. Myrada, https://myrada.org, accessed May 16, 2022.

113. Mitz Noda, "The Japanese Way," *Executive* (Summer 1980).

114. James Surowiecki, *The Wisdom of Crowds* (Anchor, 2005), xii［『「みんなの意見」は案外正しい』（角川文庫）］.

115. Irving L. Janis, *Groupthink: Psychological Studies of Policy Decisions and Fiascoes* (Houghton Mifflin, 1982)［『集団浅慮』（新曜社）］.

116. Weick quoted in Robert M. Randall, "Sniping at Strategic Planning," *Planning Review* 12, no. 3 (May 1984): 11.

Organizational Dynamics 23, no. 4 (1995): 5–20; and James B. Quinn and Penny C. Paquette, "Technology in Services: Creating Organizational Revolutions," *MIT Sloan Management Review* (Winter 1990): 67–77.

◉第11章

83. Sterba, "The Organization and Management of the Temple Corporations in Ancient Mesopotamia," 18.

84. ペドロ・モンテイロとポール・S・アドラーは最近、官僚組織についてまとめた本格的な論文を発表し、官僚制は「消え去ることなく、主流の組織形態であり続けている」と指摘している。Pedro Monteiro and Paul S. Adler, "Bureaucracy for the 21st Century: Clarifying and Expanding Our View of Bureaucratic Organization," *Academy of Management Annals*, 2022, vol. 16, no. 2, p. 427.

85. Mintzberg, *The Rise and Fall of Strategic Planning*.

86. Henry Mintzberg and Janet Rose, "Strategic Management Upside Down: A Study of McGill University from 1829 to 1980," *Canadian Journal of Administrative Sciences* (December 2003): 270–290.

87. Mintzberg and Rose, "Strategic Management Upside Down."

88. Henry Mintzberg and Alexandra McHugh, "Strategy Formation in an Adhocracy," *Administrative Science Quarterly* (1985); also Mintzberg, Tracking Strategies, chapter 4.

89. Henry Mintzberg, "Managing Exceptionally," *Organization Science* 12, no. 6 (December 2001): 759–771. 以下の著書も参照。Mintzberg, *Managing* and *Simply Managing*.

90. Mintzberg, *Managing the Myths of Health Care*, 196–197.

91. Andrew Grove, *High Output Management* (Pan, 1985) [『HIGH OUTPUT MANAGEMENT (ハイアウトプット マネジメント)』(日経BP)].

◉第13章

92. 私がはじめて「コミュニティシップ」という言葉を用いたのは、フィナンシャル・タイムズ紙への寄稿だった。Henry Mintzberg, "Community-ship Is the Answer," *Financial Times*, October 23, 2006, 8.「共同体志向の発想」については、次の論文を参照。Henry Mintzberg, "Rebuilding Companies as Communities," *Harvard Business Review* (July–August 2009) [「『コミュニティシップ』経営論」『DIAMONDハーバード・ビジネス・レビュー』2009年11月号].

93. Robert R. Locke, *The Collapse of the American Management Mystique* (Oxford University Press, 1987), 179.

94. Philip Selznick, *Leadership in Administration: A Sociological Interpretation* (Harper & Row, 1957).

95. Colin Hales, "'Bureaucracy-lite' and Continuities in Managerial Work," *British Journal of Management* 13, no. 1 (March 2002): 51.

96. Francis Macdonald Cornford, *Microcosmographia Academica: Being a Guide for the Young Academic Politician* (Bowes and Bowes, 1908), available online. https://www.cs.kent.ac.uk/people/staff/iau/cornford/cornford.html.

97. Martin Lindauer, *Communication among Social Bees* (Harvard University Press, 1961), 43.

98. 次の著作から転載。Mintzberg, *Power In and Around Organizations*, 187–217.

◉第14章

99. James O'Toole and Warren Bennis, "Our Federalist Future: The Leadership Imperative," *Center for Effective Organizations Publications* 92, no. 9 (1992). Available online.

100. R. P. Rumelt, *Strategy, Structure, and Economic Performance* (Harvard University Press, 1974), 21

21st Century," in progress, 2022.

72. Sholom Glouberman and Henry Mintzberg, "Managing the Care of Health and the Cure of Disease—Part I: Differentiation," *Health Care Management Review* 26, no. 1 (Winter 2001): 56–69.

73. Mintzberg, *Managing the Myths of Health Care*, Part I.

74. この点について詳しくは、次の文献を参照。"A Note on the Unionization of Professionals from the Perspective of Organization Theory," *Industrial Relations Law Journal* (現在の誌名は*Berkeley Journal of Employment and Labor Law*) (1983).

◉第10章

75. A. A. Milne, *Winnie-the-Pooh* (Methuen, 1926)［『クマのプーさん』(岩波少年文庫)］. ところで、この一節にもう一度目を通してみてほしい("There are some people who begin the Zoo at the beginning, called WAYIN, and walk as quickly as they can past every cage until they get to the one called WAYOUT, but the nicest people go straight to the animal they love the most, and stay there)。ミルンは、ここに巧妙なトリックを仕込んでいる。私が知る限り、その点を指摘した人はまだいない(私はこの一節について記憶違いをしていたことをきっかけに、たまたま気づいた)。わからない? では、ヒントを。「one」という単語に注目してみよう。

76. プロジェクト・パイオニアの「パイオニア」という部分は、この呼称に落ち着くまでに曲折があった。最初、「パイオニア」を思いついたが、その後「プロスペクター」(Raymond E. Miles and Charles C. Snow, *Organizational Strategy, Structure, and Process*［McGraw-Hill, 1978］)や「カスタマイザー」、そして「イノベーター」(Clayton Christensen, *The Innovator's Dilemma: When New Technologies Cause Great Firms to Fail*［Harvard Business Review Press, 1997］［『イノベーションのジレンマ』(翔泳社)］)を経て、最終的に「パイオニア」に戻った。しかし、このうちのどれでも問題はない。

77. ケイデルは、さまざまな組織のモデルについてスポーツを例に論じており、野球、フットボール、バスケットボールについて、おおむね本書と同様の結論を導き出している。次の文献を参照。Robert Keidel, *Game Plans: Sports Strategies for Business* (Beard Books, 1985)。同著者の以下の文献も参照。"Teamwork, PC Style," *PC/Computing* 2, no. 7 (July 1989): 126–131, and "Team Sports Models As a Generic Organizational Framework," *Human Relations* 40, no. 9 (1987): 591–612.

78. 私が以前、オーストラリアの政府機関職員向けにセミナーをおこなったとき、参加者のなかに、ある公園の責任者がいた。その人物は政府のテクノクラートたちからの圧力にうんざりしていて、こんなことを言った。「ビュロクラシー」(bureaucracy)と「アドホクラシー」(adhocracy)に加えて、もうひとつつけ加えたほうがいいのではないか、というのだ。そのもうひとつの要素を、この人物は「ヒポクラシー」(hypocrasy)と名付けた。要するに、「二枚舌(hypocricy)」的な仕組みがまかり通っていて、分権化という看板の下で集権化が進められている、というのである。

79. Henry Mintzberg, "Organization Design: Fashion or Fit," *Harvard Business Review* (January–February 1981): 103–116［「組織設計:流行を追うか 適合性を選ぶか」『DIAMONDハーバード・ビジネス・レビュー』1981年6月号］.

80. Frank Martela, "What Makes Self-Managing Organizations Novel? Comparing How Weberian Bureaucracy, Mintzberg's Adhocracy, and Self-Organizing Solve Six Fundamental Problems of Organizing," *Journal of Organizational Design* 8, no. 1 (December 2019): 1–23.

81. Mintzberg, *Tracking Strategies*, 82–83.

82. George Huber, "Organizational Information Systems: Determinants of Their Performance and Behavior," *Management Science* 28, no. 2 (February 1982) 138–155; Rolf A. Lundin and Anders Söderholm, "A Theory of the Temporary Organization," *Scandinavian Journal of Management* 11, no. 4 (1995): 437–455; Charles A. O'Reilly III and Michael L. Tushman, "The Ambidextrous Organization," *Harvard Business Review* 82, no. 4 (April 2004): 74–81［「『双面型』組織の構築」『DIAMONDハーバード・ビジネス・レビュー』2004年12月号］; Terje Grønning, *Working without a Boss: Lattice Organization with Direct Person-to-Person Communication at WL Gore & Associates, Inc.* (SAGE Publications: SAGE Business Cases Originals, 2016); Raymond E. Miles and Charles C. Snow, "The New Network Firm: A Spherical Structure Built on a Human Investment Philosophy,"

◉第8章

50. エグゼクティブ誌(Cornell Graduate School of Business and Public Administration) 1980年夏号のインタビューでの発言。

51. Yuval Noah Hariri, *Sapiens: A Brief History of Humankind* (Random House, 2015), 45 [『サピエンス全史』(河出文庫)].

52. Richard L. A. Sterba, "The Organization and Management of the Temple Corporations in Ancient Mesopotamia," *Academy of Management Review* 1 no. 3 (July 1976): 25.

53. Studs Terkel, *Working: People Talk About What They Do All Day and How They Feel about What They Do* (Pantheon, 1974) [『仕事!』(晶文社)].

54. Porter, *Competitive Strategy*.

55. "What is the dog there for," *Future Airline Pilot*, January 3, 2013, http://futureairlinepilot.blogspot.com/2013/01/what-is-dog-there-for.html.

56. James C. Worthy, *Big Business and Free Men* (Harper & Bros., 1959) [『ビジネスマン読本』(時事通信社)].

57. Hans Gerth and C. Wright Mills, *From Max Weber: Essays in Sociology*, (Oxford University Press, 1958), 214 [『マックス・ウェーバー:その人と業績』(ミネルヴァ書房)].

58. Pedro Monteiro and Paul S. Adler, "Bureaucracy for the Twenty-First Century: Clarifying and Expanding Our View of Bureaucratic Organization," *Academy of Management Annals*, 2022, vol. 16, no. 2, 11–12, 16.

59. Michel Crozier, *The Bureaucratic Phenomenon: An Examination of Bureaucracy in Modern Organizations and Its Cultural Setting in France* (University of Chicago Press, 1964).

60. Worthy, *Big Business and Free Men*, 79, 70.

61. Terkel, *Working*, 282.

62. Crozier, *The Bureaucratic Phenomenon*, 51.

63. J. C. Spender, *Industry Recipes* (Basil Blackwell, 1989).

64. 次の私の著書より。Henry Mintzberg, *The Rise and Fall of Strategic Planning* (Free Press, 2003) [『戦略計画 創造的破壊の時代』(産業能率大学出版部)].

65. Simon Johnson, "Flat-pack Pioneer Kamprad Built Sweden's IKEA into Global Brand," *Reuters*, January 28, 2018.

◉第9章

66. F. C. Spencer, "Deductive Reasoning in the Lifelong Continuing Education of a Cardiovascular Surgeon," *Archives of Surgery* 111, no. 11 (November 1976): 1182.

67. Henry Mintzberg, Bruce Ahlstrand, and Joseph Lampel, *Strategy Safari: A Guided Tour through the Wilds of Strategic Management* (Prentice Hall, 1998) [『戦略サファリ』(東洋経済新報社)].

68. 次の文献から引用。Norman Lebrecht, *The Maestro Myth: Great Conductors in Pursuit of Power* (Simon & Schuster, 1991), chapter 4 [『巨匠神話』(文藝春秋)]. オルフェウス室内管弦楽団は「指揮者ではなく演奏家が楽譜の解釈をおこなう協働型の演奏スタイルで知られている」とのことだ(Orpheus Chamber Orchestra, https://orpheusnyc.org).

69. Henry Mintzberg, *Managing the Myths of Health Care: The Separations between Care, Cure, Control, and Community* (Berrett-Kohler, 2017), 52–60 and 157–162.

70. この3つ目の問題は、次の文献で見事に描かれている。Atul Gawande, "The Health Care Bell Curve," *The New Yorker*, December 6, 2004.

71. Henry Mintzberg and Susan Mintzberg, "Looking Down versus Reaching Out: The University in the

Sons, 1999), 30.

34. 次の文献から引用。Anthony Jay, *Management and Machiavelli* (Bantam Books, 1967), 70［『マキアヴェリ的経営論』(河出書房新社)］.

35. 「価値観」という用語を提唱したのは、ジャン・ニゼとフランソワ・ピショーである。そのほうが「技術志向の強い人にも……理解してもらいやすいだろう」と、私に宛てた手紙の中で述べている。二人の次の論文も参照。Jean Nizet and Francois Pichault, *Introduction à la théorie des configuations : Du « one best way » à la diversité organisationnelle* (De Boeck Supérieur, 2001).

36. 次の論文から転載。Joseph Lampel and Henry Mintzberg, "Customizing Customization," *Sloan Management Review* (1996): 21-30.

37. Henri Fayol, "Administration industrielle et générale," *Bulletin de la Société de l'Industrie Minérale* 10 (1916); then Luther Gulick and L. Urwick, eds., *Papers on the Science of Administration* (Institute of Public Administration, 1937).

38. Richard Pascale and Anthony Athos, *The Art of Japanese Management* (Viking, 1982)［『ジャパニーズ・マネジメント』(講談社文庫)］.

◉第5章

39. Adam Smith, *The Wealth of Nations* (1776; J.M. Dent & E.P. Dutton, 1910), 5［『国富論』(日経ビジネス人文庫) ほか］.

40. Lyndall Urwick, "Public Administration and Scientific Management," *Indian Journal of Public Administration* 2, no. 1 (1956):41. 次の文献も参照。Lyndall Urwick and Luther Gulick, "Notes on the Theory of Organization," in Gulick and Urwick, *Papers on the Science of Administration*.

41. Alfred Sloan, *My Years with General Motors* (Doubleday & Co., 1963)［『新訳 GMとともに』(ダイヤモンド社)］.

42. このようなつながりと、その一連の形態については、次の文献の議論が優れている。Jay Galbraith, *Designing Complex Organizations* (Addison Wesley, 1973)［『横断組織の設計』(ダイヤモンド社)］.

◉第6章

43. Mintzberg, *The Structuring of Organizations*, 215-297.

44. Harry Braverman, *Labor and Monopoly Capital: The Degradation of Labor* (Monthly Review Press, 1974), 87［『労働と独占資本』(岩波書店)］.

45. フォーチュン誌は1989年の記事で、「P&Gの歴史的事業再構築が本当に驚くべきことなのは、それが株式市場ではなく、消費市場に反応して実行されたものだったことである」と記した。しかし、それよりも本当に驚くべきことは、フォーチュン誌がそのP&Gの動きについて「本当に驚くべき」という言葉を用いたことだ。

◉第7章

46. Isaacson, *Steve Jobs*, 408.

47. Isaacson, *Steve Jobs*, 565. アップルの創業者でCEOでもあるスティーブ・ジョブズがアップルのラボで朝の時間を過ごし、プロダクトを設計している姿を思い浮かべてみてほしい。「ジョブズは、ここで過ごすことを好む。静かで平穏なのが気に入っているのだろう。ビジュアル志向の人物にとっては、天国のような場所だ。正式にデザインをレビューする場は設けられていないので、大きな意思決定がなされる機会はない。むしろ、意思決定は柔軟におこなうようにしている。日々、試行錯誤を繰り返していて、ばかげたプレゼンの類いとも無縁なため、大きな意見対立が持ち上がることはない」(Isaacson, *Steve Jobs*, 346)

48. Isaacson, *Steve Jobs*, 454.

49. Orvis Collins and David Moore, *The Enterprising Man* (Bureau of Business and Economic Research, Michigan State University, 1964).

Press, 1985)［『競争優位の戦略』（ダイヤモンド社）］.

16. マーク・ハマーは2017年6月8日付のメッセージで、「求心力型組織と遠心力型組織」の違いを指摘した。前者は、警察のように、情報を収集して、それを自分たちの元にとどめておこうとする。それに対し、後者は、大学のように、収集した情報を広く拡散しようとする。

17. Lise Lamothe, "Le reconfiguration des hôpitaux: Un défi d'ordre professionnel," *Ruptures: Revue transdisciplinaire en santé* 6, no. 2 (1999): 132–148.

18. 以下の文献に、さまざまな実例を示してある。Henry Mintzberg and Ludo Van der Heyden, "Organigraphs: Drawing How Companies Really Work," *Harvard Business Review* (September–October 1999): 87–94［「オーガニグラフ 事業活動の真実を映す新しい組織図」『DIAMONDハーバード・ビジネス・レビュー』2000年1月号］; Henry Mintzberg and Ludo Van der Heyden, "Taking a Closer Look. Reviewing the Organization. Is It a Chain, a Hub or a Web?" *Ivey Business Journal* (2000).

19. Sally Helgesen, *The Female Advantage: Women's Ways of Leadership* (Doubleday, 1990), 45–46.

20. Walter Isaacson, *Steve Jobs: The Exclusive Biography* (Little, Brown, 2011)［『スティーブ・ジョブズ』（講談社＋α文庫）］.

◉第３章

21. Terry Connolly "On Taking Action Seriously," in G. N. Undon and D. N. Brunstein eds., *Decision-Making:* An *Interdisciplinary Inquiry* (Kent, 1982): 45.

22. この項のテーマは、次の著書で多くの事例とともに詳しく論じた。Henry Mintzberg, *Tracking Strategies: Toward a General Theory* (Oxford University Press, 2007).

23. Michael Porter, *Competitive Strategy: Techniques for Analyzing Industries and Competitors* (Free Press, 1980)［『競争の戦略』（ダイヤモンド社）］; and Peter F. Drucker, *The Practice of Management* (Harper & Row, 1954)［『現代の経営』（ダイヤモンド社）］.こちらも併せて参照されたい。Peter F. Drucker, *Concept of the Corporation* (John Day, 1946)［『企業とは何か』（ダイヤモンド社）］.

24. Henri Fayol, *General and Industrial Management* (Paris Institute of Electrical and Electronics Engineering, 1916)［原典（フランス語）の邦訳は『産業ならびに一般の管理』（ダイヤモンド社）］.

25. 以下の内容については、次の著書で、さまざまなタイプの29人のマネジャーたちに1日密着した調査結果をもとに詳しく論じた。Henry Mintzberg, *Managing* (Berrett-Koehler and Pearson, 2009)［『マネジャーの実像』（日経BP）］。この書籍の簡約版は*Simply Managing*.

26. Michael Porter, "The State of Strategic Thinking," *The Economist*, May 23, 1987, 2.

27. Warren G. Bennis, *On Becoming a Leader* (Basic Books, 2009)［『リーダーになる』（海と月社）］; and Abraham Zaleznik, "Managers and Leaders: Are They Different?" *Harvard Business Review* (January 2004): 74–81［「マネジャーとリーダー：その似て非なる役割」『DIAMONDハーバード・ビジネス・レビュー』2008年2月号］.

28. Herbert Simon, *The Sciences of the Artificial* (MIT Press, 1969)［原書第3版の邦訳は『システムの科学』（パーソナルメディア）］.

29. たとえば、Henry Mintzberg, *The Nature of Managerial Work* (HarperCollins, 1973)［『マネジャーの仕事』（白桃書房）］.

30. これらの（そしてそのほかの）「ジレンマ」については、Mintzberg, *Simply Managing*の第5章を参照。

31. Ann Langley, "Between 'Paralysis by Analysis' and 'Extention by Instinct'" *Sloan Management Review* (Spring 1995).

◉第４章

32. Edward O. Wilson, *Sociobiology: The New Synthesis* (Harvard Belknap Press, 1975), 141［『社会生物学』（新思索社）］.

33. Lars Groth, *Future Organizational Design: The Scope for the IT-based Enterprise* (John Wiley &

巻末注

◉第1章

1. Henry Mintzberg, "Time for the Plural Sector," *Stanford Social Innovation Review* 13, no. 3 (2015): 28–33.
2. Frederick Taylor, *The Principles of Scientific Management* (Harper & Bro., 1911) [『新訳 科学的管理法』(ダイヤモンド社)].「さまざまな業種のあらゆる業務で多種多様な方法論と手法が用いられてきたなかで、最も素早く、最も優れているものがひとつある。この唯一で最善の方法論と手法は、実際に用いられているすべての方法論と手法を科学的に研究・分析し、さらには正確で緻密な動作研究・時間研究をおこなうことによってはじめて、見いだし、確立することができる」(p.25)
3. このエピソードは、1950年代半ばに、米国のある大学教授の紀要論文、カナダ軍の機関紙と月刊誌ハーパーズで紹介されている。おそらく、そのもとになったのは、ロンドンで出回っていた作者不詳の文書だ。その文書は元々、英国財務省が発表したものだったと思われる。
4. Regina E. Herzlingler, "Why Innovation in Health Care Is So Hard," *Harvard Business Review* 84, no. 5 (2006): 58–66 [「医療業界でイノベーションが失敗する理由」『DIAMONDハーバード・ビジネス・レビュー』2006年8月号].
5. ここで「米国」ではなく、「北米」という言葉を使ったことには意味がある。この競技が発明されたのは、カナダのマギル大学（私が所属している大学だ）なのだ。Marc Montgomery, "May 14, 1874. How Canada Created American Football," *Radio Canada International*, May 4, 2015.
6. "Flying Funeral Directors of America," in *The Encyclopaedia of Associations*, Gale Directory Library, 1979.
7. Henry Mintzberg, *Structure in Fives: Designing Effective Organizations* (PrenticeHall, 1983); Henry Mintzberg, *The Structuring of Organizations: A Synthesis of the Research* (Prentice Hall, 1979).
8. Jean Chevalier and Alain Gheenbrant, *Dictionnaire des Symboles* (Éditions Robert Laffont/JUPITER, 1982) [『世界シンボル大事典』(大修館書店)].
9. George A. Miller, "The Magical Number Seven, Plus or Minus Two: Some Limits on Our Capacity for Processing Information," *Psychological Review* 63 (1956): 81–97.
10. Mintzberg, *The Structuring of Organizations*; Henry Mintzberg, Bruce Ahlstrand, and Joe Lampel, *Strategy Safari: A Guided Tour through the Wilds of Strategic Management* (Free Press and Prentice-Hall, 2009) [『戦略サファリ 第2版』(東洋経済新報社)]; Henry Mintzberg, *Simply Managing* (Berrett-Koehler, 2013) [『エッセンシャル版 ミンツバーグ マネジャー論』(日経BP)]; and Henry Mintzberg, *Rebalancing Society: Radical Renewal beyond Left, Right, and Center* (Berrett-Koehler, 2015) [『私たちはどこまで資本主義に従うのか』(ダイヤモンド社)].

◉第2章

11. この会社は、社名を記してほしくないとのことだ。この宣伝はすでに使用していないためである。なお、担当した広告会社はニューヨークのアンダーソン・アンド・レムケだ。
12. Peter Schein and Edgar H. Schein, *Organizational Culture and Leadership: A Dynamic View* (Wiley & Sons, 1991; first edition by Edgar Schein, 1985) [2010年刊の第4版の邦訳は『組織文化とリーダーシップ』(白桃書房)、1985年刊の初版の邦訳は『組織文化とリーダーシップ』(ダイヤモンド社)].
13. 取締役は、CEOに対して直接的なコントロールを及ぼそうとする場合は内部者とみなせるのに対し、ある程度距離を置く場合は外部のインフルエンサーと位置づけられる。また、取締役たちが経営陣に助言したり、資金調達をおこなったりする場合は、サポートスタッフの役割も担っていると言える。利害関係者に関しては、次の文献を参照。R. Edward Freeman et al., *Stakeholder Theory: The State of the Art* (Cambridge University Press, 2010).
14. Henry Mintzberg, *Power In and Around Organizations* (Prentice Hall, 1983).
15. Michael E. Porter, *Competitive Advantage: Creating and Sustaining Superior Performance* (Free

主な論文・インタビュー

- “The Manager's Job: Folklore and Fact,” HBR, July–August 1975.
  邦訳「マネジャーの職務：その神話と事実との隔たり」DHBR 2003年1月号
- “Planning on the Left Side and Managing on the Right,” HBR, July–August 1976.
  邦訳「計画は脳の左で 経営は脳の右で」DHB 1983年3月号
- “Organization Design: Fashion or Fit?” HBR, January–February 1981.
  邦訳「組織設計　流行を追うか 適合性を選ぶか」DHB 1981年6月号
- “Crafting Strategy,” HBR, July–August 1987.
  邦訳「戦略クラフティング」DHBR 2003年1月号、2007年2月号
- “The Fall and Rise of Strategic Planning,” HBR, January–February 1994.
  邦訳「戦略プランニングと戦略思考は異なる」DHBR 2003年1月号
- “Managing Government, Governing Management,” HBR, May–June 1996.
  邦訳「政府の組織論」DHBR 2003年1月号
- “Musings on Management,” HBR, July–August 1996.
  邦訳「マネジメントに正解はない」DHBR 2003年1月号
- “Covert Leadership: Notes on Managing Professionals,” HBR, November–December 1998.
  邦訳「プロフェッショナル組織の『見えない』リーダーシップ」DHBR 2003年1月号
- “Organigraphs: Drawing How Companies Really Work,” HBR, September–October 1999.
  邦訳「オーガニグラフ 事業活動の真実を映す新しい組織図」DHBR 2000年1月号（ルド・ヴァン・デル・ハイデンとの共著）
- 「［特別寄稿］真のリーダーは教室では育てられない」DHBR 2002年12月号（ジョナサン・ゴスリングとの共著）
- 「［インタビュー］アングロサクソン経営を超えて」DHBR 2003年1月号
- “Five Minds of a Manager,” HBR, November, 2003.
  邦訳「参加型リーダーのマインドセット」DHBR 2004年3月号（ジョナサン・ゴスリングとの共著）
- “Rebuilding Companies as Communities” HBR, July–August 2009.
  邦訳「『コミュニティシップ』経営論」DHBR 2009年11月号
- 「［インタビュー］コミュニティシップ：社会を変える第3の力」DHBR 2013年7月号
- 「［インタビュー］経営者に必要なのはエンゲージング・マネジメントである」DHBR 2019年9月号

HBR=米『Harvard Business Review』誌

DHB, DHBR=日本版『DIAMONDハーバード・ビジネス・レビュー』誌

詳しくは https://dhbr.diamond.jp/ を参照。

わ

な

は

た

か

さ

アルファベット

あ

◉——著者について

ヘンリー・ミンツバーグ
Henry Mintzberg

カナダのモントリオールにあるマギル大学クレグホーン寄付講座教授兼経営学大学院教授。著書に『MBAが会社を滅ぼす』『マネジャーの実像』(以上、日経BP)、『戦略サファリ[第2版]』(東洋経済新報社)、『H. ミンツバーグ経営論』『私たちはどこまで資本主義に従うのか』『これからのマネジャーが大切にすべきこと』(以上、ダイヤモンド社) などがある。経営思想界のアカデミー賞と言われるThinkers50で3人目となる生涯功績賞(Lifetime Achievement Award)を受賞。

著述家、研究者、教育者であり、その仕事のほとんどは、組織管理、マネジャーの育成、そして最近では、社会のバランスを取り戻すこと (リバランス) に焦点を当てている。本書は21冊目の著書であり、これまで他の著書を通じて21の名誉学位を授与されている。

職業人生を組織の研究や経験に捧げる一方で、私生活ではカヌー (ビーバーの彫刻を収集)、山登り、スケート、スノーシュー、自転車など、組織からの逃避に費やしている。

1人のパートナーと2人の娘、そして3人の孫を大切にしている。

詳しくはmintzberg.org、RebalancingSociety.orgを参照。

©LISA MINTZBERG

［著者］
ヘンリー・ミンツバーグ（Henry Mintzberg）
カナダのモントリオールにあるマギル大学クレグホーン寄付講座教授兼経営学大学院教授。著書に『MBAが会社を滅ぼす』『マネジャーの実像』（以上、日経BP）、『戦略サファリ［第2版］』（東洋経済新報社）、『H.ミンツバーグ経営論』『私たちはどこまで資本主義に従うのか』『これからのマネジャーが大切にすべきこと』（以上、ダイヤモンド社）などがある。
経営思想界のアカデミー賞と言われるThinkers 50で3人目となる生涯功績賞（Lifetime Achievement Award）を受賞。

［訳者］
池村千秋（いけむら・ちあき）
翻訳者。主な訳書に『CHANGE 組織はなぜ変われないのか』（ダイヤモンド社）、『LIFE SHIFT』（東洋経済新報社）、『なぜ人と組織は変われないのか』（英治出版）などがある。『これからのマネジャーが大切にすべきこと』『私たちはどこまで資本主義に従うのか』（以上、ダイヤモンド社）などミンツバーグの翻訳も数多く手がける。

ミンツバーグの組織論
——7つの類型と力学、そしてその先へ

2024年6月11日　第1刷発行

著　者——ヘンリー・ミンツバーグ
訳　者——池村千秋
発行所——ダイヤモンド社
〒150-8409　東京都渋谷区神宮前6-12-17
https://www.diamond.co.jp/
電話／03·5778·7228（編集）　03·5778·7240（販売）
装丁・本文デザイン—遠藤陽一(DESIGN WORKSHOP JIN)
製作進行——ダイヤモンド・グラフィック社
印刷——信毎書籍印刷(本文)・新藤慶昌堂(カバー)
製本——本間製本
編集担当——前澤ひろみ

ISBN 978-4-478-11816-0

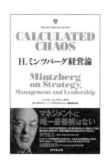

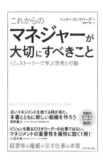

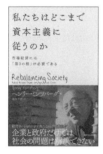